Frauenlie...

ZWEISPRACHIG

ÜBERSETZT UND HERAUSGEGEBEN
VON INGRID KASTEN

PHILIPP RECLAM JUN. STUTTGART

Universal-Bibliothek Nr. 8630
Alle Rechte vorbehalten
© 1990 Philipp Reclam jun. GmbH & Co., Stuttgart
Gesamtherstellung: Reclam, Ditzingen. Printed in Germany 2000
RECLAM und UNIVERSAL-BIBLIOTHEK sind eingetragene Marken
der Philipp Reclam jun. GmbH & Co., Stuttgart
ISBN 3-15-008630-2

Inhalt

5

Mittellateinische Texte

Altprovenzalische Texte

9

Anhang

Einleitung

Das Frauenlied als literarhistorischer Begriff

Frauenlieder gehören zu den ältesten poetischen Zeugnissen, welche in die schriftliche Überlieferung der volkssprachlichen Dichtung im Mittelalter eingegangen sind, und schon allein aus diesem Grunde kommt ihnen eine herausragende kultur- und literarhistorische Bedeutung zu. Es sind Lieder, deren lyrisches Subjekt eine Frau ist. Gelegentlich ist in der Forschung auch von ›Frauenmonologen‹ oder, wegen des elegischen Grundtons, der viele Frauenlieder kennzeichnet, auch von ›Frauenklagen‹ die Rede. Sie bestehen bisweilen nur aus einer Einzelstrophe oder aus wenigen Versen, die dabei eine erzählende Einleitung aufweisen können, zumeist jedoch aus mehreren Strophen.

Wenn das lyrische Subjekt dieser Lieder eine Frau ist, so bedeutet dies allerdings nicht, daß sie auch von Frauen verfaßt worden sind. Die meisten stammen vielmehr von Männern, die im Mittelalter fast ausschließlich die Träger der literarischen Kultur stellen. Zwar sind vereinzelt Frauen als Lyrikerinnen bezeugt wie die provenzalischen Dichterinnen, auch ist im Blick auf anonym überlieferte Frauenstrophen und Frauenlieder im deutschsprachigen Bereich die Möglichkeit einer weiblichen Autorschaft diskutiert worden,[1] aber in der Regel sind es Männer gewesen, welche die Gedanken und Gefühle von Frauen imaginiert und poetisiert haben. Es handelt sich also bei den mittelalterlichen Frauenliedern überwiegend um ›Rollenlyrik‹.

Daß es dabei um die Literarisierung von ›vorgestellten‹,

---

1 Vgl. Wilhelm SCHERER, *Deutsche Studien*, Bd. 2: *Die Anfänge des Minnesanges*, Wien 1874. – Derk OHLENROTH, *Sprechsituation und Sprecheridentität*, Göppingen 1974 (GAG 96). – Konkrete Anhaltspunkte dafür, daß auch im deutschen Kulturbereich Frauen als Lyrikerinnen gewirkt haben, fehlen jedoch.

nicht aber von ›erlebten‹ Erfahrungen geht, wird möglicherweise manche heutige Leser und Leserinnen in ihrer Erwartung enttäuschen, im Rahmen der mittelalterlichen Dichtungsauffassung jedoch ist es durchaus selbstverständlich. Generell kam es den Autoren nicht darauf an, besondere, individuelle Erlebnisse zu gestalten, sondern das zur Anschauung zu bringen, was nach den Vorstellungen der Zeit als allgemeingültig angesehen wurde. So war es das Ziel, auch bei der Erzählung der Geschichte eines einzelnen das über diesen einzelnen Hinausweisende, das Typische und Allgemeine, exemplarisch sichtbar zu machen. Individuelle Züge galten nicht als das Wesentliche am Menschen, sondern als etwas Akzidentielles, dem keine besondere Aufmerksamkeit zu widmen war.

Aus der skizzierten Auffassung resultiert die Tendenz zur Typisierung, welche nicht nur für die Literatur, sondern auch für die bildende Kunst der Zeit charakteristisch ist.[2] Deshalb bemaß sich das Ansehen, das die Literaten in der damaligen Gesellschaft genossen, nicht an dem Grad ihrer ›Originalität‹, sondern an der Fähigkeit, bekannte Themen und Stoffe kunstvoll – und das hieß: nach den Grundsätzen der zeitgenössischen Poetik und Rhetorik – zu bearbeiten und zu variieren, und so lag das innovative Moment in der Dichtung weniger im Stofflichen als in der Neugestaltung und Neuinterpretation von bereits vorhandenen und schon bekannten Texten.

Diese Kunstauffassung ist auch für die mittelalterliche Lyrik maßgebend, die mit ihrem relativ begrenzten Bestand an Gattungen, Themen und Motiven eine in hohem Maße dem Prinzip der Variation verpflichtete Kunst ist.[3] Entsprechend gleichförmig werden – jedenfalls auf den ersten Blick – die

2 Zur mittelalterlichen Ästhetik allgemein vgl. Edgar DE BRUYNE, *Etudes d'esthétique médiévale*, 3 Bde., Brügge 1946. Siehe auch Rosario ASSUNTO, *Die Theorie des Schönen im Mittelalter*, Köln 1963.
3 Dieser Aspekt wird vor allem herausgearbeitet von Robert GUIETTE, »D'une poésie formelle au moyen âge«, in: *Revue des sciences humaines* 54 (1949) S. 61–68, und von Paul ZUMTHOR, *Essai de poétique médiévale*, Paris 1972.

Frauenlieder erscheinen, die Bestandteil dieser Lyrik sind. Stets setzen sie die gleiche Grundsituation voraus, die Situation einer liebenden Frau, die von dem Mann, den sie liebt, getrennt ist; stets sind es ähnliche Motive, die, gewonnen aus der Spannung zwischen der Sehnsucht nach Liebe und dem Leid der Trennung, das mittelalterliche Frauenlied beherrschen:

Klagen der Frau über den Schmerz der Trennung, Liebes- und Treuebekundungen, Äußerungen der Sehnsucht nach dem Mann, Beschwörung der trotz der Trennung bestehenden Gemeinsamkeit mit ihm, Klagen über äußere Hindernisse, die der Verbindung entgegenstehen, Erinnerungen an vergangenes Liebesglück und endlich die Sorge, der Mann werde sich einer anderen Frau, einer ›Rivalin‹, zuwenden.

So sehr sich die Motive jedoch auch gleichen, ihre Auswahl, Akzentuierung und die Art der Kombination mit anderen sind niemals identisch. In der subtilen Variation des Bekannten, in Nuancen, deren ästhetische Qualität sich nur Kennern, nur den mit dem poetischen Sujet Vertrauten, voll erschließen konnte, lag offensichtlich ein wesentlicher Genuß für die mittelalterlichen Rezipienten dieser Lieder. Zudem erweist sich, daß die scheinbare Gleichförmigkeit des Frauenlieds eine ungewöhnliche Vielfalt an Möglichkeiten der Ausdifferenzierung birgt. Deutlich wird dies bereits bei der Durchmusterung der Gattung in der deutschen Lyrik des 12. und 13. Jahrhunderts, noch deutlicher aber, wenn zum Vergleich Beispiele aus anderen Literaturen des Mittelalters herangezogen werden. So sind etwa in der mittellateinischen, in der altprovenzalischen und altfranzösischen Lyrik jeweils verschiedene Motive und Motivkomplexe bevorzugt behandelt worden, so daß sich unterschiedliche Gattungstypen entwickelt haben. Wie sich die Bildung dieser verschiedenen Gattungstypen erklärt und ob sie in Zusammenhang steht mit besonderen außerliterarischen Gegebenheiten in den genannten Kulturbereichen, ist bislang noch nicht hinreichend erforscht.

Die meisten Frauenlieder waren – wie die mittelalterliche Lyrik überhaupt – nicht für die Lektüre bestimmt, sondern für den öffentlichen Vortrag. Sie wurden gesungen und von Musikinstrumenten begleitet. Über die Aufführungspraxis läßt sich heute jedoch nur ein unvollständiges Bild gewinnen. Ungewiß ist zunächst schon, wo die Lieder vorgetragen wurden. Zwar kann es als sicher gelten, daß viele Frauenlieder für die höfische Gesellschaft verfaßt wurden und an den Höfen, den Herrschaftszentren im 12. und 13. Jahrhundert, zur Aufführung gelangt sind, aber manche haben auch den Charakter von Tanzliedern, die vielleicht nicht nur an den Höfen, sondern auch auf Marktplätzen und Festwiesen gesungen wurden. Ungewiß ist ferner, wer die Lieder vorgetragen hat. Vermutlich sind es Männer gewesen, entweder die Autoren selbst oder professionelle Sänger, die dem seinerzeit wenig geachteten Stand der Spielleute, der Fahrenden, angehörten. Unter dem ›fahrenden Volk‹ gab es auch Frauen, sogenannte *spilwîp*. Möglicherweise haben diese Frauen bei der Aufführung der Lieder mitgewirkt und den weiblichen Part übernommen. Ausdrücklich bezeugt ist ein solcher Vorgang indes nicht.[4]

Wie der Text und die Musik realisiert wurden, welche Rolle die freie Improvisation, die Gestik und die Mimik des Vortragenden spielte und wie all diese Elemente bei der Aufführung der Lieder zusammenwirkten, ist ebenfalls schwer zu ermitteln. Nur in Ausnahmefällen sind Melodien zu den Liedern überliefert, denn als damit begonnen wurde, die Lieder zu sammeln und aufzuzeichnen, gelangten zunächst nur die Texte auf das Pergament. Erst später

---

4 Über Spielleute und Fahrende des Mittelalters vgl. die Studien von Edmond FARAL, *Les jongleurs en France au moyen âge*, Paris 1910, Nachdr. New York 1970, und Walter SALMEN, *Der fahrende Musiker im europäischen Mittelalter*, Kassel 1960 (Die Musik im alten und neuen Europa, 4).

wurden dann gelegentlich auch die Melodien notiert, und zwar in der für heutige Begriffe ungenauen, nicht leicht zu entschlüsselnden mittelalterlichen Notenschrift, den Neumen.

Der Stellenwert der Frauenlieder in der deutschen Liebeslyrik des 12. und 13. Jahrhunderts

Frauenlieder gehören zwar zu den ältesten Zeugnissen der deutschsprachigen Liebespoesie, des ›donauländischen Minnesangs‹ (um 1160), aber in der höfischen Lyrik der Zeit insgesamt sind sie quantitativ von untergeordneter Bedeutung. In den meisten Liedern des Mittelalters ist das lyrische Subjekt ein Mann. Die Bevorzugung von Männerliedern erklärt sich nicht nur dadurch, daß die Lyriker meist Männer waren. Ein wichtiger Grund dafür ist auch die spezifische Liebesauffassung, welche im Zentrum des Minnesangs steht, die ›höfische Liebe‹ oder ›Minne‹, das Konzept des ›Frauendienstes‹. Gegenstand dieses Liebeskonzepts ist die noch nicht erwiderte Liebe eines Mannes zu einer zum Inbegriff aller Werte stilisierten und daher für ihn schwer erreichbaren Frau, zu einer ›Minnedame‹. Sie steht der Werbung des Mannes gleichgültig gegenüber, so daß die Erfahrung der Liebe einseitig bleibt und nur aus der Perspektive des Mannes dargestellt wird.

Das Konzept des Frauendienstes war von den Trobadors entwickelt worden, die als Liederdichter an den Höfen vor allem Südfrankreichs, aber auch Nordspaniens und Italiens wirkten. Es wurde dann von den Trouvères, den nordfranzösischen Lyrikern, und den deutschen Minnesängern aufgegriffen. Mit der Adaption des trobadoresken Frauendienstes verliert die Gattung des Frauenlieds den zentralen Stellenwert, den sie noch im donauländischen Minnesang besitzt, denn beide poetischen Schemata standen in diametralem Gegensatz zueinander: Das Bild der gleichgültigen

›Minnedame‹ schloß die Vorstellung einer von Sehnsucht nach dem Mann erfüllten, liebenden Frau aus.

Indessen: Während sich in der Lyrik der Trobadors und der Trouvères Frauenlieder nur sehr vereinzelt finden, behauptet die Gattung im deutschen Minnesang einen Platz. Denn die Minnesänger bemühen sich darum, den Frauendienst und das Frauenlied – und das heißt: zwei verschiedene Frauenbilder und zwei verschiedene Liebesauffassungen – miteinander zu vermitteln. Nach einer Phase, in der die Frauenlieder in der Lyrik nur eine geringe Rolle spielen, gewinnen sie so erneut an Bedeutung und werden im deutschen Minnesang zu einem wichtigen Medium in der Auseinandersetzung mit der höfischen Liebe.

Die Gattung des Frauenliedes in der Forschung

Gemessen an dem wissenschaftlichen Interesse, das die Männerlieder der höfischen Lyrik des Mittelalters auf sich zu ziehen vermochten, ist die Aufmerksamkeit, die sich auf die Frauenlieder gerichtet hat, sehr gering gewesen. Es kommt hinzu, daß die Erforschung dieser lyrischen Gattung unter einem begrenzten Blickwinkel erfolgte. Eine größere Bedeutung erhielten die Frauenlieder lediglich im Zusammenhang mit der Diskussion über den ›Ursprung‹ der höfischen Liebe.[5] In Opposition zu jenen Gelehrten, welche diesen ›Ursprung‹ in der mittel-, in der klassisch-lateinischen oder auch in der arabischen Literatur sehen wollten, wurde von anderen die These verfochten, daß die höfische Lyrik auf ›volkstümlichen‹ Grundlagen basiere, die in den ältesten, oft ohne Verfassernamen tradierten Frauenliedern noch greifbar seien. Die Diskussion dieser These wurde in den fünfziger Jahren noch einmal neu belebt, als die *Ḫarǧas* entdeckt wurden, jene aus dem spanischen Kulturbereich

---

5 Vgl. dazu Käte Axhausen, *Die Theorien über den Ursprung der provenzalischen Lyrik*, Diss. Marburg 1937, Nachdr. Genf 1974.

stammenden Frauenstrophen, welche noch vor die Anfänge der Trobadorlyrik zu datieren sind.[6]

Die seinerzeit so intensiv geführte Diskussion über die deutlich von romantischen Vorstellungen geprägte ›Volksliedtheorie‹ erscheint aus heutiger Sicht weniger ergiebig, weil die tatsächlichen Existenzformen der Gattung des Frauenlieds, ihre Vielfalt, ihre Konstitutionsvoraussetzungen und die Bedingungen ihres Wandels dabei nur bedingt Beachtung fanden. Demgegenüber richtet sich das Interesse der jüngeren Forschung stärker auf die Historizität der Texte und auf das literarische und gesellschaftliche Bezugsfeld, in dem sie entstanden sind.[7] So geht etwa der französische Mediävist Pierre Bec nicht mehr von dem Gegensatz ›Natur‹- und ›Kunstpoesie‹ aus, welcher die älteren Untersuchungen prägt, sondern unterscheidet – im Blick auf die mittelalterliche Lyrik Frankreichs – zwei verschiedene sozio-poetische Systeme, das *registre popularisant* und das *registre aristocratisant*.[8] Im Zentrum des ersten steht für ihn

6 Vgl. Klaus Heger, *Die bisher unveröffentlichten Ḫarǧas und ihre Deutungen*, Tübingen 1960 (ZfrPh. 101, Beih.). – Prominentester Vertreter der ›Volksliedtheorie‹ in dieser Zeit war in der Germanistik Theodor Frings, »Frauenstrophe und Frauenlied in der frühen deutschen Lyrik«, in: *Gestaltung – Umgestaltung*, Fs. H. A. Korff, Leipzig 1957, S. 13–28; und ders., *Die Anfänge der europäischen Liebesdichtung im 11. und 12. Jahrhundert*, München 1960 (Sitzungsberichte der Bayerischen Akademie der Wissenschaften, philol.-hist. Kl., H. 2). – Die These, daß es sich bei den Ḫarǧas um ›volkstümliche‹ Poesie handelt, ist von Heger überzeugend widerlegt worden. Zu den Ḫarǧas vgl. ferner Margit Frenk Alatorre, *Las Jarchas mozarabes y los comienzos de la lyrica romanica*, Guanajuato 1975, und Linda Fish Compton, *Andalusian Lyrical Poetry and Old Spanish Love Songs: The Muwashshah and its Kharja*, New York 1976.

7 Vgl. etwa den Sammelband *Vox feminae*, ed. by John F. Plummer, Kalamazoo (Mich.) 1981 (Studies in medieval culture, 15). Veröffentlicht sind darin Beiträge zu den Frauenliedern verschiedener mittelalterlicher Literaturen. – Im Blick auf den deutschen Minnesang ist zu verweisen auf die Studie von William E. Jackson, *Reinmar's Women, A Study of the Woman's Song (»Frauenlied« and »Frauenstrophe«) of Reinmar der Alte*, Amsterdam 1981 (GLLM 9).

8 Pierre Bec, *La lyrique française au moyen âge (XIIe – XIIIe siècles). Contribution à une typologie des genres poétiques médiévaux*, 2 Bde., Paris 1977/78.

das Frauenlied in allen seinen verschiedenen Erscheinungsformen, zu denen Bec auch das *Tagelied* (Thema: Trennung
zweier Liebender nach einer heimlich verbrachten Liebesnacht) zählt, eine Gattung, die wie das Frauenlied zu den
ältesten poetischen Zeugnissen in vielen Literaturen gehört.[9]

Im Mittelpunkt des anderen, des ›aristokratisierenden‹ Regi-
sters steht nach Bec der *grand chant courtois*, das höfische
Männerlied, sowie seine ›Satellitengattungen‹.[10] Aus der
Kombination von Elementen beider Register, so Bec, ist die
Gattung der *Pastourelle* hervorgegangen, in der die Begeg-
nung zwischen einem Mädchen ›niederen‹ Standes (meist
einem Bauernmädchen oder einer Schäferin) mit einem
Mann aus der ›höheren‹ Gesellschaftsschicht (einem Ritter
oder Kleriker) geschildert wird, wobei diese Begegnung den
Charakter einer (versuchten) ›Verführung‹ hat.

Bec stützt seine Klassifikation mit Hinweisen auf die unterschiedliche soziale Stellung und den Wirkungsbereich,
durch die sich die Träger des *registre popularisant* von denen
des *registre aristocratisant* abheben: Handelt es sich bei
diesen um (gelehrte) Hofdichter mit einem ausgeprägten
Autorbewußtsein, so bei jenen um für ein breiteres Publikum und anonym wirkende Spielleute. Beide Register haben
nach Bec nebeneinander bestanden, so daß gelegentliche Interferenzen möglich waren.

Dieser Ansatz eröffnet der Forschung über die Frauenlieder

9 Wenn BEC das Tagelied als eine Gattungsvariante, eine ›Untergattung‹ des
   Frauenlieds betrachtet, so begründet er dies mit dem Hinweis, daß im
   Tagelied häufig Frauen als Sprecherinnen auftreten und daß im Zentrum des
   Tagelieds wie des Frauenlieds eine Klage stehe.

10 Zu den ›Satellitengattungen‹ rechnet BEC die verschiedenen Formen des
   französischen Streitgedichts, die Tenzone und das Partimen, sowie die
   Gattung des *sirventes*. Seine Klassifikation verdankt wichtige Anregungen
   Hans Robert JAUSS, »Theorie der Gattungen und Literatur des Mittelalters«, in: *Grundriß der romanischen Literaturen des Mittelalters*, Bd. 1,
   hrsg. von M. DELBOUILLE, Heidelberg 1972, S. 103–138. Wiederabgedr.
   in: H. R. J., *Alterität und Modernität in der mittelalterlichen Literatur*,
   München 1977, S. 327–358.

20

und ihrem Verhältnis zu anderen Gattungen in der mittelalterlichen Poesie neue Wege. Allerdings sind Becs Untersuchungen auf die Lyrik in Frankreich bezogen und daher
nicht einfach auf andere Literaturen übertragbar. Im deutschen Kulturbereich etwa lassen sich zwei sozio-poetische
Register so strikt durchaus nicht unterscheiden. Denn schon
die ältesten Frauenlieder verweisen hier in ihrer Stilisierung
auf die ritterlich-höfische Lebenswelt; sie sind, anders als in
Frankreich, integraler Bestandteil der höfischen Lyrik.
Auch lassen sich keine sozial so prägnant voneinander
abgrenzbaren Trägerschichten der Lyrik nachweisen. Der
Minnesang war eine ausgesprochen exklusive Kunst, die fast
ausschließlich von ›dilettierenden‹ Adligen und Ministerialen praktiziert wurde, die der höfischen Gesellschaft angehörten. Spielleute oder ›Berufsdichter‹ treten – wie Walther
von der Vogelweide – unter den Minnesängern erst spät und
auch dann nur vereinzelt in Erscheinung.[11]
Wenn Becs Klassifikation mithin im Blick auf die deutsche
Lyrik nicht ohne weiteres greift, so besitzen seine Untersuchungen dennoch einen unschätzbaren Erkenntniswert, weil
sie – gerade in Anbetracht der engen literarischen Beziehungen zwischen dem romanischen und deutschen Kulturbereich in jener Zeit – die Frage aufwerfen, warum die Entwicklung des Frauenliedes in so unterschiedlicher Weise
verläuft.
Bei der Beantwortung dieser Frage ist es zweifellos wichtig
zu klären, welche Funktionen die Gattung erfüllte, welche
Positionen sie im lyrischen Gattungsspektrum jeweils
besetzte. Gewiß darf zunächst davon ausgegangen werden,
daß die Frauenlieder im allgemeinen eine menschliche
Grunderfahrung im Bereich der Liebe poetisieren, die Erfahrung der Trennung. Aber es stellt sich dann die Frage,
warum diese Erfahrung fast ausschließlich aus der Sicht von

---

11 Ausführlich erörtert wird diese Frage von Ingrid KASTEN, *Frauendienst bei
Trobadors und Minnesängern im 12. Jahrhundert. Zur Entwicklung und
Adaption eines literarischen Konzepts*, Heidelberg 1986 (GRM 5, Beih.).

Frauen dargestellt wird. Dabei ist zu bedenken, daß die Liebes- und Trennungsklagen häufig von einem Gegensatz zwischen Ich und Gesellschaft, zwischen dem Wunsch nach ›freier‹ Liebe und den Normen der gesellschaftlichen Moral, welche der Verwirklichung dieses Wunsches entgegenstehen, bestimmt ist. In einigen Frauenliedern finden sich außerdem Indizien dafür, daß die Gattung dazu dienen konnte, die Attraktivität des Mannes und seine Unabhängigkeit in der Liebe poetisch zu verklären sowie gleichzeitig entsprechende Wünsche der Frau abzuwehren. So scheitert die Frau mit ihrem Verlangen nach ›freier‹ Liebe nicht nur an den Normen der Gesellschaft, sondern auch an der Untreue des Mannes, während der umgekehrte Fall nicht thematisiert wird. Es ist offenkundig, daß sich hierin ein von patriarchalischen Strukturen geprägtes Denken geltend macht und bestätigt, ein Denken, das die sexuelle Freizügigkeit des Mannes toleriert, sie aber seiner Partnerin, der Frau, versagt.[12]

Andererseits besteht die Möglichkeit, daß die Männer, welche Frauenlieder verfaßt haben, eigene Wünsche (oder Ängste) auf Frauenfiguren projiziert haben, denn auch sonst in der Literatur des Mittelalters erscheinen Frauen häufig symbolhaft für Aspekte von psychologischen, philosophischen, moralischen und literarischen Problemen, welche die Männer bewegt haben.[13] An einigen Beispielen konnte jedenfalls gezeigt werden, daß die Gattung des Frauenliedes als Mittel dichterischer Selbstdarstellung funktionalisiert worden ist.[14]

12 Vgl. Rolf GRIMMINGER, *Poetik des frühen Minnesangs*, München 1969 (MTU 27).

13 Vgl. z. B. Joan M. FERRANTE, *Woman as Image in Medieval Literature*, New York 1975.

14 Ingrid KASTEN, »Weibliches Rollenverständnis in den Frauenliedern Reinmars und der Comtessa de Dia«, in: GRM 37 (1987) S. 131–146. – Ähnliches wird für die *cantigas de amigo*, die portugiesischen Frauenlieder, festgestellt, vgl. Kathleen ASHLEY, »Voice and Audience: The Emotional World of the ›cantigas de amigo‹«, in: *Vox feminae* (vgl. Anm. 7) S. 35–45, dort S. 38.

Unter dem Einfluß des Frauendienst-Konzepts, unter dem die Frau zu einer über alles erhobenen und erhabenen ›Minnedame‹ stilisiert wird, scheint sich das traditionelle Rollenverständnis von Mann und Frau in der deutschen Lyrik grundlegend zu verändern. In welcher Weise sich dieser Wandel vollzieht und welche Funktion dabei die Frauenlieder haben, müßte eingehend untersucht werden. Vermutlich haben die Frauenlieder in manchen Fällen – zumindest im klassischen Minnesang – die Aufgabe, das in den Männerliedern weitgehend abstrakt formulierte Liebesprogramm zu konkretisieren und zu stützen,[15] aber ihre Funktion wird sich darin nicht erschöpfen. Insbesondere im Blick auf das Verhältnis vom klassischen zum späten Minnesang sind viele Fragen offen, welche die Entwicklung der Gattung, ihren Funktionswandel und die literarischen und gesellschaftlichen Voraussetzungen dieses Wandels betreffen.

Zur Auswahl der Frauenlieder dieser Ausgabe

Ziel dieser Ausgabe ist es, die Gattung des Frauenliedes in ihren verschiedenen Erscheinungsformen und in ihrer Entwicklung von den Anfängen der Überlieferung um etwa 1160 bis in das 13. Jahrhundert hinein in einer repräsentativen Auswahl zu dokumentieren. Auf diese Weise sollen gattungsspezifische Eigentümlichkeiten und Querverbindungen erkennbar werden, die in Gesamteditionen der Lyrik nicht so deutlich hervortreten können. Dafür muß jedoch in Kauf genommen werden, daß andere Bezüge, etwa die Beziehungen einzelner Frauenlieder zu Männerliedern, die bei der Textanalyse nicht außer Betracht bleiben dürfen, bei der Auswahl der Lieder nicht berücksichtigt sind. Sofern derartige Bezüge bestehen, wird jedoch im Kommentar darauf verwiesen.

15 Vgl. Kasten (Anm. 11) S. 267 ff.

Wenn auf der anderen Seite nicht nur ›reine‹ Frauenlieder in die Ausgabe aufgenommen wurden, sondern auch Texte, in denen neben der Frauenrede auch Äußerungen von Männern oder narrative Elemente enthalten sind, so deshalb, weil offenkundige Zusammenhänge bestehen, die durch einen zu eng gefaßten Gattungsbegriff ausgeblendet würden. So enthält die Ausgabe nicht nur Frauenstrophen mit einer epischen Einleitung, wie sie vor allem in der ältesten deutschen Lyrik vorkommen, sondern auch Texte, in denen Frauen- und Männerstrophen miteinander kombiniert sind wie in der eigentümlichen Gattung des *Wechsels*, in dem Mann und Frau nicht zueinander, sondern – in der dritten Person – übereinander sprechen (vgl. dazu Lied VI und XIII der vorliegenden Ausgabe). Auch Beispiele für die in späterer Zeit entstandenen *Gesprächs-* oder *Dialoglieder* (vgl. z. B. Lied XXI, XXXIV und XXXV) sind vertreten. Die Funktionalisierung der Frauenrede schließlich im Rahmen anderer lyrischer Gattungen wird an der *Pastourelle* (Lied XLIX und L) und am *Tagelied* (Lied LXII) exemplarisch dokumentiert. Damit dürfte hinreichend verdeutlicht sein, daß sich die Gattung des Frauenlieds zuallererst durch ein formales Moment, die Frauenrede, konstituiert und daher thematisch ungewöhnlich offen ist.

Der Schwerpunkt der Ausgabe liegt auf den Frauenliedern der deutschen Lyrik. Die Texte sollen die Möglichkeit bieten, die Entwicklung der Gattung im Minnesang, insbesondere ihren Wandel unter dem Einfluß des trobadoresken Frauendienst-Konzepts, in den wichtigsten Stationen zu verfolgen: von den frühen, vielfach anonym überlieferten Frauenliedern des donauländischen Minnesangs über die beginnende Auseinandersetzung mit den neuen Ideen über die Liebe bei Meinloh von Sevelingen, Dietmar von Eist und Heinrich von Veldeke bis zum klassischen Minnesang und den Frauenliedern Hartmanns von Aue, Heinrichs von Morungen und Reinmars. Den Abschluß bilden Beispiele der Gattung aus dem späten Minnesang, in dem die Formen der Frauenrede – vermutlich durch Aufnahme von Elementen aus einem mündlich tradierten, ›popularisierenden‹ Register – erweitert und modifiziert werden, oft, wie in der ›dörperlichen‹ Lyrik Neidharts, aber auch bei Burkart von Hohenfels und Gottfried von Neifen oder Steinmar, in parodistischer Weise.

Daneben aber soll die Ausgabe, zumindest umrißhaft, einen Eindruck von den Ausprägungen des Genres in anderen europäischen Literaturen des Mittelalters vermitteln. Außer den deutschen Frauenliedern wird daher eine beschränkte Anzahl von Beispielen aus der mittellateinischen, aus der altprovenzalischen und aus der altfranzösischen Literatur vorgestellt.[16] Sie lassen die in allen Bereichen verschiedene Typenbildung und damit Entwicklungslinien der Gattung erkennen, welche in der deutschen Lyrik nicht realisiert wurden. Aber es bestehen auch Gemeinsamkeiten, welche entweder auf ähnliche Voraussetzungen oder aber auf Interferenzen zwischen den verschiedenen Literaturen hinweisen.

Greifbar werden solche Interferenzen in den deutsch-lateinischen Mischgedichten, die in der mittellateinischen Liedersammlung *Carmina Burana* überliefert sind (vgl. Lied XLVIII und XLIX der vorliegenden Ausgabe). Ihre Verfasser waren Kleriker, die ihre Verse wiederum in der Regel an Kleriker richteten und dabei eigenen sozio-poetischen Konventionen folgten. Frauenlieder haben sie nur selten verfaßt. Zwei der hier aufgenommenen Texte sind Pastourellen (Lied XLIX und L), eine Gattung, von der modellbildende Impulse auf die deutsche Lyrik ausgegangen sind (vgl. Walther von der Vogelweide, *Under der linden*, Lied XXXVIII

---

16 Die vorliegende Anthologie wird in dankenswerter Weise ergänzt durch die während der Drucklegung erschienene Sammlung *Romanische Frauenlieder*, hrsg. von Ulrich MÖLK, München 1989 (KTRM 28). Mölk berücksichtigt neben altprovenzalischen und altfranzösischen Texten auch (zumeist etwas jüngere) italienische Lieder und portugiesische *cantigas d'amigo*, die das Spektrum der Gattung abrunden.

der vorliegenden Ausgabe), auch wenn sie sich zunächst im klassischen Minnesang nicht etablieren konnte. Eine singuläre Ausprägung der Trennungsklage stellt die Klage einer schwangeren Frau dar, die von ihrem Freund verlassen wurde (Lied LI).

Eine wichtige Ergänzung bilden die altprovenzalischen Texte, nicht zuletzt deshalb, weil unter ihnen von Frauen verfaßte Kompositionen sind, die Lieder der provenzalischen Dichterinnen, der sogenannten *trobairitz*. Gerade in der jüngeren Forschung haben diese Lieder verstärktes Interesse gefunden, auch im Zusammenhang mit der Diskussion über Schreibformen von Frauen,[17] die ihren Abschluß wohl noch nicht gefunden hat. Die älteste datierbare *trobairitz*, Azalaïs de Porcairagues, ist mit dem einzigen Lied, das die Überlieferung von ihr bewahrt hat, vertreten. In ungewöhnlicher Weise verbindet die Dichterin das Frauenlied mit Elementen der Totenklage, des *planh* (Lied LII). Von der bekanntesten und wohl auch bedeutendsten provenzalischen Lyrikerin, von der Comtessa de Dia, wurden alle Lieder, insgesamt vier, in die Ausgabe aufgenommen (Lied LIII– LVI). Sie bieten besondere Vergleichsmöglichkeiten, weil die Dichterin, ähnlich wie die Minnesänger, Elemente des Frauenlieds und des Frauendienstes miteinander verknüpft.

Darüber hinaus werden zwei altprovenzalische Streitgedichte vorgestellt, Tenzonen, in denen Frauen als Sprecherinnen auftreten (Lied LVII und LVIII). Streitgedichte die-

---

17 Pierre BEC, »›Trobairitz‹ et chansons de femme, Contribution à la connaissance du lyrisme féminin au moyen âge«, in: CCM 22 (1979) S. 235–262. – Peter DRONKE, *Women Writers of the Middle Ages. A Critical Study of Texts from Perpetua († 203) to Marguerite Porete († 1310)*, Cambridge 1984. – KASTEN (Anm. 14). – Ursula PETERS, »Frauenliteratur im Mittelalter? Überlegungen zur Trobairitzpoesie, zur Frauenmystik und zur feministischen Literaturbetrachtung«, in: GRM 38 (1988) S. 35–56. – Als Beiheft der GRM erscheint demnächst Katharina STÄDTLER, *Altprovenzalische Frauendichtung (1150–1250), Historisch-soziologische Untersuchungen und Interpretationen*, Diss. Augsburg 1986. [Masch.]

ser Art sind in der deutschen Lyrik der Zeit nicht entwickelt worden; vergleichbar sind jedoch die Dialoglieder Walthers von der Vogelweide (Lied XXXIV und XXXV). [18] Das letzte altprovenzalische Beispiel gehört zu den schönsten mittelalterlichen Frauenliedern; es ist dabei eines der seltenen ›reinen‹ Vertreter des Genres, das aus dem Wirkungsbereich der Trobadors überliefert ist (Lied LIX).

In der altfranzösischen Lyrik ist die Gattung besonders stark vertreten, und entsprechend vielfältig sind die hier nachweisbaren verschiedenen Gattungstypen entwickelt. Die Auswahl mußte sich auf wenige signifikante Beispiele beschränken. So wurde die Klage einer reuigen ›Minnedame‹ über ihr abweisendes Verhalten dem Mann gegenüber aufgenommen (Lied LX) und die Klage einer Frau über die Trennung von dem Geliebten, der zum Kreuzzug aufgebrochen ist (Lied LXI). Während die genannten Lieder an ›aristokratisierende‹ Muster anknüpften, ist das Tagelied, welches aus der Perspektive einer Frau konzipiert ist (Lied LXII), dem ›popularisierenden‹ Register zuzurechnen. Zu diesem zählen auch die *chansons d'histoire* (vertreten durch Lied LXIII) und die *chansons de toile* bzw. die *chansons de malmariée* (Lied LXIV). Aufgenommen wurde schließlich noch eine der *Pastourellen*, die in der Lyrik Nordfrankreichs besonders häufig und vielfältig variiert überliefert sind (Lied LXV).

18 Unmittelbare Beziehungen bestehen zwischen der Tenzone und den deutschen Dialogliedern jedoch kaum. Dies nahm Theodor Frings an, vgl. »Walthers Gespräche«, in: Beitr. (Halle) 91 (1969/71) S. 548–557, vgl. dazu auch ders., »Minnesinger und Troubadours«, in: *Der deutsche Minnesang*, hrsg. von Hans Fromm, Bd. 1, Darmstadt ⁵1972 (WdF 15), S. 1–57. – Gegen Frings vgl. Ingrid Kasten, »Das Dialoglied bei Walther von der Vogelweide«, in: *Walther von der Vogelweide*, Hamburger Kolloquium 1988 zum 65. Geburtstag von Karl Heinz Borck, hrsg. von Jan-Dirk Müller und Franz Josef Worstbrock, Stuttgart 1989, S. 81–93.

Die Texte werden in der Regel nach bereits vorliegenden Ausgaben zitiert, die im Kommentar zu den einzelnen Liedern jeweils genannt werden. Sofern Änderungen vorgenommen wurden, ist dies ebenfalls im Kommentar vermerkt. Im Rahmen der Ziele, die sich der vorliegende Band setzt, erscheint es vertretbar, auf eine umfassende Dokumentation der handschriftlichen Varianten und der Lesarten zu den Texten zu verzichten. Der Kommentar enthält entsprechende Hinweise nur in Einzelfällen, vornehmlich dort, wo der Text von der zitierten Ausgabe abweicht.

Abweichend von der in Editionen der deutschen Lyrik üblichen Gepflogenheit werden zur Markierung der Frauenrede nicht einfache Anführungsstriche verwendet. Diese dienen statt dessen der Kennzeichnung der Männerrede. In Dialogliedern stehen als Redezeichen für beide Gesprächspartner doppelte Anführungsstriche. Wo narrative Elemente die Frauenrede einleiten oder wo die Frauenrede zwischen erzählenden Einschüben plaziert ist, erscheint sie ebenfalls in doppelten Anführungsstrichen.

Die Übersetzung erhebt nicht den Anspruch, die ästhetischen Valeurs der Lieder (Reimbindungen, Wortspiele, Rhythmus) wiederzugeben. Sie will vielmehr eine Verständnishilfe bieten und bemüht sich deshalb um eine zwar möglichst wörtliche, aber auch sinnadäquate und der Syntax des Neuhochdeutschen angepaßte Übertragung. Wo von der üblichen Bedeutung eines Wortes merklich abgewichen wird oder wichtige Konnotationen nicht hinreichend erfaßt werden konnten, gibt der Kommentar entsprechende Erläuterungen. Auf die von der spezifisch mittelalterlichen Lebens- und Vorstellungswelt geprägte Mehrdeutigkeit von häufig auftretenden Wörtern, wie z. B. *genâde, huld, heil, genesen*, die ebenso auf Religiöses wie auf Profanes bezogen werden können, wird indes nicht eigens verwiesen. Da Wörter unterschiedliche Beziehungen ausdrücken und je nach Kontext eine besondere semantische Qualität haben können, erklärt es sich, daß für dasselbe Wort unter Umständen verschiedene Übersetzungen gewählt werden. Mhd. *frouwe* wird z. B. entweder mit ›Herrin‹, ›Frau‹, ›höfische Frau‹, ›Dame‹ u. a. übersetzt, wobei gerade dieses Wort – eines der Schlüsselwörter des Minnesangs – exemplarisch die Probleme des Übersetzens aus dem Mittelhochdeutschen verdeutlicht, weil es sich mit seinen historischen Konnotationen zwar erklären, aber nicht einfach ›übertragen‹ läßt.

Der Kommentar enthält außer den Hinweisen auf die Textvorlagen Hinweise auf den Vers- und Strophenbau[19], sprachliche Erläuterungen, knappe Informationen über die Verfasser der Lieder, über ihr literarisches Wirken und ihre Stellung in der Lyrik der Zeit. Diese Informationen finden sich jeweils im Kommentar des ersten Lieds, das von den Autoren aufgenommen wurde. Der weitere Kommentar skizziert die Forschungslage zu dem zitierten Lied, verweist auf Bezüge zu anderen Kompositionen und eigentümliche Stilisierungstendenzen.

Ergänzt wird der Kommentar durch Hinweise auf die Forschungsliteratur. Für die Erläuterungen zu den Liedern aus *Des Minnesangs Frühling* und den Liedern Walthers von der Vogelweide wurden die bereits vorliegenden Kommentare konsultiert;[20] eigens verwiesen wird auf sie jedoch nur bei wörtlichen Zitaten.

19 Den üblichen Gepflogenheiten entsprechend wird in der deutschen Lyrik nach Hebungen, in der romanischen und mittellateinischen dagegen nach Silben gezählt.
20 Vgl. Carl v. Kraus, *Des Minnesangs Frühling. Untersuchungen*, Leipzig 1939. Durch Register erschlossen und um einen Literaturschlüssel ergänzt hrsg. von Helmut Tervooren und Hugo Moser, Stuttgart 1981. – *Des Minnesangs Frühling. Anmerkungen*, nach Karl Lachmann, Moriz Haupt und Friedrich Vogt neu bearb. von Carl v. Kraus, Zürich [30]1950. Durch Register erschlossen und um einen Literaturschlüssel ergänzt hrsg. von H. Tervooren und H. Moser, Stuttgart 1981. – Carl v. Kraus, *Die Lieder Reinmars des Alten*, München 1919. – Ders., *Walther von der Vogelweide. Untersuchungen*, Berlin [2]1966. – Günther Schweikle, *Die mittelhochdeutsche Minnelyrik*, [Bd.] I: *Die frühe Minnelyrik*, Darmstadt 1977.

Mittelhochdeutsche Texte

I

ANONYM

Dû bist mîn, ich bin dîn

MF 3,1   T bl. 114ᵛ

Dû bist mîn, ich bin dîn.
des solt dû gewis sîn.
dû bist beslozzen
in mînem herzen,
5 verlorn ist daz sluzzelîn:
dû muost ouch immêr darinne sîn.

II

ANONYM

Mich dunket niht sô guotes

MF 3,17   Niune 38 A   Alram von Gresten 14 C

Mich dunket niht sô guotes   noch sô lobesam
sô diu liehte rôse   und diu minne mîns man.
diu kleinen vogellîn
diu singent in dem walde,   dêst menegem herzen liep.
5 mir enkome mîn holder geselle,   ine hân der
                                        sumerwunne niet.

I

ANONYM

Du bist mein, ich bin dein

Du bist mein, ich bin dein,
dessen sollst du gewiß sein.
Du bist eingeschlossen
in meinem Herzen,
5 verloren ist das Schlüsselchen:
Du mußt für immer darin bleiben.

II

ANONYM

Nichts erscheint mir so gut

Nichts erscheint mir so gut und so herrlich
wie die strahlende Rose und die Liebe meines Freundes.
Die kleinen Vögelchen,
die singen im Walde, das ist manchem Herzen lieb.
5 Wenn mein Liebster nicht kommt, habe ich von der
                         Sommerfreude nichts.

III

ANONYM

Waere diu werlt alle mîn

MF 3,7 M bl. 60ʳ

Waere diu werlt alle mîn
von deme mere unze an den Rîn,
des wolt ich mich darben,
daz chunich von Engellant
5 laege an mînem arme.

IV

DER VON KÜRENBERG

Leit machet sorge – Swenne ich stân aleine –
Ez hât mir an dem herzen – Ez gât mir vonme herzen

MF 7,19 3 C

1 Leit machet sorge,   vil liebe wünne.
eines hübschen ritters   gewan ich künde:
daz mir den benomen hânt   die merker und ir nît,
des mohte mir mîn herze   nie vrô werden sît.

MF 8,17 6 C

2 Swenne ich stân aleine   in mînem hemede,
unde ich gedenke an dich,   ritter edele,
sô erblüet sich mîn varwe   als der rôse an dem dorne
tuot,
und gewinnet daz herze   vil manigen trûrigen muot.

34

ANONYM

Wenn die ganze Welt mein wäre

Wenn die ganze Welt mein wäre
vom Meer bis an den Rhein –
ich wollte darauf verzichten,
wenn der König von England
5   in meinem Arm läge.

IV

DER VON KÜRENBERG

Leid bringt Sorge – Wenn ich so allein –
Es hat mir im Herzen – Es kommt mir aus dem Herzen

1 Leid bringt Sorge, viel Freude Glück.
   Einen höfischen Ritter lernte ich kennen.
   Weil die Aufpasser mit ihrer Mißgunst ihn mir
                                 fortgenommen haben,
   konnte mir das Herz seither nicht mehr froh werden.

2 Wenn ich so allein in meinem Hemd dastehe
   und an dich denke, edler Ritter,
   so erblühe ich wie die Rose am Dorn,
   und das Herz wird von manch traurigem Gedanken
                                 erfüllt.

MF 8,25   7 C

3 Ez hât mir an dem herzen   vil dicke wê getân,
  daz mich des geluste,   des ich niht mohte hân
  noch niemer mac gewinnen.   daz ist schedelîch.
  jône mein ich golt noch silber: ez ist den liuten gelîch.

MF 9,13   10 C

4 Ez gât mir vonme herzen,   daz ich geweine:
  ich und mîn geselle   müezen uns scheiden.
  daz machent lügenaere.   got der gebe in leit!
  der uns zwei versuonde,   vil wol des waere ich gemeit.

V

DER VON KÜRENBERG

Ich zôch mir einen valken

MF 8,33   8 C

1 Ich zôch mir einen valken   mêre danne ein jâr.
  dô ich in gezamete   als ich in wolte hân
  und ich im sîn gevidere   mit golde wol bewant,
  er huop sich ûf vil hôhe   und vlouc in anderiu lant.

MF 9,5   9 C

2 Sît sach ich den valken   schône vliegen,
  er vuorte an sînem vuoze   sîdîne riemen,
  und was im sîn gevidere   alrôt guldîn.
  got sende sî zesamene,   die gelieb wellen gerne sîn!

3 Es hat mir im Herzen sehr oft weh getan,
daß ich nach etwas Verlangen hatte, was ich nicht haben
konnte
und niemals gewinnen werde. Das ist traurig.
Ich denke ja nicht an Gold oder Silber: Es ist den
Menschen gleich.

4 Es kommt mir aus dem Herzen, daß ich weine:
Ich und mein Freund, wir müssen uns trennen.
Schuld daran sind Lügner; Gott schicke ihnen Leid!
Wenn einer uns zwei wieder zusammenbrächte, wäre ich
sehr froh darüber.

V

DER VON KÜRENBERG

Ich züchtete mir einen Falken

1 Ich züchtete mir einen Falken, länger als ein Jahr.
Als ich ihn so gezähmt hatte, wie ich ihn haben wollte,
und ihm sein Gefieder mit Gold schön verziert hatte,
schwang er sich hoch empor und flog in andere Lande.

2 Seither sah ich den Falken in stolzem Flug.
Er trug an seinem Fuß seidene Riemen,
und sein Gefieder war ganz rotgolden.
Gott führe die zusammen, die einander gern lieben
wollen!

VI

DER VON KÜRENBERG

Ich stuont mir nehtint spâte

MF 8,1   4 C

1 Ich stuont mir nehtint spâte   an einer zinne,
  dô hôrt ich einen rîter   vil wol singen
  in Kürenberges wîse   al ûz der menigîn.
  er muoz mir diu lant rûmen,   alder ich geniete mich sîn.

MF 9,29   12 C

2 'Nu brinc mir her vil balde   mîn ros, mîn îsengewant,
  wan ich muoz einer vrouwen   rûmen diu lant.
  diu wil mich des betwingen,   daz ich ir holt sî.
  si muoz der mîner minne   iemer darbende sîn.'

VII

ANONYM

Diu linde ist an dem ende

MF 4,1   Walter von Mezze 13 A

Diu linde ist an dem ende   nu jârlanc lieht unde blôz.
mich vêhet mîn geselle.   nu engilte ich, des ich nie
                                    genôz.
sô vil ist unstaeter wîbe,   die benement ime den sin.

DER VON KÜRENBERG

Ich stand gestern abend spät

1 Ich stand gestern abend spät so für mich an einer Zinne,
   da hörte ich einen Ritter herrlich singen
   in Kürenbergs Melodie mitten aus der Menge heraus.
   Er muß meine Lande verlassen, oder ich erfreue mich an
                                    ihm.

2 Nun schaff mir rasch mein Pferd, meine Rüstung herbei,
   denn ich muß auf Wunsch der Herrin die Lande
                                    verlassen.
   Die will mich dazu zwingen, daß ich ihr ergeben sei.
   Sie wird nach meiner Liebe immer vergeblich
                                    schmachten müssen.

VII

ANONYM

Die Linde ist an den Zweigen

Die Linde ist an den Zweigen zu dieser Zeit nun licht
                                    und kahl.
Mein Freund ist unfreundlich zu mir. Nun erdulde ich
                                    unverschuldetes Leid.
Es gibt so viele leichtfertige Frauen, die ihm den Kopf
                                    verdrehen.

got wizze wol die wârheit,   daz ime diu holdeste bin.
5 si enkunnen niewan triegen   vil menegen kindeschen
                       man.
owê mir sîner jugende!   diu muoz mir al ze sorgen
                       ergân.

VIII

Anonym

Mir hât ein ritter

MF 6,5   Niune 46 A

"Mir hât ein ritter",   sprach ein wîp,
"gedienet nâch dem willen mîn.
ê sich verwandelt diu zît,
sô muoz ime doch gelônet sîn.
5 mich dunket winter unde snê
schoene bluomen unde klê,
swenne ich in umbevangen hân.
und waerz al der welte leit,
sô muoz sîn wille an mir ergân."

Gott mag die Wahrheit wissen. Ich liebe ihn am meisten.
5 Sie können nichts anderes, als viele junge Männer
                                betrügen.
Ach, seine Jugend! Sie wird mir nur Kummer bringen.

VIII

ANONYM

Mir hat ein Ritter

"Mir hat ein Ritter", sagte eine Frau,
"nach meinem Willen gedient.
Vor dem Wechsel der Jahreszeit noch
muß er seinen Lohn erhalten.
5 Mir erscheinen Winter und Schnee
wie schöne Blumen und Klee,
wenn ich ihn in den Armen halte.
Und wäre es der ganzen Welt ein Ärgernis:
Sein Wille soll sich an mir erfüllen."

MEINLOH VON SEVELINGEN

Sô wê den merkaeren – Mir erwelten mîniu ougen –
Ich hân vernomen ein maere

MF 13,14   10 BC

1 Sô wê den merkaeren!   die habent mîn übele gedâht,
  si habent mich âne schulde   in eine grôze rede brâht.
  si waenent mir in leiden,   sô sî sô rûnent under in.
  nu wizzen alle gelîche,   daz ich sîn vriundin bin.
5 Âne nâhe bî gelegen,   des hân ich weiz got niht getân.
  staechen si ûz ir ougen!
  mir râtent mîne sinne   an deheinen andern man.

MF 13,27   11 BC

2 Mir erwelten mîniu ougen   einen kindeschen man.
  daz nîdent ander vrowen;   ich hân in anders niht getân,
  wan ob ich hân gedienet,   daz ich diu liebeste bin.
  dar an wil ich kêren   mîn herze und al den sin.
5 Swelhiu sînen willen   hie bevor hât getân,
  verlôs si in von schulden –
  der wil ich nû niht wîzen,   sihe ich si unvroelîchen stân.

MF 14,26   8 BC

3 Ich hân vernomen ein maere,   mîn muot sol aber hôhe
                                     stân:
  wan er ist komen ze lande,   von dem mîn trûren sol
                                     zergân.
  mîns herzen leide   sî ein urloup gegeben.

Meinloh von Sevelingen

Verwünscht seien die Aufpasser – Meine Augen erwählten
mir – Ich habe eine Nachricht erhalten

1 Verwünscht seien die Aufpasser! Sie haben mir übel
                                        mitgespielt.
  Sie haben mich ohne Grund sehr ins Gerede gebracht.
  Sie meinen, sie könnten ihn mir verleiden, wenn sie so
                              untereinander tuscheln.
  Sollen sie doch alle wissen, daß ich seine Freundin bin!
5 Ohne mit ihm zu schlafen, das habe ich weiß Gott nicht
                                        getan.
  Die Augen soll man ihnen ausstechen!
  Mir raten Herz und Verstand zu keinem anderen Mann.

2 Meine Augen erwählten mir einen jungen Mann.
  Darauf sind andere Frauen eifersüchtig. Nichts anderes
                              habe ich ihnen getan,
  als daß ich erlangt habe, ihm die Liebste zu sein;
  darauf will ich mein Herz und allen Sinn richten.
5 Der Frau, die ihm zuvor zu Willen war –
  wenn sie ihn nicht ohne Grund verlor –,
  der will ich es nun nicht vorwerfen, wenn ich sie traurig
                                        dastehen sehe.

3 Ich habe eine Nachricht erhalten, ich werde wieder froh
                                        sein!
  Denn er ist ins Land gekommen, durch den mein Leid
                              vergehen wird.
  So gebe ich meinem Herzenskummer Abschied.

mich heizent sîne tugende,   daz ich vil staeter minne
pflege
5 Ich gelege mir in wol nâhe, den selben kindeschen
man.
sô wol mich sînes komens: wie wol er vrowen dienen
kan.

X

Dietmar von Eist

Seneder vriundinne bote

MF 32,13 4 BC

1 'Seneder vriundinne bote, nu sage dem schoenen wîbe,
daz mir âne mâze tuot wê, daz ich sî sô lange mîde.
lieber hette ich ir minne
danne al der vogellîne singen.
5 nû muoz ich von ir gescheiden sîn,
trûric ist mir al daz herze mîn.'

MF 32,21 5 BC

2 Nu sage dem ritter edele, daz er sich wol behüete,
und bite in, schône wesen gemeit und lâzen allez
ungemüete.
ich muoz ofte engelten sîn.
vil dicke erkumet daz herze mîn.
5 an sehendes leides hân ich vil,
daz ich ime selbe gerne klagen wil.

Seine Vortrefflichkeit sagt mir, daß ich ganz treu lieben
werde.
5 Ganz nahe lege ich ihn zu mir, diesen jungen Mann.
Wie freue ich mich, daß er kommt! Und wie wunderbar
er höfischen Frauen dienen kann!

X

DIETMAR VON EIST

Bote der sehnsüchtigen Freundin

1 'Bote der sehnsüchtigen Freundin, nun sage der schönen
Frau,
daß es mir über die Maßen weh tut, daß ich so lange fern
bin von ihr.
Lieber wäre mir ihre Liebe
als aller Vögelein Singen.
5 Nun muß ich getrennt von ihr sein,
traurig ist mir all mein Herz.'

2 Nun sage dem edlen Ritter, daß er gut auf sich achtgebe,
und bitte ihn, nach vornehmer Sitte froh zu sein und
allen Unmut zu lassen.
Seinetwegen muß ich oft Leid erdulden,
immer wieder wird mir im Herzen bange.
5 Großen Kummer habe ich vor Augen,
den ich ihm gern selbst klagen will.

3 Ez getet nie wîp sô wol   an deheiner slahte dinge,
daz al die welt diuhte guot.   des bin ich wol worden
inne.

swer sîn liep dar umbe lât,
daz kumet von swaches herzen rât.
5 dem wil ich den sumer und allez guot
widerteilen durch sînen unstaeten muot.

XI

DIETMAR VON EIST

Ez stuont ein vrouwe aleine

MF 37,4   12 C

Ez stuont ein vrouwe aleine
und warte über heide
unde warte ir liebes,
sô gesach si valken vliegen.
5 "sô wol dir, valke, daz du bist!
du vliugest, swar dir liep ist,
du erkiusest dir in dem walde
einen boum, der dir gevalle.
alsô hân ouch ich getân:
10 ich erkôs mir selbe einen man,
den erwelten mîniu ougen.
daz nîdent schoene vrouwen.
owê, wan lânt si mir mîn liep?
joch engerte ich ir dekeines trûtes niet!"

3 Niemals war eine Frau in allem so vollkommen,
daß es allen Leuten recht erschien. Das ist mir ganz klar
                                                    geworden.
Wer deshalb seinen Geliebten verläßt,
gibt einem kleinmütigen Herzen nach.
5 Dem will ich den Sommer und alles Gute
absprechen wegen seiner Unbeständigkeit.

XI

DIETMAR VON EIST

Es stand eine Frau allein

Es stand eine Frau allein
und blickte aus über die Ebene
und blickte aus nach ihrem Liebsten.
Da sah sie einen Falken fliegen.
5 "Dein Leben, Falke, sei gepriesen!
Du fliegst, wohin du magst,
und wählst dir in dem Wald
einen Baum, der dir gefällt.
Das habe auch ich getan:
10 Ich suchte mir selbst einen Mann aus,
den erwählten meine Augen.
Das mißgönnen mir schöne Frauen.
Ach, warum lassen sie mir meinen Liebsten nicht?
Ich begehrte doch auch keinen ihrer Freunde!"

DIETMAR VON EIST

Sô wol dir, sumerwunne!

MF 37,18   13 C

Sô wol dir, sumerwunne!
daz vogelsanc ist geswunden,
alse ist der linden ir loup.
jârlanc trüebent mir ouch
5   mîniu wol stênden ougen.
mîn trût, du solt dich gelouben
anderre wîbe.
wan, helt, die solt du mîden.
dô du mich êrst saehe,
10   dô dûhte ich dich ze wâre
sô rehte minneclîch getân.
des man ich dich, lieber man.

XIII

DIETMAR VON EIST

Nu ist ez an ein ende komen

MF 38,32   29 C

1   'Nu ist ez an ein ende komen, dar nâch ie mîn herze
ranc,
daz mich ein edeliu vrowe hât genomen in ir getwanc.
der bin ich worden undertân
als daz schif dem stiurman,
5   swanne der wâc sîn ünde alsô gar gelâzen hât.
sô hôh ôwî!
si benimet mir mange wilde tât.'

DIETMAR VON EIST

Gepriesen seist du, Sommerwonne!

Gepriesen seist du, Sommerwonne!
Der Vögel Gesang ist verschwunden
und der Linde Laub.
Jetzt trüben sich mir auch
5 meine schönen Augen.
Mein Liebster, du sollst
auf andere Frauen verzichten.
Denn von ihnen, Held, sollst du dich fernhalten.
Als du mich zuerst sahst,
10 da erschien ich dir wirklich
so richtig liebenswert.
Daran erinnere ich dich, lieber Mann.

XIII

DIETMAR VON EIST

Nun ist es dahin gekommen

1 'Nun ist es dahin gekommen, wonach mein Herz sich
immer sehnte,
daß eine edle Dame mich in ihren Dienst genommen hat.
Der bin ich ergeben
wie das Schiff dem Steuermann,
5 wenn das Meer seine Wogen so vollkommen ruhen läßt.
– so hoch, ach! –
Sie nimmt mir manche Ungebärdigkeit.'

2 "Jâ hoere ich vil der tugende sagen von eime ritter guot.
  der ist mir âne mâze komen in mînen staeten muot.
  daz sîn ze keiner zît mîn lîp
  mac vergezzen", redte ein wîp,
5 "nu muoz ich al der welte haben dur sînen willen rât.
  sô hôh ôwî!
  wol ime, wie schône er daz gedienet hât!"

3 'Wie möhte mir mîn herze werden iemer rehte vruot,
  daz mir ein edeliu vrouwe alsô vil ze leide tuot!
  der ich vil gedienet hân,
  als ir wille was getân.
5 nû wil sî gedenken niht der mangen sorgen mîn.
  sô hôh ôwî,
  sol ich ir lange vrömde sîn?'

XIV

Der Burggraf von Regensburg

Ich bin mit rehter staete

1 Ich bin mit rehter staete   einem guoten rîter undertân.
  wie sanfte daz mînem herzen tuot,   swenne ich in
                                umbevangen hân!
  der sich mit manegen tugenden guot
  gemachet al der welte liep,   der mac wol hôhe tragen
                                den muot!

2 "Ich höre wirklich viel Gutes über einen edlen Ritter,
an den ich in übermäßiger Treue denke,
so daß ich ihn zu keiner Zeit
vergessen kann", sagte eine Frau.
5 "Nun muß ich ihm zuliebe alles andere aufgeben.
   – so hoch, ach! –
Wohl ihm, wie sehr er sich das verdient hat!"

3 'Wie könnte mir das Herz jemals recht froh werden,
da mir eine edle Dame so viel zuleide tut,
der ich lange gedient habe,
so wie sie es wünschte.
5 Nun will sie von meinem vielen Kummer nichts wissen.
   – so hoch, ach! –
Werde ich ihr noch lange gleichgültig bleiben?'

XIV

DER BURGGRAF VON REGENSBURG

Ich bin in rechter Treue

1 Ich bin in rechter Treue einem edlen Ritter ergeben.
Wie tut es meinem Herzen wohl, wenn ich ihn in den
                                        Armen halte!
Wer sich durch vorbildliches Verhalten
der ganzen Welt angenehm macht, hat wahrlich Anlaß,
                                        froh zu sein.

2 Sine mugen alle mir benemen,　den ich mir lange hân
erwelt
ze rehter staete in mînem muot,　der mich vil meneges
liebes went.
und laegen sî vor leide tôt,
ich wil ime iemer wesen holt.　si sint betwungen âne
nôt.

XV

DER BURGGRAF VON RIETENBURG

Nu endarf mir nieman wîzen

MF 18,1　1 CB

1 Nu endarf mir nieman wîzen,
ob ich in iemer gerne saehe.
des wil ich mich vlîzen.
waz darumbe, ob ich des von zorne jaehe,
5 Daz mir iemen sî lieber iht?
ich lâze in durch ir nîden niht,
si verliesent alle ir arbeit,
er kan mir niemer werden leit.

MF 18,9　2 C

2 'Mir gestuont mîn gemüete
nie so hôhe von schulde,
sît ich in rehter güete
hân alsô wol gedienet ir hulde.
5 Ich vürhte niht ir aller drô,
sît si wil, daz ich sî vrô.
wan diu guote ist vröiden rîch,
des wil ich iemer vröwen mich.'

2 Sie alle können ihn mir nicht nehmen, den ich mir lange
zu rechter Treue in meinem Sinn erwählt habe und der
                        mich an viel Liebes gewöhnt.
Und wenn sie auch vor Ärger tot umfallen würden,
ich will ihm immer zugetan sein. Umsonst ist ihre Mühe!

XV

DER BURGGRAF VON RIETENBURG

Nun braucht es mir niemand vorzuwerfen

1 Nun braucht es mir niemand vorzuwerfen,
wenn ich ihn immer gerne sehen möchte.
Darum will ich mich bemühen.
Was macht es schon, wenn ich im Zorn behauptete,
5 daß mir jemand anders ebenso lieb wäre?
Ihrer Mißgunst wegen werde ich nicht von ihm lassen,
sie bemühen sich alle vergebens,
er kann mir niemals leid werden.

2 'Zu so großer Freude
hatte ich niemals Anlaß,
seit ich mit wahrer Liebe
mir ihre Gunst so schön verdiente.
5 Ihrer aller Drohungen fürchte ich nicht,
da sie will, daß ich froh sei.
Denn die Gute schenkt herrliche Freuden,
darüber will ich mich immer freuen.'

XVI

Kaiser Heinrich

Wol hôher danne rîche

MF 4,17   5 CB

1 'Wol hôher danne rîche   bin ich alle die zît,
sô alsô güetlîche   diu guote bî mir lît.
si hât mich mit ir tugende
gemachet leides vrî.
5 ich kom ir nie sô verre   sît ir jugende,
ir enwaere mîn staetez herze   ie nâhe bî.'

MF 4,26   6 CB

2 Ich hân den lîp gewendet   an einen ritter guot,
daz ist alsô verendet,   daz ich bin wol gemuot.
daz nîdent ander vrouwen
unde habent des haz
5 und sprechent mir ze leide,   daz si in wellen schouwen.
mir geviel in al der welte   nie nieman baz.

XVI

Kaiser Heinrich

Wohl mehr als mächtig

1 'Wohl mehr als mächtig bin ich alle Zeit,
wenn die Liebste so lieb bei mir liegt.
Sie hat mit ihrer Kraft
meinen Kummer vertrieben.
5 Niemals habe ich mich seit ihrer Jugend auch nur ein
wenig von ihr entfernt,
ohne daß mein treues Herz ihr stets nahe gewesen wäre.'

2 Ich habe mich einem edlen Ritter hingegeben.
Das ist so vor sich gegangen, daß ich froh bin.
Deshalb sind andere Frauen neidisch
und voll Haß
5 und sagen, um mir wehzutun, daß sie mit ihm
flirten wollen.
Mir gefiel in der ganzen Welt nie jemand besser.

Friedrich von Hausen

Dô ich von der guoten schiet

MF 48,32   30 B   32 C

1 'Dô ich von der guoten schiet
   und ich ir niht ensprach,
   als mir waere liep,
   des lîde ich ungemach.
5 Daz liez ich durch die valschen diet,
   von der mir nie geschach
   deheiner slahte liep.
   wan der die helle brach,
   der vüege in ungemach.'

MF 49,4   31 B   33 C

2 Sie waenent hüeten mîn,
   diu sî doch niht bestât,
   und tuon ir nîden schîn;
   daz wênic sî vervât.
5 Si möhten ê den Rîn
   bekêren in den Pfât,
   ê ich mïch iemer sîn
   getrôste, swie ez ergât,
   der mir gedienet hât.

XVII

Friedrich von Hausen

Daß ich von der Lieben fortging

1 'Daß ich von der Lieben fortging
und nicht mit ihr redete,
wie es mir lieb gewesen wäre,
das bedrückt mich.
5 Ich ließ es wegen dieses falschen Volks,
das mir noch niemals
wohlgesonnen war.
Aber der, welcher die Hölle sprengte,
soll ihnen Schlimmes zufügen!'

2 Sie glauben, daß sie auf mich aufpassen,
die sich ihnen doch nicht entgegenstellt,
und sie zeigen ihren Neid,
was ihnen wenig nützt.
5 Sie könnten eher den Rhein
nach Italien umleiten,
als daß ich jemals auf ihn
verzichtete, was immer daraus werden mag,
der mir gedient hat.

Heinrich von Veldeke

Ich bin vrô, sît uns die tage

MF 57,10   13 A

1   "Ich bin vrô, sît uns die tage
    liehtent unde werdent lanc",
    sô sprach ein vrowe al sunder clage
    vrîlîch und ân al getwanc.
5   "Des segg ich mînen glücke danc
    daz ich ein sulhe herze trage,
    daz ich dur heinen boesen tranc
    an mîner blîschaft nie mê verzage.

MF 57,18   14 A   5 BC

2   Hie hete wîlent zeiner stunde
    vil gedienet och ein man,
    sô daz ich nu wol guotes gunde;
    des ich ime nu niene gan,
5   Sît dat hê den muot gewan,
    dat hê nu eischen begunde,
    dat ich im baz entseggen kan,
    danne hê'z an mir gewerben kunde.

MF 57,26   15 A

3   Ez kam von tumbes herzen râte,
    ez sal ze tumpheit och ergân.
    ich warnite in alze spâte,
    daz hê hete missetân.
5   Wie mohte ich dat vür guot entstân,
    dat hê mich dorpelîche baete,
    dat hê muoste al umbevân?
    . . . .

XVIII

Heinrich von Veldeke

Ich bin froh, daß uns die Tage

1 "Ich bin froh, daß uns die Tage
   hell und lang werden",
   sagte eine Dame ganz unbeschwert
   und frei von jeder Sorge.
5 "Dafür danke ich meinem Geschick,
   daß mein Herz so beschaffen ist,
   daß ich niemals mehr wegen irgendeines Trankes
   um meine Freude bangen muß.

2 Mir hatte früher einmal ein Mann
   wirklich beharrlich gedient,
   so daß ich ihm wohl Gutes wünschte.
   Das wünsche ich ihm nun durchaus nicht mehr,
5 seit er die Kühnheit hatte,
   etwas von mir zu fordern,
   daß ich ihm besser abzuschlagen verstehe,
   als er es von mir zu erlangen wußte.

3 Es kam durch den Rat eines törichten Herzens,
   zur Torheit soll es auch ausschlagen.
   Allzu spät kam meine Warnung,
   daß er unrecht gehandelt habe.
5 Wie hätte ich das als gut ansehen können,
   daß er mich wie ein Bauer bestürmte,
   er müßte mich ganz in seine Arme nehmen?
   . . . .

4 Ich wânde, dat hê hovesch waere,
des was ime ich von herzen holt.
daz segg ich ûch wol offenbaere:
des ist hê gar âne schult.

5 Des trage ich mir ein guot gedolt
– mir ist schade vil unmaere –
hê iesch an mir ze rîchen solt,   MF 58,1
des ich vil wol an ime enbaere.

5 Hê iesch an mich te lôse minnen,
dî ne vant hê an mir niht.
dat quam von sînen kranken sinnen,
wan ez ime sîn tumpheit riet.

5 Waz obe ime ein schade dar an geschît?
des bringe ich in vil wel inne,
dat hê sîn spil ze unreht ersiht:
daz herze brichet, êr hê't gewinne."

XIX

Heinrich von Veldeke

Der blîdeschaft sunder riuwe hât

1 Der blîdeschaft sunder riuwe hât
mit êren hie, der ist rîche.
daz herze, dâ diu riuwe inne stât,
daz lebet jâmerlîche.

5 Er ist edel unde vruot,
swer mit êren
kan gemêren
sîne blîtschaft, daz ist guot.

4 Ich meinte, daß er höfisch wäre,
   darum war ich ihm zugetan.
   Das sage ich euch geradeheraus:
   Er hat das überhaupt nicht verdient.
5 So bin ich voller Gelassenheit
   – der Schaden ist mir ganz gleichgültig –,
   weil er einen allzu hohen Lohn von mir forderte,
   worauf ich von ihm recht gut hätte verzichten können.

5 Er verlangte von mir allzu leichtfertig Liebe,
   die fand er bei mir nicht.
   Das kam, weil er von Sinnen war
   und seiner Torheit nachgab.
5 Was, wenn ihm daraus Schaden entsteht?
   Ich werde ihm ganz klar machen,
   daß er sein Spiel zu Unrecht zu überblicken glaubt:
   sein Herz wird brechen, bevor er es gewinnt."

XIX

Heinrich von Veldeke

Wer Freude ohne Leid hat

1 Wer Freude ohne Leid hat
   und dabei Ehre hier auf Erden, der ist reich.
   Ein Herz, in dem Kummer ist,
   lebt traurig.
5 Er ist edel und klug,
   wer seine Ehre wahrt
   und dabei
   seine Freude mehren kann, das ist gut.

2 'Diu schoene, diu mich singen tuot,
   si sol mich sprechen lêren,
   dar abe, daz ich mînen muot
   niht wol kan gekêren.
5 Sî ist edel unde vruot,
   swer mit êren
   kan gemêren
   sîne blîdeschaft, daz ist guot.'

XX

ALBRECHT VON JOHANSDORF

Wie sich minne hebt, daz weiz ich wol

1 Wie sich minne hebt, daz weiz ich wol;
   wie si ende nimt, des weiz ich niht.
   ist daz ichs inne werden sol,
   wie dem herzen herzeliep beschiht,
5 Sô bewar mich vor dem scheiden got,
   daz waen bitter ist.
   disen kumber vürhte ich âne spot.

2 Swâ zwei herzeliep gevriundent sich,
   und ir beider minne ein triuwe wirt,
   die sol niemen scheiden, dunket mich,
   al die wîle unz sî der tôt verbirt.
5 Waer diu rede mîn, ich taete alsô:
   verliure ich mînen vriunt,
   seht, sô wurde ich niemer mêre vrô.

2 'Die Schöne, die mich singen läßt,
  sie soll mich darüber sprechen
  lehren, wovon ich meine Gedanken
  nicht gut abwenden kann.
5 Sie ist edel und klug.
  Wer seine Ehre wahrt
  und dabei
  seine Freude mehren kann, das ist gut.'

XX

ALBRECHT VON JOHANSDORF

Wie Liebe beginnt, das weiß ich gut

1 Wie Liebe beginnt, das weiß ich gut,
  aber wie sie aufhört, weiß ich nicht.
  Sollte ich es erfahren,
  wie dem Herzen wahre Liebe zuteil wird,
5 dann bewahre Gott mich vor der Trennung,
  die sicher bitter ist.
  Diesen Schmerz fürchte ich ernstlich.

2 Wo immer zwei sich befreunden, die einander herzlich
                                                    lieben,
  und wo ihrer beider Liebe zu einer Treue wird,
  soll sie niemand, meine ich, trennen,
  solange sie der Tod verschont.
5 Wenn ich in solch einer Lage wäre, handelte ich so:
  Wenn ich den Freund verlöre,
  glaubt mir, ich würde nie mehr froh.

3 Dâ gehoeret manic stunde zuo,
   ê daz sich gesamne ir zweier muot.
   dâ daz ende unsanfte tuo,
   ich waene wol, daz sî niht guot.
5 Lange sî ez mir unbekant.
   und werde ich iemen liep,
   der sî sîner triuwe an mir gemant.

4 'Der ich diene und iemer dienen wil,
   diu sol mîne rede vil wol verstân.
   spraeche ich mêre, des wurde alze vil.
   ich wil ez allez an ir güete lân.
5 Ir genâden der bedarf ich wol.
   und wil si, ich bin vrô;
   und wil sî, sô ist mîn herze leides vol.'

XXI

Albrecht von Johansdorf

Ich vant si âne huote

1 Ich vant si âne huote
   die vil minneclîche eine stân.
   jâ, dô sprach diu guote:
   "waz welt ir sô eine her gegân?"
5 "Vrowe, ez ist alsô geschehen."
   "sagent, war umbe sint ir her? des sult ir mir verjehen."

3 Es braucht so manche Zeit,
   bis ihr beider Sinn sich einig wird.
   Da das Ende schmerzlich sein soll,
   glaube ich wohl, daß es nicht gut ist.
5 Lange bleibe es mir unbekannt!
   Und wenn mich jemand liebgewinnt,
   den mahne ich, mir treu zu sein.

4 'Die, der ich diene und immer dienen will,
   soll meine Worte richtig verstehen.
   Sagte ich mehr, dann wäre es schon zuviel.
   Ich will alles ihrem lieben Wesen überlassen.
5 Auf ihr Entgegenkommen bin ich angewiesen.
   Und wenn sie will, dann bin ich froh,
   und wenn sie will, dann ist mein Herz voller Leid.'

XXI

ALBRECHT VON JOHANSDORF

Ich fand sie ohne Aufsicht

1 Ich fand sie ohne Aufsicht,
   die Süße, ganz allein.
   Ja wirklich, da sagte die Liebe:
   "Was führt Euch so allein hierher?"
5 "Herrin, es ist halt so gekommen."
   "Sagt, warum seid Ihr hier? Gesteht es mir."

2 "Mînen senden kumber
   klage ich, liebe vrowe mîn."
   "wê, waz sagent ir tumber?
   ir mugent iuwer klage wol lâzen sîn."
5 "Vrowe, ich enmac ir niht enbern."
   "sô wil ich in tûsent jâren niemer iuch gewern."

3 "Neinâ, küniginne!
   daz mîn dienst sô iht sî verlorn!"
   "ir sint âne sinne,
   daz ir bringent mich in selhen zorn."
5 "Vrowe, iuwer haz tuot mir den tôt."
   "wer hât iuch, vil lieber man, betwungen ûf die nôt?"

4 "Daz hât iuwer schoene,
   die ir hânt, vil minneclîchez wîp."
   "iuwer süezen doene
   wolten krenken mînen staeten lîp."
5 "Vrowe, niene welle got."
   "wert ich iuch, des hetet ir êre; sô waer mîn der spot."

5 "Sô lânt mich noch geniezen,
   daz ich iu von herzen ie was holt."
   "iuch mac wol verdriezen,
   daz ir iuwer wortel gegen mir bolt."
5 "Dunket iuch mîn rede niht guot?"
   "jâ si hât beswaeret dicke mînen staeten muot."

2 "Meinen Liebeskummer
will ich klagen, meine liebe Herrin."
"Weh, was sagt Ihr da, Ihr Narr?
Ihr solltet Euer Klagen besser lassen."
5 "Herrin, ich kann es aber nicht."
"Dann will ich Euch auch in tausend Jahren nicht
erhören."

3 "Nein doch, Königin!
Daß mein Dienst so vergeblich sein soll!"
"Ihr habt den Verstand verloren,
daß Ihr mich so erzürnt."
5 "Herrin, wenn Ihr mich nicht mögt, ist das mein Tod."
"Wer hat Euch, liebster Mann, in diese Bedrängnis
gebracht?"

4 "Eure Schönheit,
allerliebste Frau."
"Eure Schmeicheleien
sollten mich wohl in meiner Tugend erschüttern."
5 "Herrin, das verhüte Gott!"
"Wenn ich Euch erhörte, hättet Ihr die Ehre, ich aber die
Schande."

5 "So laßt es mir trotzdem zugute kommen,
daß ich Euch stets von Herzen ergeben war."
"Es wird Euch eher Verdruß bringen,
daß Ihr mich mit so ausgesuchten Worten bekriegt."
5 "Findet Ihr meine Rede nicht gut?"
"Sie hat mich ja in meiner Standhaftigkeit oft bedrängt."

6 "Ich bin ouch vil staete,
   ob ir ruochent mir der wârheit jehen."
   "volgent mîner raete,
   lânt die bete, diu niemer mac beschehen."
5 "Sol ich alsô sîn gewert?"
   "got der wer iuch anderswâ, des ir an mich dâ gert."

MF 94,9   35 C

7 "Sol mich dan mîn singen
   und mîn dienst gegen iu niht vervân?"
   "iu sol wol gelingen,
   âne lôn sô sult ir niht bestân."
5 "Wie meinent ir daz, vrowe guot?"
   "daz ir dest werder sint unde dâ bî hôchgemuot."

XXII

HARTMANN VON AUE

Ob man mit lügen die sêle nert

MF 212,37   35 C

1 Ob man mit lügen die sêle nert,
   sô weiz ich den, der heilic ist,
   der mir dicke meine swert.   MF 213,1
   mich überwant sîn karger list,
5 Daz ich in zeime vriunde erkôs.
   dâ wânde ich staete vünde.
   mîn selber sin mich dâ verlôs,
   als ich der werlte künde:
   sîn lîp ist alse valschelôs
10 sam daz mer der ünde.

6 "Auch ich bin sehr treu,
wenn Ihr mir die Wahrheit gnädigst zugesteht."
"Wenn Ihr meinem Rat folgen wollt,
dann laßt diese Bitte, die niemals erfüllt werden kann."
5 "Soll das etwa mein Lohn sein?"
"Gott gewähre Euch anderswo, was Ihr von mir
                                                begehrt."

7 "Soll mir dann mein Singen
und mein Dienst bei Euch nichts nützen?"
"Es wird Euch schon etwas einbringen,
ohne Lohn werdet Ihr nicht bleiben."
5 "Wie meint Ihr das, liebe Herrin?"
"Daß Ihr um so mehr an Wert gewinnt und dabei
                                        frohgestimmt seid."

XXII

Hartmann von Aue

Wenn man mit Lügen der Seele Heil erlangt

1 Wenn man mit Lügen der Seele Heil erlangt,
dann kenne ich einen, der heilig ist,
der mir oft falsche Eide schwört.
Mit schlauer List überredete er mich,
5 daß ich ihn zum Freund erwählte.
Da meinte ich, Treue zu finden.
Mein eigener Verstand stürzte mich da ins Unglück,
wie ich es nun der Welt offenbare.
Er ist ebenso ohne Falsch
10 wie das Meer ohne Wellen.

2 War umbe suocht ich vrömden rât,
   sît mich mîn selber herze trouc,
   daz mich an den verleitet hât,
   der mir noch nieman guoter touc?
5 Ez ist ein swacher mannes prîs,
   den er begêt an wîben.
   süezer worte ist er sô wîs,
   daz man si möhte schrîben.
   den volget ich unz ûf daz îs:
10 der schade muoz mir belîben.

3 Begunde ich vêhen alle man,
   daz taete ich durch sîn eines haz.
   wie schuldic waeren sî dar an?
   jâ lônet meniger sîner baz.
5 Diu hât sich durch ir schoenen sin
   gesellet saeleclîche,
   diu lachet, swanne ich trûric bin,
   wir alten ungelîche.
   nâch leide huop sich mîn begin,
10 daz senfte got der rîche.

2 Warum sollte ich bei anderen Rat suchen,
da mein eigenes Herz mich täuschte,
das mich zu dem Mann verführt hat,
der weder für mich noch überhaupt für eine treue Frau
geeignet ist.
5 Es ist für alle Männer eine Schande,
was er Frauen antut.
Er versteht sich so aufs Schmeicheln,
daß man seine Worte aufschreiben könnte.
Von denen ließ ich mich aufs Glatteis führen,
10 den Schaden habe ich zu tragen.

3 Wenn ich nun anfinge, alle Männer zu hassen,
so täte ich das aus Abscheu vor einem einzigen.
Was könnten s i e dafür?
Mancher lohnt seiner Freundin ja besser.
5 Diejenige, die in vorbildlicher Klugheit
eine glückliche Beziehung eingegangen ist,
die lacht, während ich traurig bin,
so ungleich gehen unsere Tage dahin.
Mit Leid begann es für mich,
10 Gott der Allmächtige möge es lindern.

XXIII

HARTMANN VON AUE

Swes vröide hin ze den bluomen stât

MF 216,1   48 C

1 Swes vröide hin ze den bluomen stât,
der muoz vil schiere trûren gegen der swaeren zît.
iedoch wirt eines wîbes rât,
diu die langen naht bî liebem manne lît.
5 Sus wil ouch ich den winter lanc
mir kürzen âne vogelsanc.
sol ich des enbern, dêst âne mînen danc.

MF 216,8   49 C

2 Die vriunde habent mir ein spil
geteilet vor, dêst beidenthalben verlorn;
doch ich ir einez nemen wil.
âne guot wal, sô waere ez baz verborn:
5 Si jehent, welle ich minne pflegen,
sô müeze ich mich ir bewegen.
doch sô râtet mir der muot ze beiden wegen.

MF 216,15   50 C

3 Waer ez mîner vriunde rât,
jâ herre, wes solt er mir danne wizzen danc?
sît erz wol gedienet hât,
dâ von sô dunket mich sîn bîten alze lanc.
5 Wand ich wâgen wil durch in
den lîp, die êre und al den sin,
sô muoz mir gelingen, ob ich saelic bin.

Hartmann von Aue

Wer seine Freude an den Blumen hat

1 Wer seine Freude an den Blumen hat,
  der wird gleich traurig werden, wenn die dunkle
                           Jahreszeit kommt.
  Eine Frau findet jedoch Trost,
  wenn sie die lange Nacht bei dem geliebten Manne liegt.
5 Auf diese Weise will auch ich mir den langen Winter
  verkürzen ohne Vogelgesang.
  Wenn ich darauf verzichten soll, dann ist es gegen
                           meinen Willen.

2 Meine Verwandten haben mich vor eine Alternative
  gestellt, bei der es so oder so nur etwas zu verlieren gibt,
  aber ich will mich entscheiden.
  Da es keine gute Wahl gibt, wäre es besser
                       unterblieben:
5 Sie erklären, wenn ich lieben wolle,
  dann müsse ich auf sie verzichten.
  Aber ich möchte beides behalten.

3 Wenn ich mich an den Rat meiner Verwandten hielte,
  ja, mein Gott! wofür hätte er mir dann zu danken?
  Da er es wirklich verdient hat,
  wartet er mir schon allzu lange.
5 Weil ich für ihn das Leben,
  die Ehre und alle Vernunft aufs Spiel setzen will,
  wird es mir, wenn ich Glück habe, schon gelingen.

4 Er ist alles des wol wert,
   – ob ich mîn triuwe an im behalten wil –
   des ein man ze wîbe gert.
   dêswâr dekeiner êren ist im niht ze vil.
5 Er ist ein sô bescheiden man
   – ob ichs an im behalten kan –
   minne ich in, dâ missegêt mir niemer an.

XXIV

Hartmann von Aue

Diz waeren wunneclîche tage

1 Diz waeren wunneclîche tage,
   der sî mit vröiden möhte leben.
   nu hât mir got ein swaere klage
   ze dirre schoenen zît gegeben,
5 Der mir leider niemer wirdet buoz:
   ich hân verlorn einen man,
   daz ich vür wâr wol sprechen muoz,
   daz wîp nie liebern vriunt gewan.
   dô ich sîn pflac, dô vröit er mich:
10 nu pflege sîn got, der pfliget sîn baz danne ich.

2 Mîn schade waer niemanne reht erkant,
   ern diuhte in grôzer klage wert.
   an dem ich triuwe und êre ie vant
   und swes ein wîp an manne gert,

74

4 Er ist all dessen würdig
   – wenn ich ihm die Treue wahren will –,
   was ein Mann von einer Frau begehren kann.
   Wirklich, er hat jede Auszeichnung verdient.
5 Er ist so vernünftig und klug
   – wenn ich ihm die Treue wahren kann –,
   daß es mir nicht fehlschlagen wird, wenn ich ihn liebe.

XXIV

HARTMANN VON AUE

Dies wären herrliche Tage

1 Dies wären herrliche Tage,
   wenn man sie froh und unbeschwert erleben könnte.
   Aber Gott hat mir in dieser schönen Zeit
   ein schweres Leid auferlegt,
5 von dem ich zu meinem Kummer niemals mehr erlöst
                                    werde.
   Ich habe einen Mann verloren,
   von dem ich wahrhaftig sagen muß,
   daß niemals eine Frau einen lieberen Freund für sich
                                    gewann.
   Solange ich für ihn sorgte, war er meine Freude;
10 nun sorge Gott für ihn, der für ihn besser sorgt als ich.

2 Meinen Verlust hätte niemand recht ermessen,
   wenn er ihm nicht großer Klage wert erschiene.
   An dem ich stets Treue und Ehre fand
   und alles, was eine Frau an einem Mann sich wünscht,

5 Der ist alze gaehes mir benomen.
des mac mir unz an mînen tôt
niemer niht ze staten komen,
ine müeze lîden sende nôt.
der nû iht liebers sî beschehen,
10 diu lâze ouch daz an ir gebaerden sehen.

MF 217,34   57 C

3 Got hât vil wol zuo zir getân,
sît liep sô leidez ende gît,
diu sich ir beider hât erlân:
der gêt mit vröiden hin diu zît.
5 Ich hân klage sô manigen liehten tac,
und ir gemüete stêt alsô,
daz sî mir niht gelouben mac.   MF 218,1
ich bin von liebe worden vrô:
sol ich der jâre werden alt,
10 daz giltet sich mit leide tûsentvalt.

XXV

HEINRICH VON MORUNGEN

Ich hân sî vür alliu wîp

MF 130,31   12 B

1 'Ich hân sî vür alliu wîp
mir ze vrowen und ze liebe erkorn.
minneclîch ist ir der lîp.
seht, durch daz sô hab ich des gesworn,
5 Daz mir in der welt niht
niemen solde lieber sîn.
swenne aber sî mîn ouge an siht,
seht, sô tagt ez in dem herzen mîn.'

5 der ist mir allzu jäh entrissen.
   Deshalb wird mich bis zu meinem Tod
   niemals etwas davor bewahren können,
   Kummer und Sehnsucht zu leiden.
   Wenn eine Frau nun gerade glücklicher ist,
10 soll sie es auch in ihrem Gebaren zeigen.

3 Gott erweist der Frau große Gnade
   – weil die Liebe so schmerzlich endet –,
   die auf beides verzichtet hat:
   Ihr geht die Zeit mit Freuden hin.
5 Ich habe so manchen schönen Tag lang Kummer,
   während sie so froh ist,
   daß sie an meiner Aufrichtigkeit zweifelt.
   Ich bin durch die Liebe glücklich gewesen;
   wenn ich alt werden sollte,
10 wird das tausendfach mit Leid vergolten werden.

XXV

HEINRICH VON MORUNGEN

Ich habe sie vor allen Frauen

1 'Ich habe sie vor allen Frauen
   mir zur Herrin und zur Freude erwählt.
   Schön und begehrenswert ist sie.
   Seht, darum habe ich geschworen,
5 daß mir in der Welt
   niemand lieber sein soll.
   Wenn ich sie wieder erblicke,
   seht, dann wird es Tag in meinem Herzen.'

2 Owê des scheidens, daz er tet
   von mir, dô er mich vil senende lie.
   wol aber mich der lieben bet
   und des weinens, daz er dô begie,
5 Dô er mich trûren lâzen bat
   und hiez mich in vröiden sîn.
   von sînen trehenen wart ich nat
   und erkuolte iedoch daz herze mîn.

3 'Der durch sîne unsaelicheit
   iemer arges iht von ir gesage,
   dem müeze allez wesen leit,
   swaz er minne und daz ime wol behage.
5 Und ich vluoche in, unde schadet in daz,
   dur die ich ir muoz vrömede sîn.
   als aber sî mîn ouge ansiht,
   sô taget ez mir in dem herzen mîn.'

4 Owê, waz wîzent si einem man,
   der nie vrowen leit noch arc gesprach
   und in aller êren gan?
   durch daz müet mich sîn ungemach,
5 Daz si in sô schône grüezent wal
   und zuo ime redende gânt
   und in doch als einen bal
   mit boesen worten umbe slânt.

2 Schmerzlich war die Trennung, wie er
  von mir fortging und mich sehnsuchtsvoll zurückließ,
  tröstlich aber waren mir die liebe Bitte
  und das Weinen, das ihn überkam,
5 als er mich bat, nicht traurig zu sein,
  und mir auftrug, mich zu freuen.
  Seine Tränen benetzten mich,
  aber mein Herz erfrischte sich.

3 'Wer in seiner Unseligkeit
  jemals etwas Schlechtes über sie sagt,
  dem soll alles verleidet sein,
  was er liebt und was ihm wohl behagt.
5 Und ich verwünsche sie, und das schadet ihnen,
  um derentwillen ich ihr fern bleiben muß.
  Wenn ich sie aber erblicke,
  dann wird es Tag in meinem Herzen.'

4 Ach, was tadeln sie an dem Mann,
  der nie etwas Kränkendes oder Schlechtes über höfische
                                        Frauen sagte
  und ihnen alle Ehre gönnt?
  Deshalb bekümmert mich sein Unglück,
5 weil sie ihn so höflich grüßen
  und plaudernd zu ihm gehen
  und ihn doch wie einen Ball
  mit boshaften Worten herumschlagen.

Heinrich von Morungen

Ich bin keiser âne krône

MF 142,19   87 C   M bl. 61ʳ

1 'Ich bin keiser âne krône,
   sunder lant: daz meinet mir der muot;
   der gestuont mir nie sô schône.
   danc ir liebes, diu mir sanfte tuot.
5 Daz schaffet mir ein vrowe vruot.
   dur die sô wil ich staete sîn,
   wan in gesach nie wîp sô rehte guot.'

MF 142,26   88 C

2 Gerne sol ein rîter ziehen
   sich ze guoten wîben. dêst mîn rât.
   boesiu wîp diu sol man vliehen.
   er ist tump, swer sich an sî verlât.
5 Wan sîne gebent niht hohen muot.
   iedoch sô weiz ich einen man,
   den ouch die selben vrowen dunkent guot.

MF 142,33   89 C

3 Mirst daz herze worden swaere.
   seht, daz schaffet mir ein sende nôt.
   ich bin worden dem unmaere,
   der mir dicke sînen dienest bôt.
5 Owê, war umbe tuot er daz?   MF 143,1
   und wil er sichs erlouben niht,
   sô muoz ich im von schulden sîn gehaz.

HEINRICH VON MORUNGEN

Ich bin Kaiser ohne Krone

1 'Ich bin Kaiser ohne Krone
   und ohne Land, so erscheint es mir,
   denn niemals war ich so froh.
   Dank sei ihr, die mir so zärtlich begegnet, für die
                                        Freude!
5 Das bewirkt eine edle Frau.
   Um ihretwillen will ich treu sein,
   denn niemals sah ich eine derart vollkommene Frau.'

2 Ein Ritter soll sich bereitwillig
   an gute Frauen halten. Das ist mein Rat.
   Schlechte Frauen soll man fliehen.
   Töricht ist, wer sich auf sie einläßt.
5 Denn sie verschaffen keine Hochstimmung.
   Allerdings kenne ich einen Mann,
   dem auch solche Damen gut erscheinen.

3 Mir ist das Herz schwer geworden,
   seht, das macht der Liebeskummer.
   Gleichgültig bin ich dem geworden,
   der mir oft seinen Dienst antrug.
5 Ach, warum verhält er sich so?
   Und wenn er nicht davon lassen will,
   dann habe ich allen Grund, ihn zu hassen.

Reinmar

Si jehent, der sumer der sî hie

MF 167,31   25b   68[76] C

1 Si jehent, der sumer der sî hie,
    diu wunne diu sî komen,
    und daz ich mich wol gehabe als ê.
    nu râtent unde sprechent wie.
5   der tôt hât mir benomen,
    daz ich niemer überwinde mê.
    Waz bedarf ich wunneclîcher zît,
    sît aller vröiden hêrre Liutpolt in der erde lît,   MF 168,1
    den ich nie tac getrûren sach?
10 ez hât diu welt an ime verlorn,
    daz ir an einem manne nie
    sô jâmerlîcher schade geschach.

MF 168,6   44a 26b 69[77] C

2 Mir armen wîbe was ze wol,
    swenne ich gedâhte an in,
    wie mîn heil an sîme lîbe lac.
    sît ich des nû niht haben sol,
5   sô gât mit jâmer hin,
    swaz ich iemer nû geleben mac.
    Der spiegel mîner vröuden ist verlorn.
    den ich ûz al der welte mir ze trôste hâte erkorn,
    des muoz ich âne sîn.
10 dô man mir seite, er waere tôt,
    dô wiel mir daz bluot
    von deme herzen ûf die sêle mîn.

REINMAR

Sie sagen, der Sommer, der sei da

1 Sie sagen, der Sommer, der sei da,
  die Freude, die sei gekommen,
  und ich solle froh sein wie früher.
  Nun ratet und sagt mir nur, wie?
5 Der Tod hat mir genommen,
  was ich niemals verwinden werde.
  Was nützt mir der herrliche Sommer,
    da der Inbegriff aller Freuden, Leopold, in der Erde
                           liegt,
  den ich niemals traurig sah?
10 Die Welt hat an ihm
  wie an noch keinem Mann
  einen beklagenswerten Verlust erlitten.

2 Mir armer Frau war zu wohl,
  wenn ich an ihn dachte,
  wie mein Glück an seinem Leben hing.
  Da ich das nun nicht mehr haben soll,
5 so geht in Leid dahin,
  was ich nun noch zu leben haben mag.
  Der Spiegel meiner Freuden ist verloren.
  Den ich mir vor allen anderen zum Trost erwählt hatte,
  ohne ihn muß ich jetzt leben.
10 Als man mir sagte, er wäre tot,
  da wallte mir das Blut
  vom Herzen auf die Seele.

3 Die vröide mir verboten hât
  mîns lieben hêrren tôt
  alsô, daz ich ir mêr enbern sol.
  sît des nu niht mac werden rât,
5 in ringe mit der nôt,
  daz mir mîn klagedez herze ist jâmers vol,
  Diu in iemer weinet, daz bin ich;
  wan er vil saelic man, jô trôste er wol ze lebenne mich,
  der ist nu hin; waz tohte ich hie?
10 wis ime gnaedic, hêrre got!
   wan tugenthafter gast
   kam in dîn gesinde nie.

XXVIII

REINMAR

Sage, daz ich dirs iemer lône

1 "Sage, daz ich dirs iemer lône,
  hâst du den vil lieben man gesehen?
  ist ez wâr und lebt er schône,
  als si sagent und ich dich hoere jehen?"
5 "Vrowe, ich sach in: er ist vrô;
  sîn herze stât, ob irz gebietent, iemer hô."

2 "Ich verbiute ime vröide niemer;
  lâze eht eine rede, sô tuot er wol.
  des bite ich in hiut und iemer:
  deme ist alsô, daz manz versagen sol."

3 Freude ist mir versagt
   durch den Tod meines lieben Herrn,
   so daß ich fortan auf sie verzichten muß.
   Da es nun nicht anders sein kann,
5 als daß ich mich mit dem Kummer quäle
   und mein klagendes Herz voller Schmerz ist,
   werde ich ihn immer beweinen,
   denn der liebste Mann, der mir im Leben Trost schenkte,
   ist nun dahin. Was nütze ich noch hier?
10 Sei ihm gnädig, Herrgott!
   Denn niemals kam ein edlerer Gast
   in dein Gefolge.

XXVIII

REINMAR

Sage, daß ich dir's immer danke

1 "Sage, daß ich dir's immer danke,
   hast du den geliebten Mann gesehen?
   Ist es wahr, daß er so vorbildlich lebt,
   wie sie behaupten und ich dich sagen höre?"
5 "Herrin, ich sah ihn. Er ist froh.
   Sein Herz ist, wenn Ihr es gebietet, immer fröhlich."

2 "Freude werde ich ihm niemals verbieten.
   Er soll nur das eine Thema lassen, daran täte er gut.
   Darum bitte ich ihn heute und immer.
   Damit steht es so, daß man es versagen muß."

5 "Vrowe, nû verredent iuch niht.
er sprichet: allez daz geschehen sol, daz geschiht."

MF 177,22   72b 115[123] C

3 "Hât aber er gelobt, geselle,
daz er niemer mê gesinge liet,
ez ensî ob ich ins biten welle?"
"Vrowe, ez waz sîn muot, dô ich von ime schiet.
5 Ouch mugent irz wol hân vernomen."
"Owê, gebiute ichz nû, daz mac ze schaden komen.

MF 177,28   73b 116[124] C

4 Ist aber, daz ichs niene gebiute,
sô verliuse ich mîne saelde an ime
und vervluochent mich die liute,
daz ich al der welte ir vröide nime.
5 Alrêst gât mir sorge zuo.
owê, nu enweiz ich, obe ichz lâze oder ob ichz tuo.

MF 177,34   74b 117[125] C

5 . Daz wir wîp niht mugen gewinnen
vriunt mit rede, si enwellen dannoch mê,
daz müet mich. ich enwil niht minnen.
staeten wîben tuot unstaete wê.
5 Waer ich, des ich niene bin,
unstaete, liez er danne mich, sô liez ich in."

5 "Herrin, nun achtet auf Eure Worte.
   Er sagt: Alles, was geschehen soll, das geschieht."

3 "Hat er aber nicht geschworen, Freund,
   daß er niemals mehr ein Lied singen werde,
   es sei denn, daß ich ihn darum bitte?"
   "Herrin, das war seine Absicht, als ich von ihm fortging.
5 Ihr habt es ja wohl auch schon gehört."
   "Ach, wenn ich es nun gebiete, kann das schlimme
                                    Folgen haben.

4 Gesetzt jedoch, daß ich es nicht verlange,
   dann verliere ich an ihm mein Glück,
   und die Leute verwünschen mich,
   weil ich allen ihre Freude nehme.
5 Jetzt bin ich erst richtig in Sorge.
   Ach, nun weiß ich nicht, ob ich's lasse oder nicht.

5 Daß wir Frauen nicht mit Worten Freunde
   gewinnen können, ohne daß sie dennoch mehr wollen,
   das bekümmert mich. Ich will nicht lieben.
   Treuen Frauen tut Untreue weh.
5 Wäre ich, was ich keineswegs bin,
   untreu, und würde er mich dann verlassen, dann würde
                                    auch ich ihn verlassen."

Reinmar

Lieber bote, nu wirp alsô

MF 178,1   75b 118[126] C   229 E   van Nyphen m bl. 3ʳ

1 Lieber bote, nu wirp alsô,
  sich in schiere und sage ime daz:
  vert er wol und ist er vrô,
  ich lebe iemer deste baz.
5 Sage ime durch den willen mîn,
  daz er iemer solhes iht getuo,
  dâ von wir gescheiden sîn.

MF 178,8   230 E   van Nyphen m bl. 3ʳ·ᵛ

2 Vrâge er, wie ich mich gehabe,
  gich, daz ich mit vröuden lebe.
  swâ du mügest, dâ leit in abe,
  daz er mich der rede begebe.
5 Ich bin im von herzen holt
  und saehe in gerner denne den liehten tac:
  daz aber dû verswîgen solt.

MF 178,15   77b 120[128] C

3 Ê daz du iemer ime verjehest,
  daz ich ime holdez herze trage,
  sô sich, daz dû alrêst besehest,
  und vernim, waz ich dir sage:
5 Mein er wol mit triuwen mich,
  swaz ime danne muge zer vröiden komen,
  daz mîn êre sî, daz sprich.

REINMAR

Lieber Bote, nun tu folgendes

1 Lieber Bote, nun tu folgendes,
  eile zu ihm und sage ihm dies:
  Wenn es ihm gut geht und er froh ist,
  so sei mir das Leben um so lieber.
5 Sage ihm auf meinen Wunsch,
  er solle niemals etwas tun,
  wodurch wir getrennt würden.

2 Wenn er fragt, wie es mir ergeht,
  dann sage, daß ich fröhlich bin.
  Wo immer du kannst, da bringe ihn dazu,
  mich mit diesem Thema zu verschonen.
5 Ich bin ihm von Herzen zugetan
  und würde ihn lieber sehen als den hellen Tag.
  Das aber sollst du verschweigen.

3 Bevor du ihm jemals sagst,
  daß ich ihm von Herzen zugetan bin,
  schau und vergewissere dich
  und höre, was ich dir sage:
5 Wenn er wirklich treu an mich denkt –
  was immer ihn erfreuen kann
  und was meine Ehre erlaubt, das sage dann.

4 Spreche er, daz er welle her,
  – daz ichs iemer lône dir –
  sô bit in, daz ers verber
  die rede, dier jungest sprach zuo mir,
5 Ê daz ich in an gesehe.
  wê, wes wil er dâ mit beswaeren mich,
  daz niemer doch an mir geschehe?

5 Des er gert, daz ist der tôt
  und verderbet manigen lîp;
  bleich und eteswenne rôt,
  alse verwet ez diu wîp.
5 Minne heizent ez die man
  unde mohte baz unminne sîn.
  wê ime, ders alrêst began.

6 Daz ich alsô vil dâ von
  geredete, daz ist mir leit,
  wande ich was vil ungewon
  sô getâner arbeit,
5 Als ich tougenlîchen trage –
  dûn solt im niemer niht verjehen   MF 179,1
  alles, des ich dir gesage.

4 Wenn er sagt, er wolle kommen
   – ich werde es dir immer lohnen –,
   dann bitte ihn, jene Worte nicht zu wiederholen,
   die er kürzlich zu mir sagte,
5 bevor ich ihn sehe.
   Ach, warum will er mich mit etwas quälen,
   das sich doch niemals an mir erfüllen darf.

5 Was er begehrt, das ist der Tod
   und stürzt manchen ins Verderben;
   bleich und bisweilen rot
   werden die Frauen davon.
5 Minne nennen es die Männer,
   aber es sollte besser Unminne heißen!
   Weh ihm, der zuerst damit angefangen hat.

6 Daß ich derart viel davon
   geredet habe, ist mir leid,
   denn vorher kannte ich
   eine solche Qual überhaupt nicht,
5 wie ich sie heimlich erdulde.
   Du sollst ihm niemals etwas
   von all dem verraten, was ich dir gesagt habe.

REINMAR

Ungenâde und swaz ie danne sorge was

MF 186,19   155[163] C

1   Ungenâde und swaz ie danne sorge was,
    der ist nu mêre an mir,
    danne ez got verhengen solde.
    rât ein wîp, diu ê von senender nôt genas,
5   mîn leit, und waer ez ir,
    waz si danne sprechen wolde.
    Der mir ist von herzen holt,
    den verspriche ich sêre,
    niht durch ungevüegen haz,
10 wan durch mînes lîbes êre.

MF 186,29   157[164] C

2   In bin niht an disen tac sô her bekomen,
    mir ensî gewesen bî
    underwîlent hôchgemüete.
    guotes mannes rede habe ich vil vernomen;
5   der werke bin ich vrî,
    sô mich iemer got behüete.
    Dô ich im die rede verbôt,
    dône bat er niht mêre.
    disen lieben guoten man,
10 enweiz ich, wie ich von mir bekêre.

MF 187,1   156[164] C

3   Als ich eteswenne in mîme zorne sprach,
    daz er die rede vermite
    iemer dur sîn selbes güete,
    sô hât er, daz ichz an manne nie gesach,

Reinmar

Was es jemals an Unglück und Sorge gab

1 Was es jemals an Unglück und Sorge gab,
  davon habe ich nun mehr,
  als es Gott zulassen sollte!
  Wenn eine Frau sich je in ihrem Liebesschmerz
                                      tröstete,
5 soll sie mir raten, was sie, hätte sie meinen Kummer,
  jetzt sagen würde.
  Den, der mir von Herzen zugetan ist,
  weise ich entschieden ab,
  jedoch nicht aus maßlosem Haß,
10 sondern aus Rücksicht auf meine Ehre.

2 Ich habe mein Leben bislang nicht so verbracht,
  daß ich bisweilen
  nicht glücklich gewesen wäre.
  Die Worte eines lieben Mannes habe ich oft gehört,
5 eingelassen habe ich mich darauf nicht,
  so Gott mich stets behüte.
  Als ich ihm verbot zu reden,
  da bat er nicht weiter.
  Diesen lieben, guten Mann,
10 ich weiß nicht, wie ich ihn von mir abwenden kann.

3 Als ich damals in meinem Zorn sagte,
  er solle dieses Thema für immer,
  bei seinem guten Wesen, meiden,
  da sah er, wie ich es noch nie an einem Mann erlebt habe,

5   sô jaemerlîche site,
     daz ez mich zwâre müete,
     Und iedoch sô sêre niet,
     daz ers iht genieze.
     mir ist lieber, daz er bite,
10   danne ob er sîn sprechen lieze.

MF 187,11   158[165] C

4 Mir ist beide liep und herzeclîchen leit,
     daz er mich ie gesach
     oder ich in sô wol erkenne,
     sît daz er verliesen muoz sîn arebeit,
5   sô wol als er mir sprach.
     daz müet mich doch eteswenne,
     Und iedoch dar umbe niht,
     daz ich welle minnen.
     minne ist ein sô swaerez spil,
10   daz ichs niemer tar beginnen.

MF 187,21   159[166] C

5 Alle, die ich ie vernam und hân gesehen,
     der keiner sprach sô wol
     noch von wîben nie sô nâhen.
     waz wil ich des lobes? got lâze im wol geschehen.
5   sîn spaehe rede in sol
     lützel wider mich vervâhen.
     Ich muoz hoeren, swaz er saget.
     wê, waz schât daz ieman,
     sît er niht erwerben kan
10   weder mich noch anders nieman?

5 so kläglich aus,
daß es mich wirklich bewegte,
aber so sehr nun wieder nicht,
daß er einen Nutzen davon hat.
Mir ist es lieber, daß er seine Bitte vorträgt,
10 als daß er gar nichts sagt.

4 Mir ist es lieb und zugleich herzlich leid,
daß er mich je sah
und ich ihn so gut kenne,
weil seine Mühe vergeblich bleiben muß,
5 so wunderbar er auch zu mir sprach.
Das bekümmert mich doch manchmal,
aber nicht etwa deshalb,
weil ich ihn lieben wollte.
Liebe ist ein so schwieriges Spiel,
10 daß ich es niemals zu beginnen wage.

5 Von allen, die ich je hörte und sah,
hat nicht einer so schön
und bewegend über Frauen gesprochen.
Was will ich Lob? Gott lasse es ihm wohl ergehen.
5 Seine Redekunst soll
bei mir überhaupt nicht verfangen.
Ich muß hören, was er sagt.
Ach, was kann das jemand schaden,
da er weder mich
10 noch jemand anderen erobern kann?

XXXI

Reinmar

Dêst ein nôt, daz mich ein man

MF 192,25   214[223] C

1 Dêst ein nôt, daz mich ein man
   vor al der werlte twinget, swes er wil.
   sol ich, des ich niht enkan,
   beginnen, daz ist mir ein swaerez spil.
5 Ich hât ie vil staeten muot.
   nu muoz ich leben als ein wîp,
   diu minnet und daz angestlîchen tuot.

MF 192,32   215[224] C

2 Der mîn huote, des waere zît,
   ê daz ich iht getaete wider in.
   wolt er lâzen nû den strît!
   wes gert er mêre, wan daz ich im holder bin
5 Danne in al der werlte ein wîp?
   nu wil er – daz ist mir ein nôt –,
   daz ich durch in die êre wâge und ouch den lîp.

MF 193,1   216[225] C

3 Des er mich nu niht erlât,
   daz tuon ich unde tete sîn gerne vil,
   wand ez mir umb in sô stât,
   daz ich sîn niht ze vriunde enbern wil.
5 Ein alsô schône redender man,
   wie möhte ein wîp dem iht versagen,
   der ouch sô tugentlîche lebt, als er wol kan?

XXXI

Reinmar

Es ist eine Qual, daß mich ein Mann

1 Es ist eine Qual, daß mich ein Mann
   in aller Öffentlichkeit zwingt, wozu er will.
   Wenn ich etwas, was ich nicht kann,
   beginnen soll, dann ist das schwer für mich.
5 Ich bin immer sehr standhaft gewesen.
   Nun aber muß ich leben wie eine Frau,
   die liebt und dies in Angst tut.

2 Es wäre Zeit, daß jemand auf mich aufpaßte,
   bevor ich mich in irgendeiner Weise auf ihn einlasse.
   Wenn er jetzt doch aufhören wollte, mich zu bestürmen!
   Was will er mehr, als daß ich ihn mehr liebe
5 als jede andere Frau in der ganzen Welt?
   Nun will er – das ist mein Kummer –,
   daß ich für ihn meine Ehre und auch mein Leben wage.

3 Was er mir nun nicht erläßt,
   das tue und täte ich überaus gern,
   denn, was ihn angeht, steht es um mich so,
   daß ich auf ihn als Freund nicht verzichten will.
5 Wie könnte eine Frau einem Mann auch
   etwas versagen, der so wunderbar redet
   und dazu so vorbildlich lebt, wie er nur kann?

4 Schône kan er im die stat
  gevüegen, daz er sprichet wider mich.
  zeinen zîten er mich bat,
  daz ich sînen dienest naeme; daz tet ich.
5 Dô wânde ich des, ich taete wol.
  dône wiste ich niht, daz sich dâ huop
  ein swaere, diu lange an mînem lîbe wesen sol.

5 Mînes tôdes wânde ich baz,
  danne daz er gewaltic iemer wurde mîn.
  wê, war umbe spriche ich daz?
  jâ zürne ich âne nôt; ez solte eht sîn.
5 Dicke hât ich im versaget,
  dô tet er als ein saelic man,
  der sînen kumber alles ûf genâde klaget.

XXXII

Reinmar

War kan iuwer schoener lîp?

1 "War kan iuwer schoener lîp?
  wer hat iu, saelic vrouwe, den benomen?
  ir wâret ein wunneclîchez wîp,   MF 196,1
  nu sint ir gar von iuwer varwe komen.
5 Dâst mir leit und müet mich sêre.
  swer des schuldic sî, den velle got und nem im al sîn êre."

4 Er versteht es wunderbar, die Gelegenheit
abzupassen, um zu mir zu sprechen.
Einmal bat er mich,
seinen Dienst anzunehmen. Das tat ich.
5 Da meinte ich, richtig zu handeln.
Ich wußte nicht, daß damit der Kummer
begann, der mich noch lange bedrücken wird.

5 Besser erschiene mir mein Tod,
als daß er jemals Macht über mich gewänne.
Ach, warum sage ich das?
Ich zürne ohne Not; es sollte doch sein.
5 Oft hatte ich ihn abgewiesen,
da verhielt er sich wie ein vorbildlicher Mann,
der sein Leid ganz im Vertrauen auf Gnade beklagt.

XXXII

REINMAR

Wo ist Eure Schönheit geblieben?

1 "Wo ist Eure Schönheit geblieben?
Wer hat Euch, liebe Herrin, die genommen?
Ihr wart eine wunderschöne Frau,
nun habt Ihr all Euren Glanz verloren.
5 Das ist mir leid und bekümmert mich sehr.
Wer daran Schuld hat, den möge Gott vernichten und
ihm all seine Ehre nehmen."

2 "Wâ von solt ich schoene sîn
und hôhes muotes als ein ander wîp?
ich hân des willen mîn
niht mêre wan sô vil, ob ich den lîp
5 Mac behüeten vor ir nîde,
die mich zîhent unde machent, daz ich einen ritter mîde.

3 Solhe nôt und ander leit
hât mir der varwe ein michel teil benomen.
doch vröuwet mich sîn sicherheit,
daz er lobte, er wolte schiere komen.
5 Weste ich, ob ez alsô waere,
sô engehôrte ich nie vor maniger wîle mir ein lieber
maere.

4 Ich gelache in iemer an,
kumt mir der tac, daz in mîn ouge ersiht.
wand ichs niht verlâzen kan
vor liebe, daz mir alsô wol geschiht.
5 Ê ich danne von im scheide,
sô mac ich sprechen 'gên wir brechen bluomen ûf der
heide.'

5 Sol mir disiu sumerzît
mit manigem liehten tage alsô zergân,
daz er mir niht nâhen lît,
dur den ich alle ritter hân gelân,
5 Ôwê danne schoenes wîbes!
sôn kam ich nie vor leide in groezer angest mînes lîbes.

2 "Wie könnte ich so schön
   und froh sein wie andere Frauen?
   Ich habe keinen Wunsch
   mehr als den, mich
5 vor der Mißgunst derer zu hüten,
   die mich tadeln und es bewirken, daß ich einem Ritter
                                        fernbleibe.

3 Dieser Kummer und anderes Leid
   haben mir viel von meiner Schönheit genommen.
   Doch freut mich sein Versprechen,
   das er gab, er wolle bald zurückkommen.
5 Wenn ich wüßte, daß es so wäre,
   dann hätte ich seit langer Zeit keine so liebe Nachricht
                                        gehört.

4 Ich werde ihm immer zulächeln,
   wenn der Tag kommt, an dem ich ihn erblicke.
   Denn ich werde es nicht lassen können
   aus Freude darüber, daß ich ein solches Glück erlebe.
5 Bevor ich mich dann von ihm trenne,
   kann es wohl sein, daß ich sage: 'Gehn wir Blumen auf
                                        der Wiese pflücken!'

5 Wenn mir dieser Sommer
   mit manchem strahlenden Tag vergehen soll,
   ohne daß er nahe bei mir liegt,
   um dessentwillen ich alle Ritter aufgegeben habe,
5 dann wehe meiner Schönheit!
   Niemals hatte ich vor Kummer größere Sorge um mein
                                        Aussehen.

6 Mîne vriunde mir dicke sagent –
  und liegent –, daz mîn niemer werde rât.
  wol in, daz si mich sô klagent!
  wie nâhen in mîn leit ze herzen gât!
5 Swenne er mich getroestet eine,
  sô gesiht man wol, daz ich vil selten iemer iht geweine."

XXXIII

Reinmar

Zuo niuwen vröuden stât mîn muot

MF 203,10   360e   M bl. 59^{rv}

1 "Zuo niuwen vröuden stât mîn muot
  vil schône", sprach ein schoenez wîp.
  "ein ritter mînen willen tuot:
  der hât geliebet mir den lîp.
5 Ich wil im iemer holder sîn
  denne keinem mâge mîn.
  ich getuon ime wîbes triuwe schîn.

MF 203,17   361e

2 Diu wîle schône mir zergât,
  swenne er an mîme arme lît
  und er mich zuo ime gevangen hât.
  daz ist ein wunnenclîche zît.
5 Sô ist mîn trûren gar zergân
  und bin al die wochen wol getân.
  ei, waz ich denne vröuden hân!"

6 Meine Verwandten sagen mir oft –
aber sie lügen! – daß es keinen Trost für mich gibt.
Wohl ihnen, daß sie mich so bedauern!
Wie nah ans Herz ihnen mein Schmerz geht!
5 Wenn nur er allein mich tröstet,
dann wird man schon sehen, daß ich niemals mehr
weine."

XXXIII

REINMAR

Neuen Freuden

1 "Neuen Freuden seh ich
froh entgegen", sagte eine schöne Frau,
"ein Ritter tut meinen Willen,
der hat mich beglückt.
5 Ich will ihn immer mehr lieben
als irgendeinen meiner Verwandten.
Ich werde ihm zeigen, was die Treue einer Frau
bedeutet.

2 Herrlich geht die Zeit für mich dahin,
wenn er in meinem Arm liegt
und mich an sich drückt.
Das ist ein glücklicher Augenblick.
5 Dann ist mein Kummer völlig verflogen,
und ich bin die ganze Woche lang vergnügt.
Oh, welche Freude ich dann habe!"

WALTHER VON DER VOGELWEIDE

Genâde, frowe, tuo alsô bescheidenlîche

L 70,22   246[255] C   14 A

1 'Genâde, frowe, tuo alsô bescheidenlîche:
  lâ mich dir einer iemer leben!
  obe ich daz breche, daz ich furder strîche.
  wan einez solt du mir vergeben,
5 daz maht du mir ze kurzer wîle erlouben gerne,
  die wîle unz ich dîn beiten sol.
  ich nennez niht, ich meine jenz, dû weist ez wol.
  ich sage dir, wes ich angest hân:
  dâ fürht ich daz ich ez wider lerne.'

L 70,31   247[256] C   15A

2 "Gewinne ich iemer liep, daz wil ich haben eine;
  mîn friunt der minnet andriu wîp.
  an allen guoten dingen hân ich wol gemeine,
  wan dâ man teilet friundes lîp.
5 sô ich in underwîlent gerne bî mir saehe,
  sô ist er von mir anderswâ.
  sît er dâ gerne sî, sô sî ouch dâ.
  ez tuot sô manegem wîbe wê,
  daz mir dâ von niht wol geschaehe."

L 71,1   248[257] C   16 A

3 'Si saelic wîp, si zürnet wider mich ze sêre,
  daz ich mich friunde an manege stat.
  si gehiez mich nie geleben nâch ir lêre,

WALTHER VON DER VOGELWEIDE

Gnade, Herrin, sei doch so verständig

1 'Gnade, Herrin, sei doch so verständig
und laß mich immer nur für dich allein leben!
Breche ich dies Wort, so werde ich mich auf der Stelle
von dir entfernen!
Nur eines sollst du mir nachsehen,
5 das kannst du mir gern zum Zeitvertreib erlauben,
solange ich auf dich warten muß.
Ich spreche es nicht aus, ich denke an jenes – du weißt
schon, woran.
Ich sage dir, wovor ich Angst habe:
Da fürcht ich, daß ich's Gegenteil erfahre.'

2 "Sollte ich jemanden liebgewinnen, dann will ich ihn
allein haben,
mein Freund aber liebt auch andere Frauen.
Alle guten Dinge teile ich wohl mit anderen,
den Freund jedoch nicht.
5 Wenn ich ihn einmal gern bei mir hätte,
dann ist er woanders, fern von mir.
Da er sich dort gern aufhält, soll er dort auch immer
bleiben!
Das ist schmerzlich für manche Frau,
so daß auch ich Kummer dadurch hätte."

3 'Die Süße, sie zürnt zu sehr mit mir,
weil ich hier und da eine Freundschaft habe.
Aber sie hat mir nie aufgetragen, nach ihren
Vorstellungen zu leben,

swie jâmerlîch ich si ez bat.
5 waz hilfet mich, daz ich si minne vor in allen?
si swîget iemer als ich klage.
wil si danne daz ich anderen wîben widersage,
sô lâze ir mîne rede nû
ein wênic baz dann ê gevallen!'

L 71,10   249[258] C   17 A

4 "Ich wil dir jehen, daz du mîn dicke sêre baete,
und nam ich des vil kleine war.
dô wisse ich wol, daz du allenthalben alsô taete;
dâ von wart ich dir sô fremede gar.
5 der mîn ze friunde ger, wil er mich ouch gewinnen,
der lâze alselhe unstaetekeit.
gemeine liep daz dunket mich gemeinez leit.
nû sage, weist du anders iht?
dâ von getar ich dich niht geminnen."

XXXV

WALTHER VON DER VOGELWEIDE

Frowe'n lânt iuch niht verdriezen

L 85,34   42 C   78 E   Lutold von Seven 7 A

1 "Frowe'n lânt iuch niht verdriezen
mîner rede, ob si gefüege sî.
möhte ichz wider iuch geniezen,
sô waer ich den besten gerne bî.

wie flehentlich ich sie darum auch bat.
5 Was hilft's mir, daß ich sie mehr als alle andren liebe?
Sie schweigt beharrlich, wenn ich klage.
Wenn sie will, daß ich mich von anderen Frauen
lossage,
dann soll sie meine Worte jetzt
ein wenig freundlicher aufnehmen als früher!'

4 "Ich will dir zugestehen, daß du mich oft eindringlich
batest
und ich das so gut wie gar nicht beachtet habe.
Da wußte ich schon, daß du es überall genauso machtest.
Darum habe ich mich von dir ganz abgewandt.
5 Wer mich zur Freundin wünscht und mich auch
gewinnen will,
der lasse solche Unbeständigkeit.
Geteilte Freude, mein ich, sollte auch geteiltes Leid
bedeuten.
Oder sag, weißt du es etwa besser?
Deshalb traue ich mich nicht, dich zu lieben."

XXXV

WALTHER VON DER VOGELWEIDE

Herrin, laßt Euch meine Worte doch gefallen

1 "Herrin, laßt Euch meine Worte doch gefallen,
wenn sie schön und passend sind.
Könnt' es mir bei Euch was nützen,
dann wünschte ich, unter den Besten zu sein.

5 wizzent daz ir schoene sît;
  hânt ir, als ich mich verwaene,
  güete bî der wolgetaene,
  waz danne an iu einer êren lît!"

L 86,7   43 C   79 E   Lutold von Seven 8 A

2 "Ich wil iu ze redenne gunnen,
  sprechent swaz ir welt, ob ich niht tobe.
  daz hânt ir mir an gewunnen
  mit dem iuwern minneclîchen lobe.
5 in weiz obe ich schoene bin;
  gerne hete ich wîbes güete.
  lêrent mich wie ich die behüete:
  schoener lîp der touc niht âne sin."

L 86,15   44 C   80 E   Lutold von Seven 9 A

3 "Frowe, daz wil ich iuch lêren,
  wie ein wîp der welte leben sol.
  guote liute sult ir êren,
  minneclîch an sehen und grüezen wol;
5 eime sult ir iuwern lîp
  geben für eigen umb den sînen.
  frowe, woltent ir den mînen,
  den gaebe ich umb ein sô schoene wîp."

L 86,23   45 C   81 E

4 "Beide an schowen unde an grüezen,
  swâ ich mich dar an versûmet hân,
  daz wil ich vil gerne büezen.
  ir hânt hovelîch an mir getân:
5 tuont durch mînen willen mê,
  sît niht wan mîn redegeselle.
  in weiz nieman dem ich welle
  nemen den lîp: ez taete ime lîhte wê."

108

5 Wißt, daß Ihr schön seid;
  wenn Ihr, wie ich vermute,
  dabei auch noch gut seid,
  welche Vorzüge Ihr dann allein in Euch vereint!"

2 "Ich will Euch zu sprechen erlauben,
  sagt nur, was Ihr wollt, wenn ich nicht unverständig bin.
  Das habt Ihr Euch bei mir
  mit Eurem lieben Lob verdient.
5 Ich weiß nicht, ob ich schön bin,
  gern aber wäre ich gut, wie es dem Wesen der Frau
                                    entspricht.
  Lehrt mich, wie ich das bewahre;
  ohne Verstand taugt Schönheit nichts."

3 "Herrin, ich will Euch lehren,
  wie eine Frau sich in der Gesellschaft verhalten soll.
  Gute Menschen sollt Ihr ehren,
  freundlich anschauen und höflich grüßen;
5 einem aber sollt Ihr Euren Leib
  zu eigen geben für den seinen.
  Herrin, wenn Ihr den meinen wolltet,
  ich gäb' ihn hin für eine so schöne Frau."

4 "An Blicken und an Grüßen,
  was immer ich daran hab fehlen lassen,
  das will ich gern wiedergutmachen.
  Ihr seid sehr freundlich zu mir gewesen,
5 tut um meinetwillen noch mehr:
  Seid mir nichts anderes als ein Freund zum Plaudern.
  Ich kenne niemanden, dem ich das Leben
  nehmen wollte; es täte ihm vielleicht weh."

5 "Frowe, lânt mich ez alsô wâgen,
   ich bin dicke komen ûz groezer nôt,
   unde lânt ez iuch niht betrâgen:
   stirbe aber ich, sô bin ich sanfte tôt."

5 "hêrre, ich wil noch langer leben,
   lîhte ist iuch der lîp unmaere:
   waz bedorfte ich solher swaere,
   solt ich mînen lîp umb iuwern geben?"

XXXVI

WALTHER VON DER VOGELWEIDE

Ein man verbiutet âne pfliht

L 111,22   379[395] C

1 'Ein man verbiutet âne pfliht
   ein spil, des im doch nieman wol gevolgen mac.
   er giht, swenne sîn ouge ein wîp ersiht,
   si sî sîn ôsterlîcher tac.
5 wie waere uns andern liuten sô geschehen,
   solten wir im alle sînes willen jehen?
   ich bin der eine, derz versprechen muoz:
   bezzer waere mîner frowen senfter gruoz.
   dâ ist mates buoz.'

L 111,32   380[396] C

2 "Ich bin ein wîp dâ her gewesen
   sô staete an êren und ouch alsô wol gemuot;
   ich trûwe ouch noch vil wol genesen,
   daz mir mit selhem stelne nieman keinen schaden tuot.

5 "Herrin, laßt mich dieses Wagnis auf mich nehmen;
ich bin oft schon größerer Not entkommen,
und macht Euch keine Sorgen.
Wenn ich sterbe, dann ist es ein süßer Tod."
5 "Ich aber will noch länger leben,
während Euch das Leben vielleicht gleichgültig ist.
Wozu sollte ich den Kummer auf mich laden,
mein Leben für das Eure herzugeben?"

XXXVI

WALTHER VON DER VOGELWEIDE

Ein Mann bietet ohne Regel so hoch

1 'Ein Mann bietet ohne Regel so hoch
in einem Spiel, daß niemand wohl ihm zustimmen kann.
Er sagt, wann immer er eine bestimmte Frau sieht,
sei das für ihn ein Osterfest.
5 Wohin wäre es mit uns anderen gekommen,
wenn wir ihn alle dabei bestätigen sollten?
Ich bin einer, der ihm widersprechen muß:
Besser wäre für die Dame ein zarter Gruß.
Das ist der Gegenzug zu seinem Matt!'

2 "Ich bin bislang eine Frau gewesen,
die einen untadeligen Ruf hatte und entsprechend
zufrieden war.
Ich glaube, mich auch künftig davor bewahren
zu können,
daß mir jemand mit solchem Diebstahl Schaden zufügt.

5 swer aber küssen hie ze mir gewinnen wil,
der werbe ez mit vuoge und anderm spil.
ist daz ez im wirt iesâ,
er muoz sîn iemer sîn mîn diep, und habe imz dâ
und lege ez anderswâ."

XXXVII

WALTHER VON DER VOGELWEIDE

Mir tuot einer slahte wille

L 113,31   390[406] C   1 E   23 O   2 U*

1 Mir tuot einer slahte wille
sanfte, und ist mir doch dar under wê.
ich minne einen ritter stille:
dem enmac ich niht versagen mê
5 des er mich gebeten hât:
entuon ichz niht, mich dunket
daz mîn niemer werde rât.

L 113,37   391[407] C   2 E   1 F   24 O   ab *staete* bis *daz* V. 2]   3 U

2 Dicke dunke ich mich sô staete
mînes willen. sô mir daz geschiht,
swie vil er mich denne baete,
al die wîle sô enhulfe ez niht.
5 ieze hân ich den gedanc:
waz hilfet daz? der muot
ist kûme eines tages lanc.

Wer hier jedenfalls einen Kuß von mir erlangen will,
der soll es formbewußt und nach anderen Spielregeln
tun.
Wenn er ihn aber sofort erhält,
dann wird er für mich immer ein Dieb sein, und er soll
den Kuß
dort behalten und ihn andernorts ablegen."

XXXVII

WALTHER VON DER VOGELWEIDE

Mir ist ein bestimmter Wunsch

1 Mir ist ein bestimmter Wunsch
lieb, aber er bedrückt mich dabei auch.
Ich liebe heimlich einen Ritter;
dem kann ich das nicht mehr verweigern,
5 worum er mich gebeten hat.
Wenn ich's nicht tu, dann, glaub ich,
werd ich untröstlich sein.

2 Oft glaub ich, daß ich einen festen
Willen habe. Wenn das so ist,
dann könnte er mich noch so anflehen,
denn es würde nichts nützen.
5 Aber schon denke ich:
Was soll's? Der Vorsatz
währt nicht einmal einen Tag.

3 Wil er mich vermîden mêre,
sô versuochet er mich alzevil.
owê des vorhte ich vil ze sêre,
daz ich müeze volgen swes er wil.
5 gerne het ichz nu getân,
wan daz ichz im muoz versagen
und wîbes êre sol begân.

4 In getar vor tûsent sorgen,
die mich twingent in dem herzen mîn
den âbent und den morgen,
leider niht getuon den willen sîn.
5 daz ichz iemer einen tac
sol gevristen, daz ist ein klage
diu mir vil nâhe bî dem herzen lac.

5 Sît daz im die besten jâhen
daz er alsô schône künne leben,
sô hân ich im vil nâhen
eine stat in mîme herzen gegeben,
5 dâ noch nieman in getrat.
si hânt daz spil verlorn,
und er eine tuot in allen mat.

3 Wenn er sich noch länger fern von mir hält,
  dann stellt er mich zu sehr auf die Probe.
  Ach, ich fürchte so sehr,
  daß ich ihm gewähren muß, was er wünscht.
5 Gern hätt' ich's jetzt getan,
  aber ich muß es ihm versagen
  und auf meine Ehre achten.

4 Ich wage in den tausend Ängsten,
  die mich in meinem Herzen
  Tag und Nacht quälen, nicht –
  und das bedrückt mich –, seinen Wunsch zu erfüllen.
5 Daß ich es überhaupt nur einen Tag
  hinausschieben muß, das ist ein Kummer,
  der mir schwer auf dem Herzen liegt.

5 Da die Besten von ihm behaupten,
  daß er so vorbildlich zu leben weiß,
  habe ich ihm ganz nah
  in meinem Herzen einen Platz gegeben,
5 den noch niemals jemand eingenommen hat.
  Sie haben das Spiel verloren,
  und er allein setzt sie alle matt.

WALTHER VON DER VOGELWEIDE

Under der linden

L 39,11   128[134] C   42 B

1 Under der linden
  an der heide,
  dâ unser zweier bette was,
  dâ mugent ir vinden
5 schône beide
  gebrochen bluomen unde gras.
  vor dem walde in einem tal,
  tandaradei,
  schône sanc diu nahtegal.

L 39,20   129[135] C   43 B

2 Ich kam gegangen
  zuo der ouwe:
  dô was mîn friedel komen ê.
  dâ wart ich enpfangen,
5 here frowe,
  daz ich bin saelic iemer mê.
  er kuste mich wol tûsentstunt,
  tandaradei,
  seht wie rôt mir ist der munt!

L 40,1   130[136] C   44 B

3 Dô het er gemachet
  alsô rîche
  von bluomen ein bettestat.
  des wirt noch gelachet
5 inneclîche,
  kumt iemen an daz selbe pfat.

WALTHER VON DER VOGELWEIDE

Unter der Linde

1 Unter der Linde
   an der Heide,
   wo unser beider Lager war,
   da könnt ihr sehen,
 5 in schöner Ebenmäßigkeit gebrochen,
   Blumen und Gras,
   vor dem Wald in einem Tal
   – tandaradei –,
   schön sang die Nachtigall.

2 Ich kam gegangen
   zu der Wiese,
   da war mein Liebster schon dort.
   Da wurde ich empfangen
 5 – Jessesmaria! –,
   daß ich für immer glücklich bin.
   Er küßte mich wohl tausendmal
   – tandaradei –,
   seht, wie rot mein Mund ist.

3 Bereitet hatte er da
   so herrlich
   von Blumen ein Lager.
   Darüber wird mancher noch
 5 bei sich lächeln,
   wenn er des Weges kommt.

> bî den rôsen er wol mac,
> tandaradei,
> merken wâ mirz houbet lac.

L 40,10   131[137] C   45 B

4 Daz er bî mir laege,
    wessez iemen
    nu enwelle got!, sô schamt ich mich.
    wes er mit mir pflaege,
    niemer niemen
5 bevinde daz, wan er und ich,
    und ein kleinez vogellîn:
    tandaradei,
    daz mac wol getriuwe sîn.

XXXIX

OTTO VON BOTENLAUBEN

Waere Kristes lôn niht alsô süeze

17 C

1 'Waere Kristes lôn niht alsô süeze,
    so enlieze ich niht der lieben frouwen mîn,
    diech in mînem herzen dicke grüeze:
    sie mac vil wol mîn himelrîche sîn,
5 swâ diu guote wone al umbe den Rîn.
    herre got, nu tuo mir helfe schîn,
    daz ich mir und ir erwerbe noch die hulde dîn!'

An den Rosen kann er genau
– tandaradei –
erkennen, wo mein Kopf lag.

4 Daß er bei mir lag,
  wüßte es jemand,
  das verhüte Gott!, dann schämte ich mich.
  Was er mit mir tat,
5 soll niemals jemand
  wissen als er und ich
  und ein kleines Vögelchen
  – tandaradei –,
  das wird wohl verschwiegen sein.

XXXIX

Otto von Botenlauben

Wäre Christi Lohn nicht derart süß

1 'Wäre Christi Lohn nicht derart süß,
  dann würd' ich meine liebe Herrin nicht verlassen,
  die ich in meinem Herzen häufig grüße.
  Sie versteht es wohl, mein Himmelreich zu sein,
5 wo immer die liebe Frau sich um den Rhein herum
                                      aufhalten mag.
  Herr Gott, nun steh mir bei,
  daß ich für mich und sie noch deine Huld erwerbe!'

2 "Sît er giht ich sî sîn himelrîche,
sô habe ich in zuo gote mir erkorn,
daz er niemer fuoz von mir entwîche.
herre got, lâ dirz niht wesen zorn.
5 erst mir in den ougen niht ein dorn,
der mir hie ze fröiden ist geborn.
kumt er mir niht wider, mîn spilnde fröide ist gar
verlorn".

XL

NEIDHART

Ine gesach die heide

R 15,1   C 146   c 21,1   f 16,1

1 Ine gesach die heide
nie baz gestalt,
in liehter ougenweide
den grüenen walt:
5 bî den beiden kiese wir den meien.
ir mägde, ir sult iuch zweien,
gein dirre liehten sumerzît   in hôhem muote reien.

R 15,2   C 147   c 21,2   f 16,2

2 Lop von mangen zungen
der meie hât.
die bluomen sint entsprungen
an manger stat,
5 dâ man ê deheine kunde vinden,
geloubet stât diu linde:
dâ hebt sich, als ich hân vernomen,   ein tanz von
höfschen kinden.

2 Wenn er schon sagt, ich sei sein Himmelreich,
   dann habe ich ihn zum Gott erwählt,
   damit er sich niemals einen Schritt von mir entferne.
   Herr Gott, zürne nicht darüber.
5 Er ist mir über die Maßen lieb,
   der mir hier zur Freude geboren wurde.
   Wenn er mir nicht zurückkehrt, ist meine strahlende
                                     Freude vollkommen dahin.

XL

NEIDHART

Ich sah die Heide

1 Ich sah die Heide
   niemals schöner
   und in so glänzender Pracht
   den grünen Wald:
5 an beidem erkennen wir den Mai.
   Ihr Mädchen, ihr sollt Paare bilden
   und in dieser strahlenden Sommerzeit fröhlich den
                                     Reigen tanzen.

2 In vielen Sprachen
   wird der Mai gelobt.
   Die Blumen sprießen
   mancherorts,
5 wo man vorher keine finden konnte,
   in neuem Laub steht die Linde:
   Dort beginnt, wie ich höre, ein Tanz von höfischen
                                     Mädchen.

3 Die sint sorgen âne
und vröuden rîch.
ir mägde wolgetâne
und minneclîch,
5 zieret iuch, daz iu die Beier danken,
die Swâbe und die Vranken!
ir brîset iuwer hemde wîz   mit sîden wol zen lanken!

4 "Gein wem solt ich mich zâfen?"
sô redete ein maget.
"die tumben sint entslâfen;
ich bin verzaget.
5 vreude und êre ist al der werlde unmaere.
die man sint wandelbaere;
deheiner wirbet umbe ein wîp,   der er getiuwert
                                        waere."

5 "Die rede soltû behalten",
sprach ir gespil.
"mit vröiden sul wir alten:
der man ist vil,
5 die noch gerne dienent guoten wîben.
lât solhe rede belîben!
ez wirbet einer umbe mich,   der trûren kan vertrîben."

6 "Den soltû mir zeigen,
wier mir behage.
der gürtel sî dîn eigen,
den umbe ich trage!
5 sage mir sînen namen, der dich minne
sô tougenlîcher sinne!
mir ist getroumet hînt von dir,   dîn muot der stê von
                                        hinne."

3 Die sind ohne Sorgen
und voller Freude.
Ihr hübschen,
reizenden Mädchen,
5 schmückt euch, damit euch die Bayern danken
und die Schwaben und die Franken!   ⌈Hüften!
Schnürt eure weißen Röcke schön mit Seide an den

4 "Für wen sollte ich mich herausputzen?"
sagte ein Mädchen.
"Die dummen Männer schlafen ja;
ich bin entmutigt.
5 Freude und Ehre sind allen Leuten gleichgültig.
Die Männer sind nicht treu;
keiner wirbt um eine Frau, durch die er seinen Wert
                                        erhöhen würde."

5 "So darfst du nicht reden",
antwortete ihre Freundin.
"Mit Freude werden unsere Tage dahingehen:
Es gibt noch viele Männer,
5 die danach streben, vortrefflichen Frauen zu dienen.
Hör auf mit solchen Reden!
Es wirbt einer um mich, der Trübsinn vertreiben kann!"

6 "Den zeige mir, damit ich sehe,
ob er mir gefällt.
Ich schenke dir den Gürtel,
den ich trage:
5 Sage mir seinen Namen, der dich
so im Geheimen liebt!
Mir träumte heute nacht von dir, daß es dich von hier
                                        fortzieht."

7 "Den si alle nennent
   von Riuwental
   und sînen sanc erkennent
   wol über al,
5 derst mir holt. mit guote ich im des lône:
   durch sînen willen schône
   sô wil ich brîsen mînen lîp.   wol dan, man liutet nône!"

XLI

NEIDHART

Der meie der ist rîche

C 222   c 55,1

1 "Der meie der ist rîche:
   er füeret sicherlîche
   den walt an sîner hende.
   der ist nu niuwes loubes vol: der winter hât ein ende.

C 223   c 55,2

2 Ich fröu mich gegen der heide
   ir liehten ougenweide,
   diu uns beginnet nâhen",
   sô sprach ein wolgetâniu maget;   "die wil ich schône
                                     enpfâhen.

C 224   c 55,3

3 Muoter, lâz ez ân melde!
   jâ wil ich komen ze velde
   und wil den reien springen;
   jâ ist es lanc, daz ich diu kint   niht niuwes hôrte
                                     singen."

7 "Den alle Reuental
nennen
und dessen Sang sie wohl
überall kennen,
5 der ist mir ergeben. Mit Gutem lohne ich es ihm:
Ihm zuliebe will ich mich
schön schnüren. Auf denn, schon läutet es zu Mittag!"

XLI

NEIDHART

Der Mai hat Macht und Reichtum

1 "Der Mai hat Macht und Reichtum,
er führt gewiß
den Wald in seinem Gefolge.
Der steht nun voll in neuem Laub. Der Winter hat ein
Ende.

2 Ich freu mich auf die Wiese
und den strahlenden Anblick,
den sie uns bald bieten wird",
sagte ein hübsches Mädchen. "Die will ich freundlich
empfangen.

3 Mutter, mach kein Aufheben davon,
ich will ins Freie
und den Reigen tanzen,
es ist schon lange her, daß ich die Mädchen etwas Neues
singen hörte."

4 "Neinâ, tohter, neine!
   ich hân dich alterseine
   gezogen an mînen brüsten:
   nu tuo ez durch den willen mîn,   lâz dich der man niht
                                     lüsten."

5 "Den ich iu wil nennen,
   den muget ir wol erkennen.
   ze dem sô wil ich gâhen.
   er ist genant von Riuwental: den wil ich umbevâhen.

6 Ez gruonet an den esten,
   daz alles möhten bresten
   die boume zuo den erden.
   nu wizzet, liebiu muoter mîn,   ich belge den knaben
                                   werden.

7 Liebiu muoter hêre,
   nâch mir sô klaget er sêre.
   sol ich im des niht danken?
   er giht, daz ich diu schoenest sî   von Beiern unz in
                                       Vranken."

4   "Nein, Tochter, und nochmals nein!
    Ich hab dich ganz allein
    an meinem Busen aufgezogen.
    Nun laß es um meinetwillen, sei nicht hinter den
                                    Männern her."

5   "Den ich Euch nennen will,
    den müßtet Ihr eigentlich kennen,
    zu ihm will ich eilen.
    Man nennt ihn 'von Reuental', den will ich umarmen.

6   Es grünt an den Ästen,
    so daß die Bäume fast
    unter ihrer Last zu Boden sinken.
    Wißt, meine liebe Mutter, daß ich den vornehmen
                                    Junker erzürnen kann.

7   Liebe, verehrte Mutter,
    er vergeht doch vor Leid nach mir.
    Soll ich ihm nicht dafür danken?
    Er behauptet, ich sei die Schönste von Bayern bis nach
                                    Franken."

NEIDHART

Ein altiu diu begunde springen

C 210

1 Ein altiu diu begunde springen
   hôhe alsam ein kitze enbor: si wolde bluomen bringen.
   "tohter, reich mir mîn gewant:
   ich muoz an eines knappen hant,
5 der ist von Riuwental genant.
   traranuretun traranuriruntundeie."

C 211

2 "Muoter, ir hüetet iuwer sinne!
   erst ein knappe sô gemuot,   er pfliget niht staeter
                                          minne."
   "tohter, lâ mich âne nôt!
   ich weiz wol, waz er mir enbôt.
5 nâch sîner minne bin ich tôt.
   traranuretun traranuriruntundeie."

C 212

3 Dô sprachs ein alte in ir geile:
   "trûtgespil, wol dan mit mir!   ja ergât ez uns ze heile.
   wir suln beid nâch bluomen gân.
   war umbe solte ich hie bestân,
5 sît ich sô vil geverten hân?
   traranuretun traranuriruntundeie."

NEIDHART

Eine Alte begann hohe Sprünge

1 Eine Alte begann hohe Sprünge
   wie ein junges Tier zu machen: Sie wollte Blumen
   bringen.
   "Tochter, reich mir mein Kleid,
   ich muß an die Hand eines jungen Mannes,
5 der von Reuental heißt.
   Traranuretun traranuriruntundeie."

2 "Mutter, bleibt doch vernünftig!
   Er ist ein junger Mann, der nicht treu in der Liebe ist."
   "Tochter, laß mich in Ruhe!
   Ich weiß wohl, was er mir sagen ließ.
5 Nach seiner Liebe vergehe ich!
   Traranuretun traranuriruntundeie."

3 Da sagte die Alte in ihrem Übermut:
   "Liebe Freundin, komm mit mir! Es wird gut für uns
   sein.
   Wir wollen beide Blumen pflücken gehn.
   Warum sollte ich hier bleiben,
5 da ich so viele Freunde habe?
   Traranuretun traranuriruntundeie."

NEIDHART

Vreude und wünne hebt sich aber wîten

R 58,1   c 70,2

1 Vreude und wünne hebt sich aber wîten.
ir gevrieschet sît künc Karels zîten
nie vogele schal,
die baz sungen über al:
5 gar verborgen
sint aber alle ir sorgen.

R 58,2   c 70,5

2 "Vrô sint nû diu vogelîn geschreiet;
nû belîbe ich aber ungereiet",
sprach Wendelmuot,
"golzen, rîsen unde huot
5 hât mîn eide
verspart mir vor ze leide."

R 58,3   c 70,6

3 "Nu sage mir, waz sint die dînen schulde?"
"in weiz, Rîchilt, sam mir gotes hulde,
wes ich enkalt,
wan daz ich ein vrîheistalt
5 hân versprochen:
daz ist an mir gerochen.

R 58,4   c 70,7

4 Der kom dâ her: dô bat er mîn ze wîbe.
dô zugen si mir daz röckel ab dem lîbe.
jâ müese er mîn
weizgot gar versûmet sîn,
5 er gebûwer!
mich naeme es gar untûwer.

Neidhart

Freude und Wonne erstehen wieder weithin

1 Freude und Wonne erstehen wieder weithin;
  seit den Zeiten König Karls hörtet Ihr nie
  Gezwitscher von Vögeln,
  die besser sangen um und um.
5 Ganz verschwunden
  ist wieder all ihr Kummer.

2 "Froh sind nun die Vögelchen bei ihrem Sang,
  ich aber bin nicht beim Tanz",
  sagte Wendelmut.
  "Schuhe, Schleier und Hut
5 hat die Mutter
  zu meinem Kummer vor mir verschlossen."

3 "Nun sag mir, womit hast du das verschuldet?"
  "Ich weiß nicht, Richhild, so wahr mir Gott helfe,
  wofür ich bestraft wurde,
  nur daß ich einen Kleinbauern
5 abgewiesen habe,
  das läßt man mich büßen.

4 Der kam daher und wollte mich zur Frau.
  Da zogen sie das Röckchen mir vom Leibe.
  Er soll von mir
  – weiß Gott! – gar nicht beachtet werden,
5 dieser Bauer!
  Mir würd's überhaupt nichts bedeuten.

5 Swanne er wânte, deich dâ heime laege
   unde im sînes dingelînes phlaege,
   würf ich den bal
   in des hant von Riuwental
5 an der strâze:
   der kumt mir wol ze mâze."

XLIV

BURKHARD VON HOHENFELS

Ich wil reigen

1 "Ich wil reigen",
   sprach ein wünniclîchiu magt.
   "disen meigen
   wart mir fröide gar versagt.
5 nu hât mîn jâr ein ende:
   des bin ich frô.
   nieman mich fröiden wende,
   mîn muot stêt hô.
    mirst von strôwe ein schapel und mîn frîer muot
10 lieber danne ein rôsenkranz, sô bin ich behuot."

2 "Lâz erbarmen
   dich," sprach ir gespil zehant,
   "daz mich armen
   niht geschuof diu gotes hant,
5 wan sî geschuof mich rîchen.
   hî waere ich arn,

132

5 Wenn er meinte, ich läge daheim
und kümmerte mich um sein Dingelein,
würde ich statt dessen den Ball
an der Straße
5 dem von Reuental in die Hand werfen.
Der ist mir gemäß."

XLIV

Burkhard von Hohenfels

Ich will tanzen

1 "Ich will tanzen",
sagte ein reizendes Mädchen.
"In diesem Mai
wurde mir überhaupt kein Vergnügen erlaubt.
5 Nun ist mein Dienstjahr zu Ende,
darüber bin ich froh.
Niemand soll mich an meiner Freude hindern,
denn ich bin in guter Stimmung.
   Mir sind ein Kranz von Stroh und meine
                           Unbeschwertheit
10   lieber als ein Rosenkranz: Das ist mein Schutz."

2 "Laß dich erbarmen",
sagte ihre Freundin sogleich,
"daß mich Gottes Hand
nicht zu einem armen, einfachen Mädchen werden ließ,
5 denn sie schuf mich reich und vornehm.
Hei, wäre ich niederen Standes,

     sô wolte ich mit dir strîchen,
     ze fröiden varn.
        mirst von strôwe ...

29 C

3 Est verdrozzen
   hie, sît mîn müemel hât
   vor beslozzen
   mir die mîne liehten wât.
5 trûr ich, si giht ich gwinne
   von liebe nôt:
   fröw ich mich, daz tuot minne.
   wan waer si tôt!
      mirst von strôwe ..."

30 C

4 "Wiltu sorgen,
   waz sol dir dîn schoener lîp?
   du solt morgen
   sant mir, trûren von dir trîp.
5 ich wil dich lêren snîden,
   wis fröiden vol:
   tuot daz wê, wir sunz mîden,
   uns wirt sus wol.
      mirst von strôwe ..."

31 C

5 "Ich hân schiere
   mir gedâht einen gerich:
   wan ich zwiere,
   swâ man zwinket wider mich.
5 sin lât mich niender lachen
   gen werdekeit:
   sô nim ich einen swachen,
   daz ist ir leit.
      mirst von strôwe ..."

dann würde ich mit dir losziehen
und mich vergnügen.
   Mir sind ein Kranz ...

3 Es ist verdrießlich
  hier, weil meine Tante
  mein helles Kleid
  vor mir verschlossen hat.
5 Bin ich traurig, dann behauptet sie,
  die Liebe brächte mir Kummer,
  freu ich mich, dann bewirkt das die Minne.
  Wenn sie nur tot wäre!
    Mir sind ein Kranz ..."

4 "Wenn du Trübsinn blasen willst,
  was nützt dir dann deine Schönheit?
  Komm morgen
  mit mir, vertreibe den Kummer!
5 Ich will dich schneidern lehren,
  freu dich nur!
  Wenn das wehtut, werden wir es meiden,
  dann wird uns wohl.
    Mir sind ein Kranz ..."

5 "Ich hab mir schon ausgedacht,
  wie ich mich räche,
  denn ich blicke verstohlen dorthin,
  wo man mir zuzwinkert.
5 Sie läßt mich niemals
  einem vornehmen Herrn zulächeln;
  so nehme ich halt einen einfachen Mann,
  das wird sie bekümmern.
    Mir sind ein Kranz ..."

GOTTFRIED VON NEIFEN

Rîfe und anehanc

125 C

1 Rîfe und anehanc
die heide hât betwungen,
daz ir liehter schîn
nâch jâmer ist gestalt,
5 und der vogel sanc,
die wol mit fröiden sungen,
die sint nû geswîn.
dar zuo klag ich den walt:
der ist unbekleit.
10 dannoch kan si füegen
mir herter herzeleit
diu wazzer in krüegen
von dem brunnen treit.
nâch der stêt mîn gedanc.

126 C

2 Ich brach ir den kruoc,
dô sie gienc von dem brunnen.
ich wart fröidenrîch
dô ich die lieben sach.
5 dô si daz vertruoc,
was sorge mir zerunnen.
harte minnenclîch
diu liebe dô gesprach:
"ich hân erebeit,
10 dast von iuwern schulden.
mîn frouwe tuot mir leit,
daz muoz ich allez dulden,
diu mich gestern fünfstunt
dur iuwern willen sluoc."

GOTTFRIED VON NEIFEN

Der Reif mit seinem Gefolge

1 Der Reif mit seinem Gefolge
  hat die Heide bezwungen,
  so daß ihr strahlender Glanz
  nun traurig aussieht,
5 und der Sang der Vögel,
  die so fröhlich sangen,
  die sind nun verstummt.
  Auch über den Wald klage ich,
  der steht kahl.
10 Dennoch kann die,
  die Wasser in Krügen
  vom Brunnen holt,
  mir größeres Herzeleid zufügen.
  Auf sie richtet sich mein Sinnen.

2 Ich zerbrach ihr den Krug,
  als sie vom Brunnen kam.
  Freude erfüllte mich,
  als ich die Süße sah.
5 Als sie das geschehen ließ,
  war mein Kummer dahin.
  Voller Liebreiz
  sagte da die Süße:
  "Ich erdulde Qualen,
10 daran seid Ihr schuld.
  Meine Herrin fügt mir Leid zu,
  das ich alles ertragen muß,
  sie schlug mich gestern fünfmal
  Euretwegen."

3 "Nu tuo den willen mîn,
　sô hilfe ich dir ûz noeten,
　und var sant mir hinne;
　sô bist du âne zorn."
5 "des enmac niht sîn,
　ê lieze ich mich ertoeten.
　mîner frouwen minne
　waer iemer mê verlorn.
　einen schillinc sol
10 si mir unde ein hemde,
　daz weiz ich wol.
　daz waer mir alles fremde.
　sô mir daz nu wirt,
　sô tuon i' iu helfe schîn."

XLVI

GOTTFRIED VON NEIFEN

Sol ich disen sumer lanc

1 Sol ich disen sumer lanc
　bekumbert sîn mit kinden,
　sô waer ich vil lieber tôt.
　des ist mir mîn fröide kranc;
5 sol ich niht zer linden
　reigen, owê dirre nôt!
　wigen wagen, gigen gagen,
　wenne wil ez tagen?
　minne minne, trûte minne, swîc, ich wil
　　　　dich wagen.

3 "Nun sei mir zu Willen,
dann helfe ich dir aus der Not,
und zieh mit mir fort,
dann hast du keinen Ärger mehr."

5 "Das kann nicht geschehen,
eher ließe ich mich töten.
Meiner Herrin Gunst
wäre für immer verscherzt.
Einen Schilling schuldet
10 sie mir und ein Hemd,
das weiß ich genau.
Das alles bliebe mir vorenthalten.
Wenn ich das jetzt bekomme,
dann will ich Euch gefällig sein."

XLVI

GOTTFRIED VON NEIFEN

Wenn ich diesen Sommer lang

1 Wenn ich diesen Sommer lang
mit Kindern meine Last haben soll,
dann wär' ich lieber tot.
Deshalb hab ich keine Freude;
5 wenn ich nicht bei der Linde
tanzen kann, ach, wie traurig!
　　Wigen wagen, gigen gagen,
　　wann wird es tagen?
　　Minne, Minne, liebe Minne, schweig, ich will
　　　　　　dich wiegen.

2 Amme, nim daz kindelîn,
　daz ez niht enweine.
　alse liep als ich dir sî,
　ringe mir die swaere mîn.
5 du maht mich aleine
　mîner sorgen machen frî.
　　wigen wagen ...

XLVII

STEINMAR

Diu vil liebiu sumerzît

C 37

1 'Diu vil liebiu sumerzît
　hât gelâzen gar den strît
　dem ungeslahten winter lanc.
　ach, ach, kleiniu vogellîn
5 müezen jârlanc trûric sîn,
　geswigen ist ir süezer sanc.
　daz klag ich: sô klage ich mîne swaere,
　die mir tuot ein dirne saeldenbaere,
　daz si mich niht zuo zir ûf den strousac lât,
10 daz si mich niht zuo zir ûf den strousac lât
　und daz si mirz doch geheizen hât.

C 38

2 Mîner swaere der ist vil;
　ist daz mir niht helfen wil
　ein minneclîchiu dienerîn,
　sôst mîn kumber manicvalt,

2 Amme, nimm das Kleine,
  damit es nicht weint.
  Wenn ich dir lieb bin,
  lindere meinen Kummer.
5 Du allein kannst mir
  meine Sorgen nehmen.
      Wigen wagen ...

XLVII

STEINMAR

Die so liebe Sommerzeit

1 "Die so liebe Sommerzeit
  hat den Kampf gegen den
  rohen Winter schon lange aufgegeben.
  Ach, ach, die kleinen Vögelchen
5 müssen jetzt traurig sein,
  verstummt ist ihr süßer Sang.
  Darüber klage ich. Ich klage auch über das Leid,
  das mir eine wonnevolle Dienstmagd antut,
  weil sie mich nicht zu sich auf den Strohsack läßt,
10 weil sie mich nicht zu sich auf den Strohsack läßt,
  wo sie es mir doch versprochen hat.

2 Groß ist mein Kummer,
  wenn mir diese reizende
  Dienstmagd nicht helfen will,
  mannigfach ist dann mein Schmerz.

5 armuot und der winter kalt
die went mir jârlanc heinlîch sîn.
armuot hât mich an ir bestem râte,
dar an nement mich wîse liute spâte,
dâ von wil si mich niht ûf ir strousac lân,
10 dâ von wil si mich niht ûf ir strousac lân
und enhân ir anders niht getân.'

3 "Friunt, ich hân iu niht getân;
swaz ich iu geheizen hân,
des mac ich iuch vil wol gewern.
ir gehiezent mir ein lîn,
5 zwêne schuohe und einen schrîn,
des wil ich von iu niht enbern.
wirt mir daz, sô wende ich iuwer swaere
– swem daz leit ist, dast mir alse maere.
sô wil ich iuch zuo mir ûf den strousac lân,
10 sô wil ich iuch zuo mir ûf den strousac lân,
sô mac er wol wiegelônde gân."

4 "Herzentrût, mîn künigîn,
sage an, liep, waz sol der schrîn?
wilt du ein saltervrouwe wesen?
liezest du die gâbe an mich,
5 ich kouft etswaz über dich:
wie wilt den winter du genesen?
du maht dich vor armuot niht bedecken,
wan dîn gulter ist von alten secken,
dâ wil ich den strousac in die stuben tragen,
10 dâ wil ich den strousac in die stuben tragen,
sô muoz oven unde bruggen erwagen."

5   Armut und der kalte Winter
    wollen mir jetzt ganz nahe sein.
    Die Armut zählt mich zu ihren besten Ratgebern,
    dazu bestellen mich kluge Leute niemals.
    Darum will sie mich nicht auf ihren Strohsack lassen,
10 darum will sie mich nicht auf ihren Strohsack lassen,
    obwohl ich ihr nichts weiter getan habe."

3   "Freund, nichts habe ich Euch angetan.
    Was ich Euch versprochen habe,
    kann ich Euch sehr wohl gewähren.
    Ihr verspracht mir ein Stück Leinen,
5   ein paar Schuhe und einen Schrein,
    das will ich Euch nicht erlassen.
    Bekomme ich das, so tröste ich Euch
    – wen das bekümmert, das ist mir gleich.
    Dann will ich Euch zu mir auf den Strohsack lassen,
10 dann will ich Euch zu mir auf den Strohsack lassen,
    dann kann er wohl ordentlich schwanken."

4   "Herzensschatz, meine Königin,
    Sag doch, Liebste, wozu brauchst du den Schrein?
    Willst du eine Betschwester werden?
    Überließest du mir die Wahl,
5   so kaufte ich dir etwas zum Überziehen.
    Wie willst du den Winter überstehen?
    Du kannst dich vor Armut nicht einmal zudecken,
    denn deine Steppdecke ist aus alten Säcken,
    und wenn ich den Strohsack dorthin in die Stube
                                        tragen will,
10 und wenn ich den Strohsack dorthin in die Stube
                                        tragen will,
    dann müssen Ofen und Bretter in Bewegung kommen."

5 "Nu lân ich iuchs allez wegen.
   ist daz wir uns zemen legen,
   sô sint ir gewaltic mîn.
   doch wil ich ê mîn geheiz
5 bî mir haben, goteweiz,
   wan ez mac niemer ê gesîn.
   seht, sô nemt mich danne bî dem beine,
   ir sunt niht erwinden, ob ich weine,
   ir sunt froelich zuo mir ûf den strousac varn,
10 ir sunt froelich zuo mir ûf den strousac varn,
   sô bit ich iuch mich vil lützel sparn."

5 "Nun gebe ich es Euch genau zu bedenken.
Wenn wir uns zusammenlegen,
dann könnt Ihr über mich verfügen.
Doch vorher will ich das Versprochene
5 gottweiß bei mir haben,
denn früher kann es niemals geschehen.
Seht, dann nehmt Ihr mich am Bein,
und Ihr sollt nicht aufhören, wenn ich weine,
Ihr sollt fröhlich zu mir auf den Strohsack ziehen,
10 Ihr sollt fröhlich zu mir auf den Strohsack ziehen.
Dann bitte ich Euch, mich kräftig herzunehmen."

Mittellateinische Texte

XLVIII

ANONYM

Floret silva nobilis

1 Floret silva nobilis
  floribus et foliis.
  ubi est antiquus
  meus amicus?
5 hinc equitavit!
  eia! quis me amabit?
  Floret silva undique;
  nah mîme gesellen ist mir wê!

2 Grûnet der walt allenthalben.
  wâ ist mîn geselle alse lange?
  der ist geriten hinnen.
  owî! wer sol mich minnen?

XLIX

ANONYM

Ich was ein chint sô wolgetân

1 Ich was ein chint sô wolgetân,
  virgo dum florebam,
  dô brist mich diu werlt al,
  omnibus placebam.
    Hoy et oe!
    maledicantur tilie
    iuxta viam posite!

ANONYM

Es blüht der herrliche Wald

1 Es blüht der herrliche Wald
   mit seinen Blumen und Blättern.
   Wo ist mein
   einstiger Freund?
5 Er ritt von hinnen!
   Ach, wer wird mich lieben?
   Der Wald blüht allenthalben;
   nach meinem Geliebten sehne ich mich!

2 Der Wald grünt allenthalben.
   Wo bleibt mein Freund so lange?
   Der ist fortgeritten.
   Ach, wer wird mich lieben?

XLIX

ANONYM

Ich war ein so hübsches Kind

1 Ich war ein so hübsches Kind,
   als ich noch Mädchen war,
   Lobes voll war da die Welt für mich,
   allen gefiel ich.
       Ach und nochmals ach,
       verwünscht seien die Linden,
       die am Wege stehn.

2 Iâ wolde ih an die wisen gân,
   flores adunare,
   dô wolde mich ein ungetân
   ibi deflorare.
       Hoy et oe ...

3 Er nam mich bî der wîzen hant,
   sed non indecenter,
   er wîst mich diu wise lanch
   valde fraudulenter.
       Hoy et oe ...

4 Er graif mir an daz wîze gewant
   valde indecenter,
   er fůrte mih bi der hant
   multum violenter.
       Hoy et oe ...

5 Er sprach: 'vrowe, gewir baz!
   nemus est remotum.'
   dirre wech, der habe haz!
   planxi et hoc totum.
       Hoy et oe ...

6 'Iz stât ein linde wolgetân
   non procul a via,
   dâ hab ich mîne herphe lân,
   tympanum cum lyra.'
       Hoy et oe ...

7 Dô er zu der linden chom,
   dixit, 'sedeamus',
   – diu minne twanch sêre den man –
   'ludum faciamus!'
       Hoy et oe ...

2 Ich wollte auf die Wiese gehn,
um Blumen zu pflücken,
da wollte mir ein Unhold
dort die Unschuld rauben.
Ach . . .

3 Er nahm mich bei der weißen Hand,
doch nicht ohne Anstand,
er führte mich die Wiese entlang
mit großer List.
Ach . . .

4 Er griff mir an das weiße Kleid
ohne jeden Anstand,
er zog mich sehr gewaltsam
an meiner Hand fort.
Ach . . .

5 Er sagte: 'Herrin, gehn wir weiter,
der Wald ist weit!'
Dieser Weg, der sei verwünscht,
klagte ich, und dies alles.
Ach . . .

6 'Es steht eine schöne Linde
nicht weit vom Wege,
dort hab ich meine Harfe gelassen,
das Tamburin und die Lyra.'
Ach . . .

7 Als er zu der Linde kam,
sagte er: 'Setzen wir uns'
– schwer setzte die Liebe dem Manne zu –,
'machen wir ein Spielchen.'
Ach . . .

8 Er graif mir an den wîzen lîp,
non absque timore,
er sprah: 'ich mache dich ein wîp,
dulcis es cum ore!'
    Hoy et oe . . .

9 Er warf mir ûf daz hemdelin,
corpore detecta,
er rante mir in daz purgelin
cuspide erecta.
    Hoy et oe . . .

10 Er nam den chocher unde den bogen,
bene venebatur!
der selbe hete mich betrogen.
'ludus compleatur!'
    Hoy et oe . . .

L

ANONYM

Exiit diluculo

1 Exiit diluculo
rustica puella
cum grege, cum baculo,
cum lana novella.

2 Sunt in grege parvulo
ovis et asella,
vitula cum vitulo,
caper et capella.

8 Er griff mir an den weißen Leib,
wenn auch nicht ohne Scheu,
er sagte: 'Ich mache dich zur Frau,
wie süß du bist mit diesem Mund!'
Ach ...

9 Er schob mir das Hemdchen hoch,
entblößte den Leib,
er erstürmte mir die kleine Burg,
mit aufgerichtetem Spieß.
Ach ...

10 Er nahm den Köcher und den Bogen,
da wurde trefflich gejagt!
Dieser Mann hatte mich betrogen.
'So sei das Spiel vollendet!'
Ach ...

L

ANONYM

In aller Frühe

1 In aller Frühe zog
ein Bauernmädchen aus
mit Herde, mit dem Stecken,
im neuen Wollrock.

2 In der kleinen Herde sind
Schaf und Eselin,
Bullenkalb mit junger Kuh,
Ziegenbock und Zicklein.

3 Conspexit in cespite
scolarem sedere:
"quid tu facis, domine?
veni mecum ludere!"

LI

ANONYM

Huc usque, me miseram!

1 Huc usque, me miseram!
rem bene celaveram
et amavi callide.

2 Res mea tandem patuit,
nam venter intumuit,
partus instat gravide.

3 Hinc mater me verberat,
hinc pater improperat,
ambo tractant aspere.

4 Sola domi sedeo,
egredi non audeo
nec inpalam ludere.

5 Cum foris egredior,
a cunctis inspicior,
quasi monstrum fuerim.

6 Cum vident hunc uterum,
alter pulsat alterum,
silent, dum transierim.

3 Im Grase sah sie
einen Studenten sitzen:
"Was machst du denn da, Herr?
Komm doch mit mir spielen!"

ANONYM

Ach, ich Arme!

1 Ach, ich Arme! Bis jetzt
hatte ich die Sache gut verborgen,
und ich habe heimlich geliebt.

2 Nun aber ist die Sache offenkundig,
denn mein Bauch ist dick geworden;
die Geburt steht kurz bevor.

3 Deshalb schlägt die Mutter mich,
deshalb tadelt mich der Vater,
beide sind sehr streng mit mir.

4 Allein sitz ich im Hause,
trau mich nicht, hinauszugehen
und mit den anderen Kurzweil zu treiben.

5 Wenn ich auf die Straße geh,
werde ich von allen gemustert,
als ob ich ein Ungeheuer wär.

6 Wenn sie diesen Bauch sehen,
stoßen sie einander an
und schweigen, bis ich vorüber bin.

7 Semper pulsant cubito,
me designant digito,
ac si mirum fecerim.

8 Nutibus me indicant,
dignam rogo iudicant,
quod semel peccaverim.

9 Quid percurram singula?
ego sum in fabula
et in ore omnium.

10 Ex eo vim patior,
iam dolore morior,
semper sum in lacrimis.

11 Hoc dolorem cumulat,
quod amicus exulat
propter illud paululum.

12 Ob patris sevitiam
recessit in Franciam
a finibus ultimis.

13 Sum in tristitia
de eius absentia
in doloris cumulum.

7 Immer stoßen sie sich mit den Ellenbogen an,
zeigen mit dem Finger auf mich,
als ob ich sonstwas getan hätte.

8 Ihre Gesten zeigen mir,
daß ich für sie den Scheiterhaufen verdiene,
weil ich einmal gesündigt habe.

9 Was soll ich einzelnes nennen?
Ich bin im Gerede,
man zerreißt sich den Mund über mich.

10 Das bedrückt mich sehr.
Ich sterbe schier vor Kummer
und weine unentwegt.

11 Mein Kummer ist um so größer,
weil der Geliebte wegen dieser Kleinigkeit
fortgehen mußte.

12 Vor dem Zorn des Vaters
ist er nach Frankreich geflohen,
von hier aus, dem Ende der Welt.

13 Traurig bin ich,
weil er fort ist,
das ist der größte Kummer.

Altprovenzalische Texte

LII

AZALAIS DE PORCAIRAGUES

Ar em al freg temps vengut

1 Ar em al freg temps vengut
    E.l gels e.l neus e la faingna
    E.l aucellet estan mut,
    C'us de chantar non s'afraingna;
5 E son sec li ram pels plais,
    Que flors ni foilla no.i nais
    Ni rossignols non i crida,
    Que l'am' e mai me reissida.

2 Tant ai lo cor deseubut
    Per qu'ieu soi a totz estraingna,
    E sai que l'om a perdut
    Molt plus tost que non gasaigna;
5 E s'ieu faill ab motz verais:
    D'Aurenga me moc l'esglais,
    Per qu'ieu n'estauc esbaïda
    E pert solatz en partida.

3 Dompna met mot mal s'amor
    Qu'ab trop ric ome plaideia,
    Ab plus aut de vavassor,
    E s'il o fai il folleia;
5 Car so dis om en Veillai
    Que ges per ricor non vai,
    E dompna que n'es chausida
    En tenc per envilanida.

4 Amic ai de gran valor
    Que sobre toz seignoreia,
    E non a cor trichador
    Vas me, que s'amor m'autreia.

AZALAIS DE PORCAIRAGUES

Nun haben wir Winter

1 Nun haben wir Winter
  mit Eis und Schnee und Schlamm,
  und die Vögelchen sind verstummt,
  keines von ihnen ist geneigt zu singen.
5 Und kahl sind die Zweige an den Hecken,
  weder Blüte noch Blatt wächst dort,
  und auch die Nachtigall singt dort nicht,
  die im Mai meine Seele weckt.

2 So sehr enttäuscht bin ich im Herzen,
  daß ich allen gegenüber abweisend bin;
  und ich weiß, daß man viel schneller
  verloren hat als daß man gewinnt.
5 Und wenn ich auch mit wahren Worten irre:
  von Orange her rührte mein Schmerz,
  darum bin ich bestürzt
  und verliere einen Teil meiner Freude.

3 Eine Frau handelt sehr schlecht in der Liebe,
  wenn sie sich mit einem zu ranghohen Mann einläßt,
  einem, der höher steht als ein niederer Lehnsmann.
  Wenn sie das aber tut, ist sie töricht;
5 denn man sagt im Velay,
  daß die Liebe nicht nach Rang und Reichtum geht,
  und wenn eine Frau ihre Wahl so trifft,
  verliert sie für mich ihre Ehre.

4 Ich habe einen Freund mit vorzüglichen Qualitäten,
  der allen anderen überlegen ist,
  und er hat mir gegenüber kein trügerisches Herz,
  denn er schenkt mir seine Liebe.

₅ Ieu dic que m'amors l'eschai,
E cel que ditz que non fai
Dieus li don mal' escarida,
Qu'ieu m'en teing fort per guerida.

5 Bels amics, de bon talan
Son ab vos toz jornz en gatge,
Cortez'e de bel semblan,
Sol no.m demandes outratge;
₅ Tost en venrem a l'assai
Qu'en vostra merce.m metrai:
Vos m'avetz la fe plevida
Que no.m demandes faillida.

6 A Dieu coman Belesgar
E.n plus la ciutat d'Aurenga
E Glorïet'e.l caslar –
E lo seignor de Proenza
₅ E tot can vol mon ben lai –
E l'arc on son fag l'assai.
Celui perdiei c'a ma vida
E.n serai toz jornz marrida!

7 Joglar, que avetz cor gai,
Ves Narbona portatz lai
Ma chanson ab la fenida
Lei cui Jois e Joven guida.

5 Ich erkläre, daß auch meine Liebe ihm gehört,
und wer behauptet, daß dies nicht stimmt,
dem soll Gott ein schlimmes Los bescheren,
ich aber halte mich dadurch für geheilt.

5 Schöner Freund, bereitwillig
verspreche ich mich Euch für immer,
höfisch und hübsch wie ich bin,
nur dürft Ihr nichts Ehrenrühriges von mir verlangen.
5 Bald werden wir die Probe machen,
denn ich werde mich in Eure Gnade ergeben:
Ihr habt mir den Eid geschworen,
daß Ihr nichts Unrechtes von mir verlangen werdet.

6 Gott schütze Beauregard
und auch die Stadt Orange
und Gloriette und die Burg –
und den Herrn von Provence
5 und alles, was mir wohl will dort –
und den Triumphbogen, auf dem die Kampfszenen
                                        abgebildet sind.
Ich verlor den, der mein Leben hat,
und darüber werde ich immer traurig sein.

7 Joglar, der Ihr fröhlich seid,
dorthin nach Narbonne bringt
mein Lied mit dieser Tornada,
zu ihr, bei der Freude und Jugend herrschen.

LIII

Comtessa de Dia

Fin ioi me don' alegranssa

1 Fin ioi me don' alegranssa
　 per qu'eu chan plus gaiamen,
　 e no m'o teing a pensanssa
　 ni a negun penssamen,
5 car sai que son a mon dan
　 fals lausengier e truan,
　 e lor mals diz non m'esglaia,
　 anz en son dos tanz plus gaia.

2 En mi non an ges fianssa
　 li lauzengier mal dizen,
　 c'om non pot aver honranssa
　 qu'a ab els acordamen,
5 qu'ist son d'altrestal semblan
　 com la niuols que s'espan
　 qe.l solels en pert sa raia,
　 per qu'eu non am gent savaia.

3 E vos, gelos mal parlan,
　 no.s cuges que m'an tarçan
　 que iois e iovenz no.m plaia,
　 per tal que dols vos deschaia.

COMTESSA DE DIA

Wahre Freude schenkt mir Frohsinn

1 Wahre Freude schenkt mir Frohsinn,
  darum singe ich um so fröhlicher,
  und es macht mir keinen Kummer
  oder irgendeine Sorge,
5 denn ich weiß, daß falsche und betrügerische
  Verleumder auf meinen Schaden aus sind,
  aber ihr böses Gerede macht mir keine Furcht,
  vielmehr macht es mich doppelt fröhlich.

2 Bei mir finden die falschzüngigen
  Schmeichler überhaupt keinen Glauben,
  denn man kann keine Ehre haben,
  wenn man mit ihnen übereinstimmt;
5 sie gleichen
  der Wolke, die sich ausbreitet,
  so daß die Sonne ihre Strahlkraft einbüßt;
  darum mag ich dieses üble Volk nicht.

3 Und ihr, ihr übelrednerischen Neider,
  glaubt ja nicht, daß ich zögere,
  Gefallen an Freude und Jugend zu finden,
  auf daß euch das Leid zugrunde richte.

Comtessa de Dia

Ab ioi et ab ioven m'apais

1 Ab ioi et ab ioven m'apais
 e iois e iovens m'apaia,
 car mos amics es lo plus gais
 per q'ieu sui coindet' e gaia;
5 e pois eu li sui veraia
 bei.s taing q'el me sia verais,
 c'anc de lui amar no m'estrais
 ni ai cor que m'en estraia.

2 Mout mi plai car sai que val mais
 sel q'ieu plus desir que m'aia,
 e cel que primiers lo m'atrais
 Dieu prec que gran ioi l'atraia;
5 e qui que mal l'en retraia,
 no.l creza, fors so qu'ie.l retrais:
 c'om cuoill maintas vetz los balais
 ab q'el mezeis se balaia.

3 E dompna q'en bon pretz s'enten
 deu ben pausar s'entendenssa
 en un pro cavallier valen,
 pois ill conois sa valenssa,
5 que l'aus amar a presenssa;
 e dompna, pois am' a presen,
 ia pois li pro ni.ll avinen
 no.n dirant mas avinenssa.

COMTESSA DE DIA

Von Freude und Jugend nähre ich mich

1 Von Freude und Jugend nähre ich mich,
  und Freude und Jugend sind meine Nahrung,
  denn mein Freund ist fröhlicher als die anderen,
  darum bin ich freundlich und fröhlich.
5 Und da ich ihm gegenüber aufrichtig bin,
  ist es wohl recht, daß er es auch mir gegenüber ist.
  Denn niemals werde ich aufhören, ihn zu lieben,
  noch habe ich den Wunsch, damit aufzuhören.

2 Es freut mich sehr zu wissen, daß er die größten Vorzüge
                              hat,
  er, von dem ich so sehr wünsche, daß er mich besitze.
  Und dem, der ihn zuerst zu mir bringt,
  dem schenke Gott, darum bitte ich ihn, große Freude;
5 und wer immer ihm etwas Schlechtes vorwirft,
  dem soll er nicht glauben, außer, wenn ich es bin,
  denn manchesmal sammelt einer die Ruten,
  mit denen er sich selbst schlägt.

3 Und eine Frau, die sich auf wahren Wert versteht,
  muß ihre Zuneigung einem
  edlen, tüchtigen Ritter schenken;
  sobald sie seinen Wert erkannt hat,
5 soll sie es wagen, ihn offen zu lieben.
  Und wenn eine Frau ihre Liebe offen zeigt,
  dann werden die Vornehmen und Angenehmen
  nur Angenehmes darüber sagen.

4 Q'ieu n'ai chausit un pro e gen
   per cui pretz meillur'e genssa,
   larc e adreig e conoissen,
   on es sens e conoissenssa;
5 prec li qe m'aia crezenssa,
   ni hom no.l puosca far crezen
   q'ieu fassa vas lui faillimen,
   sol non trob en lui faillensa.

5 Floris, la vostra valenssa
   saben li pro e li valen,
   per q'ieu vos qier de mantenen,
   si.us plai, vostra mantenensa.

LV

COMTESSA DE DIA

A chantar m'er de so q'ieu no volria

1 A chantar m'er de so q'ieu no volria,
   tant me rancur de lui cui sui amia
   car eu l'am mais que nuilla ren que sia;
   vas lui no.m val merces ni cortesia,
5 ni ma beltatz, ni mos pretz, ni mos sens,
   c'atressi.m sui enganad'e trahia
   cum degr'esser, s'ieu fos desavinens.

4 Ich habe einen gewählt, der tüchtig und vornehm ist,
durch den Ruhm an Glanz gewinnt und wächst,
er ist freigebig und gerecht und klug
und besitzt Verstand und Bildung.
5 Ich bitte ihn, mir Glauben zu schenken
und daß keiner ihn glauben machen kann,
ich würde mir etwas gegen ihn zuschulden kommen
lassen,
vorausgesetzt, daß ich auch bei ihm keine Schuld finde.

5 Floris, Eure Vorzüge
sind bei den Vornehmen und Tüchtigen bekannt,
darum bitte ich Euch jetzt,
wenn es Euch recht ist, um Eure Unterstützung.

LV

COMTESSA DE DIA

Ich muß singen, worüber ich nicht singen möchte

1 Ich muß singen, worüber ich nicht singen möchte,
so sehr bekümmert mich der, dessen Freundin ich bin,
denn ich liebe ihn mehr als alles auf der Welt.
Bei ihm nützen mir weder Entgegenkommen noch
höfische Art,
5 noch meine Schönheit, mein Ansehen und meine
Klugheit,
denn ich bin ebenso betrogen und verraten,
wie wenn ich unfreundlich wäre.

2 D'aisso.m conort car anc non fi faillenssa,
amics, vas vos per nuilla captenenssa,
anz vos am mais non fetz Seguis Valenssa,
e platz mi mout qez eu d'amar vos venssa,
5 lo mieus amics, car etz lo plus valens;
mi faitz orguoill en digz et en parvenssa
e si etz francs vas totas autras gens.

3 Merauill me cum vostre cors s'orguoilla,
amics, vas me, per q'ai razon qe.m duoilla;
non es ges dreitz c'autr'amors vos mi tuoilla
per nuilla ren qe.us diga ni.us acuoilla;
5 e membre vos cals fo.l comensamens
de nostr'amor, ia Dompnidieus non vuoilla
q'en ma colpa sia.l departimens!

4 Proesa grans q'el vostre cors s'aizina
e lo rics pretz q'avetz m'an atayna,
c'una non sai loindana ni vezina
si vol amar vas vos non si' aclina;
5 mas vos, amics, etz ben tant conoisens
que ben devetz conoisser la plus fina,
e membre vos de nostres covinens.

5 Valer mi deu mos pretz e mos paratges
e ma beutatz e plus mos fis coratges,
per q'ieu vos mand lai on es vostr' estatges
esta chansson que me sia messatges:
5 e vuoill saber, lo mieus bels amics gens,
per que vos m'etz tant fers ni tant salvatges,
non sai si s'es orguoills o mals talens.

6 Mas aitan plus vos diga lo messages
q'en trop d'orguoill ant gran dan maintas gens.

2 Ich tröste mich damit, daß ich nie in irgendeiner Weise,
Freund, gegen Euch gefehlt habe,
vielmehr liebe ich Euch mehr als Seguis Valensa,
und es freut mich sehr, daß ich Euch im Lieben besiege,
5 mein Freund, denn Ihr seid unvergleichlich an Wert.
Kühl zeigt Ihr Euch mir mit Wort und Miene,
während Ihr zu allen anderen Leuten freundlich seid.

3 Es wundert mich, daß Ihr so abweisend zu mir seid,
Freund, darum habe ich Grund, traurig zu sein.
Es ist nicht recht, daß eine andere Liebe mir Euch raube,
wie immer sie zu Euch sprechen und Euch
empfangen mag.
5 Erinnert Euch doch, wie es am Anfang
unserer Liebe war! Verhüte Gott,
daß ich Schuld an der Trennung trage!

4 Die außerordentliche Tüchtigkeit, die in Euch wohnt,
und das hohe Ansehen, das Ihr habt, beunruhigen mich,
denn nicht eine kenne ich, ob nah oder fern,
die, wenn sie wünschte zu lieben, Euch nicht geneigt
wäre.
5 Aber Ihr, Freund, seid gewiß so sicher im Urteil,
daß Ihr die Beste wohl kennen müßt.
Und denkt an unsere Abmachung!

5 Nützen sollten mir mein Ansehen und mein Adel
und meine Schönheit und mehr noch mein edles Herz.
Deshalb sende ich Euch dieses Lied dorthin,
wo Euer Aufenthalt ist, damit es mir als Bote diene.
5 Und ich möchte wissen, mein schöner, lieber Freund,
warum Ihr so stolz und so grausam zu mir seid,
ich weiß nicht, ob aus Hochmut oder bösem Willen.

6 Aber um so mehr will ich, Bote, daß du ihm sagst,
daß viele Leute sich durch zuviel Stolz oft sehr schaden.

Comtessa de Dia

Estat ai en greu cossirier

1 Estat ai en greu cossirier
  per un cavallier q'ai agut,
  e vuoill sia totz temps saubut
  cum eu l'ai amat a sobrier;
5 ara vei q'ieu sui trahida
  car eu non li donei m'amor,
  don ai estat en gran error
  en lieig e qand sui vestida.

2 Ben volria mon cavallier
  tener un ser e mos bratz nut,
  q'el sen tengra per ereubut
  sol q'a lui fezes cosseillier;
5 car plus m'en sui abellida
  no fetz Floris de Blanchaflor:
  eu l'autrei mon cor e m'amor
  mon sen, mos huoills e ma vida.

3 Bels amics, avinens e bos,
  cora.us tenrai e mon poder?
  e que iagues ab vos un ser
  e qe.us des un bais amoros!
5 sapchatz gran talan n'auria
  qe.us tengues en luoc del marit,
  ab so que m'aguessetz plevit
  de far tot so qu'eu volria.

COMTESSA DE DIA

Ich hatte große Sorge und Kummer

1 Ich hatte große Sorge und Kummer
  eines Ritters wegen, der einst mein war,
  und ich will, daß man für alle Zeiten weiß,
  wie übermäßig ich ihn geliebt habe.
5 Nun sehe ich, daß ich verraten bin,
  weil ich ihm nicht meine Liebe schenkte.
  Deshalb habe ich schwer gelitten,
  Tag und Nacht.

2 Ich wünschte wohl, meinen Ritter
  einen Abend nackt in meinen Armen zu halten,
  und ich wollte, daß er sich glücklich schätzte,
  allein darum, daß ich ihm als Kissen diente.
5 Denn ich bin verliebter in ihn
  als Floris in Blanchefleur,
  ich schenke ihm mein Herz und meine Liebe,
  meinen Sinn, meine Augen und mein Leben.

3 Schöner, höfischer, lieber Freund,
  wann werde ich über Euch verfügen können?
  Wenn ich doch einen Abend bei Euch liegen
  und Euch einen zärtlichen Kuß geben könnte!
5 Glaubt mir, ich hätte große Lust,
  Euch anstelle des Ehemannes zu haben –
  vorausgesetzt, daß Ihr mir geschworen hättet,
  alles zu tun, was ich wünschte.

Raimbaut d'Orange

Amics, en gran cossirier

1 "Amics, en gran cossirier
   Suy per vos, et en greu pena;
   E del mal q'ieu en sufier
   No cre que vos sentatz guaire.
5 Doncx, per que.us metetz amaire,
   Pus a me laissatz tot lo mal?
   Quar amdui no.l partem egual?"

2 "Don', Amors a tal mestier,
   Pus dos amicx encadena,
   Que.l mal q'an e l'alegrier
   Sen chascus, so.ill es vejaire.
5 Qu'ieu pens, e non suy guabaire,
   Que la dura dolor coral
   Ai eu tota a mon cabal."

3 "Amicx, s'acsetz un cartier
   De la dolor que.m malmena,
   Be viratz mon encombrier;
   Mas no.us cal del mieu dan guaire;
5 Que – quar no m'en puesc estraire –
   Cum que.m an vos es cominal –
   An me ben o mal atretal."

4 "Dompna, quar yst lauzengier,
   Que m'an tout sen et alena,
   Son uostr' anguoyssos guerrier
   Lays m'en, non per tala vaire;
5 Qu'ar no us suy pres, qu'ab lur braire

RAIMBAUT D'ORANGE

Freund, in großer Sorge

1 "Freund, in großer Sorge
   bin ich wegen Euch, und schwer bekümmert;
   und von dem Leid, das ich erdulde,
   glaube ich nicht, daß Ihr auch nur etwas spürt.
5 Also, warum gebt Ihr Euch als Liebender aus,
   wenn Ihr alles Leid mir überlaßt?
   Sollten wir es beide nicht zu gleichen Teilen tragen?"

2 "Herrin, mit der Liebe hat es folgende Bewandtnis:
   Wenn sie zwei Liebende mit ihren Fesseln bindet,
   dann fühlt jeder, so scheint es ihm,
   das Leid und auch die Freude.
5 Ich aber denke, und ich scherze nicht,
   daß ich die bittere Herzensqual
   ganz auf meiner Seite habe."

3 "Freund, wenn Ihr ein Viertel
   von dem Schmerz hättet, der mich quält,
   würdet Ihr meine Not wohl verstehen,
   aber Euch kümmert mein Leid überhaupt nicht,
5 und – denn ich kann mich ihm nicht entziehen –
   es ist Euch ganz gleich, wie es um mich steht,
   sei's gut oder auch schlecht."

4 "Herrin, weil diese Übelredner,
   die mir Verstand und Leben nehmen,
   Eure erbitterten Feinde sind,
   halte ich mich zurück, nicht etwa aus Unbeständigkeit.
5 Denn ich bin jetzt nicht bei Euch, weil sie mit ihrem
                          Gerede

Vos an bastit tal joc mortal
Que no jauzem jauzen jornal."

5 "Amicx, nulh grat no.us refier,
Quar ia.l mieus dans vos refrena
De vezer me, que.us enquier.
E si vos faitz plus guardaire
5 Del mieu dan qu'ieu no vuelh faire,
Be.us tenc per sobreplus leyal
Que no son silh de l'Espital."

6 "Dona, ieu tem a sobrier –
Qu'aur perdi, e vos arena –
Que per dig de lauzengier
Nostr'amors tornes en caire;
5 Per so dey tener en guaire
Trop plus que vos, per Sanh Marsal,
Dar etz la res que mais me val."

7 "Amicx, tan vos sai leugier
En fait d'amoroza mena
Qu'ieu cug que de cavalier
Siatz devengutz camjayre;
5 E deg vos o ben retraire
Quar ben paretz que pessetz d'al
Pos del mieu pensamen no.us cal."

8 "Dona, ja mais espervier
No port, ni cas ab serena,
S'anc pueys que.m detz joi entier
Fui de nulh'autr' enquistaire;
5 Ni no suy aital bauzaire,
Mas per enveja.l deslial
M'o alevon e.m fan venal."

Euch in so tödliche Gefahr gebracht haben,
daß wir keinen genußvollen Tag genießen."

5 "Freund, keinen Dank sage ich Euch dafür,
daß die Rücksicht auf mich Euch daran hindert,
mich aufzusuchen, obwohl ich Euch darum bitte.
Und wenn Ihr Euch zu einem eifrigeren Wächter
5   über mein Ansehen macht, als ich es selbst zu sein
                                         wünsche,
dann halte ich Euch allerdings für einen weitaus
größeren Ehrenmann als einen Ordensritter."

6 "Herrin, ich fürchte über die Maßen –
denn ich verliere Gold und Ihr nur Sand –,
daß durch das Gerede der Lügner
unsere Liebe eine schlimme Wende nimmt,
5   darum muß ich auf der Hut sein,
weit mehr als Ihr, beim heiligen Martial!
Denn Ihr seid es, die mir mehr als alles andere bedeutet."

7 "Freund, ich weiß, daß Ihr so leichtfertig
in Liebesdingen seid,
daß ich meine, Ihr habt Euch von einem Ritter
in einen 'Wechsler' verwandelt.
5   Und ich muß Euch dies wohl vorhalten,
denn Ihr scheint an etwas anderes zu denken,
da Euch mein Leid gleichgültig ist."

8 "Herrin, niemals mehr will ich einen Sperber
halten oder mit dem Falken jagen,
wenn ich, seit ich Euch ganz genießen durfte,
je um irgendeine andere geworben habe;
5   solch ein Betrüger bin ich nicht.
Aber aus Neid sagen mir die Falschen
das nach und verunglimpfen mich."

9 "Amicx, creirai vos per aital
   Qu' aissi.us aya tostemps leyal."

10 "Dona, aissi m'auretz leyal,
    Que ja mais non pensarai d'al."

LVIII

Maria von Ventadorn und Gui d'Ussel

Gui d'Ussel, be.m pesa de vos

1 "Gui d'Ussel, be.m pesa de vos
   Car vos etz laissatz de chantar,
   E car vos i volgra tornar,
   Per que sabetz d'aitals razos,
5 Vuoill qe.m digatz si deu far egalmen
   Dompna per drut, can lo qier francamen,
   Cum el per lieis tot cant taing ad amor
   Segon los dreitz que tenon l'amador."

2 "Dompna Na Maria, tenssos
   E tot cant cujava laissar;
   Mas aoras non posc estar
   Qu'ieu non chant als vostres somos;
5 E respon vos de la dompna breumen
   Que per son drut deu far comunalmen
   Cum el per lieis ses garda de ricor:
   Qu'en dos amics non deu aver major."

3 "Gui, tot so don es cobeitos
   Deu drutz ab merce demandar,
   E dompna pot o comandar,
   E deu ben pregar a sazos;

178

9 "Freund, ich werde Euch glauben,
damit Ihr immer so treu und aufrichtig zu mir seid."

10 "Herrin, Ihr werdet mich so treu und aufrichtig finden,
daß ich niemals an etwas anderes denken werde."

LVIII

Maria von Ventadorn und Gui d'Ussel

Gui d'Ussel, Ihr betrübt mich sehr

1 "Gui d'Ussel, Ihr betrübt mich sehr,
weil Ihr das Singen aufgegeben habt,
und da ich Euch wieder dazu bewegen möchte,
weil Ihr Euch auf solche Dinge versteht,
5 will ich, daß Ihr mir sagt, ob eine Dame
für den Geliebten, wenn er sanft darum bittet,
ebenso alles tun muß in der Liebe wie er für sie,
nach den Gesetzen, die unter Liebenden herrschen."

2 "Madame Maria, Streitgedichte
und allen Sang wollte ich eigentlich lassen;
aber nun kann ich nicht anders,
als daß ich singe, da Ihr mich darum bittet.
5 Was die Dame betrifft, so antworte ich Euch kurz,
daß sie für den Geliebten das gleiche tun muß
wie er für sie, ohne Rücksicht auf den gesellschaftlichen
                                        Rang,
denn unter zwei Freunden darf keine Ungleichheit sein."

3 "Gui, alles, wonach sein Verlangen steht,
muß ein Geliebter demütig erbitten,
und die Dame kann es ihm gewähren,
und manchmal soll auch sie wohl bitten;

179

5 E.l drutz deu far precs e comandamen
   Cum per amiga a per dompna eissamen,
   E.il dompna deu a son drut far honor
   Cum ad amic, mas non cum a seignor."

4 "Dompna, sai dizon de mest nos
   Que, pois que dompna vol amar,
   Engalmen deu son drut onrar,
   Pois engalmen son amoros;
5 E s'esdeven que l'am plus finamen,
   E.l faichs, els dichs en deu far aparen,
   E si ell' a fals cor ni trichador,
   Ab bel semblan deu cobrir sa follor."

5 "Gui d'Ussel, ges d'aitals razos
   Non son li drut al comenssar,
   Anz ditz chascus, qan vol prejar
   Mans jointas e de genolos:
5 'Dompna, voillatz qe.us serva franchamen
   Cum lo vostr'om;' et ella enaissi.l pren;
   Eu vo.l jutge per dreich a trahitor,
   Si.s rend pariers ei.s det per servidor."

6 "Dompna, so es plaich vergoignos,
   Ad ops de dompn'a razonar
   Que cellui non teigna per par
   Ab cui a faich un cor de dos;
5 O vos diretz, e no.us estara gen,
   Que.l drutz la deu amar plus finamen;
   O vos diretz qu'il son par entre lor;
   Que ren no.lh deu drutz mas per amor."

5 und der Mann muß ihre Bitten und Befehle ausführen,
   als ob sie seine Freundin und zugleich seine Gebieterin
                                                   wäre,
   die Dame aber soll den Geliebten wie
   einen Freund ehren, nicht wie einen Gebieter."

4 "Madame, man sagt hier bei uns,
   daß, wenn eine Frau lieben will,
   sie den Geliebten ebenso ehren soll wie er sie,
   da sie gleichermaßen verliebt sind.
5 Und wenn es so kommt, daß sie ihn mehr liebt,
   soll sie es in Wort und Tat zeigen,
   wenn ihr Herz aber falsch und trügerisch ist,
   soll sie ihre Torheit hinter einer freundlichen Miene
                                               verbergen."

5 "Gui d'Ussel, am Anfang verhalten sich
   verliebte Männer keineswegs nach solchen Regeln,
   vielmehr sagt dann jeder, wenn er werben will,
   mit gefalteten Händen und auf den Knien:
5 'Herrin, erlaubt, daß ich Euch ergeben
   als Euer Lehnsmann diene!' Unter diesen Umständen
                                            nimmt sie ihn.
   Ich betrachte ihn Euch gegenüber mit gutem Grund als
                                               Verräter,
   wenn er Gleichheit beansprucht, nachdem er sich zum
                                       Diener erklärt hat."

6 "Madame, es ist eine Schande,
   zugunsten einer Dame zu argumentieren,
   die den nicht für gleich halten will,
   mit dem sie zwei Herzen zu einem vereint hat.
5 Entweder Ihr sagt, und das wäre nicht nett von Euch,
   daß der Mann sie mehr lieben muß,
   oder Ihr sagt, daß sie füreinander gleich sind,
   denn nichts schuldet ihr der Liebende außer aus Liebe."

LIX

Raimbaut de Vaqueiras

Altas undas que venez suz la mar

1 Altas undas que venez suz la mar,
   que fay lo vent çay e lay demenar,
   de mun amic sabez novas comtar,
   qui lay passet? No lo vei retornar!
     Et oy Deu, d'amor!
      Ad hora.m dona joi et ad hora dolor!

2 Oy, aura dulza, qui vens dever lai
   un mun amic dorm e sejorn' e jai,
   del dolz aleyn un beure m'aporta.y!
   La bocha obre, per gran desir qu'en ai.
     Et oy Deu . . .

3 Mal amar fai vassal d'estran païs,
   car en plor tornan e sos jocs e sos ris.
   Ja, nun cudey mun amic me trays,
   qu'eu li doney ço que d'amor me quis.
     Et oy Deu . . .

RAIMBAUT DE VAQUEIRAS

Ihr hohen Wellen, die ihr über das Meer kommt

1 Ihr hohen Wellen, die ihr über das Meer kommt,
die der Wind bald hierhin, bald dorthin treibt,
habt ihr Neues von meinem Freund zu erzählen,
der dort hinüberzog? Ich sehe ihn nicht zurückkehren!
   Ach, Gott! Die Liebe,
   bald schenkt sie mir Freude und bald Leid.

2 O du sanfter Wind, der du von dorther kommst,
wo mein Freund schläft und lebt und ruht,
bring mir einen Zug von seinem süßen Atem!
Ich öffne den Mund, so große Sehnsucht habe ich
                        danach.
   Ach, Gott! Die Liebe ...

3 Es tut weh, einen Ritter aus fremdem Land zu lieben,
denn seine Scherze und sein Lächeln werden zu Tränen.
Niemals glaubte ich, daß mein Freund mich verraten
                       werde,
denn ich schenkte ihm das, worum er mich aus Liebe
                       bat.
   Ach, Gott! Die Liebe ...

Altfranzösische Texte

Anonym

Lasse, por quoi refusai

1   Lasse, por quoi refusai
    Celüi qui tant m'a amee?
    Lonc tens a a moi musé
    Et n'i a merci trouvee.
5   Lasse, si très dur cuer ai!
    Qu'en dirai?
    Forsenee
    Fui, plus que desvee
    Quant le refusai.
        G'en ferai
        Droit a son plesir
        S'il m'en daigne oïr.

2   Certes, bien me doi clamer
    Et lasse et maleüree,
    Quant cil ou n'a point d'amer
    Fors grant douçor et rosee
5   Tant doucement me pria
    Et n'i a
    Recouvree
    Merci: Forsenee
    Fui quant ne l'amai.
        G'en ferai . . .

3   Bien deüst avoir trouvé
    Merci, quant l'a demandee
    Certes, mal en ai ouvré
    Quant je la li ai veee;
5   Mout m'a mis en grant esmai,
    G'en morrai,

Anonym

Ich Unglückliche, warum verschmähte ich

1 Ich Unglückliche, warum verschmähte ich
 den, der mich so sehr liebte?
 Lange hat er mich umworben
 und keine Gnade gefunden.
5 Ich Unglückliche, wie grausam mein Herz ist!
 Was soll ich sagen?
 Nicht bei Sinnen
 war ich, mehr als töricht,
 als ich ihn abwies.
    Ich werde
    seinem Wunsch nachgeben,
    wenn er bereit ist, mich anzuhören.

2 Ja, ich muß mich wohl
 für unglücklich und unselig erklären,
 daß jener, der gar nichts Bitteres an sich hat,
 sondern nur große Süße und Tau,
5 mich so zärtlich bat
 und doch dabei
 keine Gnade
 erlangte: Nicht bei Sinnen
 war ich, daß ich ihn nicht liebte.
    Ich werde ...

3 Er hätte wahrhaftig Gnade finden
 müssen, als er darum bat,
 ja, ich habe schlecht gehandelt,
 als ich sie ihm verweigerte;
5 in große Unruhe hat es mich gestürzt.
 Sterben werde ich daran,

S'accordee
Sans grant demoree
A lui ne serai.
   G'en ferai ...

4 A toz ceus qui l'ont grevé
   Dont Dex si fort destinée
   Qu'ils aient les euz crevez
   Et les oreilles coupees:
5 Ensi ma dolor perdrai
   Et dirai:
   Gen desvee
   Ma joie est doublee
   Et se meffet ai,
      G'en ferai ...

5 Chançon, va sanz delaier
   A celui qui tant m'agree
   Por Deu li pri et requier
   Viengne a moi sanz demoree
5 En sa merci me metrai,
   Tost avrai
   Pès trovee
   Se li agree,
   Que trop mal trai,
      G'en ferai ...

wenn ich nicht
sehr bald
ihm gehören werde.
   Ich werde ...

4 Allen, die ihm Leid zugefügt haben,
gebe Gott ein so schlimmes Los,
daß ihnen die Augen ausgekratzt
und die Ohren abgeschnitten werden.
5 So wird mein Kummer vergehen,
und ich werde sagen:
Doppelte Freude habe ich
in meiner süßen Torheit,
und wenn ich gefehlt habe,
   werde ich ...

5 Lied, mach dich eilends auf
zu dem, der mir so sehr gefällt,
bitte und ersuche ihn bei Gott,
daß er unverzüglich zu mir komme.
5 In seine Gnade werde ich mich ergeben,
bald werde
ich Ruhe finden,
wenn es ihm gefällt,
denn zu großen Kummer habe ich.
   Ich werde ...

LXI

Anonym

Jherusalem, grant damage me fais

1 Jherusalem, grant damage me fais,
  Qui m'as tolu ce que je plus amoie;
  Sachiez de voir ne vos amerai mais,
  Quar c'est la rienz dont j'ai plus male joie,
5 Et bien souvent en sospir et pantais,
  Si qu'a bien pou que vers Deu ne m'irais
  Qui m'a osté de grant joie ou j'estoie.

2 Biaus dous amis, cum porrois endurer
  La grant painne por moi en mer salee,
  Quant rienz qui soit ne porroit deviser
  La grant dolor qui m'est el cuer entree?
5 Quant me remembre del douz viaire cler
  Que je soloie baisier et acoler,
  Grant merveille est que je ne sui dervee.

3 Si m'aït Dex, ne puis pas eschaper;
  Morir m'estuet, teus est ma destinee;
  Si sai de voir que qui muert por amer
  Trusques a Deu n'a pas c'une jornee.
5 Lasse, mieuz vueil en tel jornee entrer,
  Que je puisse mon douz ami trover,
  Que je ne vueill ci remaindre esgaree.

ANONYM

Jerusalem, großes Leid tust du mir an

1 Jerusalem, großes Leid tust du mir an,
  weil du mir das genommen hast, was ich am meisten
                 liebte.
  Seid sicher, daß ich Euch nicht mehr lieben werde,
  denn nichts anderes vergällt mir so sehr meine Freude.
5 Und sehr oft seufze und klage ich darüber,
  so daß nicht viel fehlt und ich Gott zürne,
  der mich aus großer Freude riß, in der ich lebte.

2 Schöner, lieber Freund, wie könntest du den großen
  Kummer um mich ertragen, auf dem salzigen Meer,
  da doch nichts auf der Welt den großen Schmerz
  lindern könnte, der mir ins Herz eindrang?
5 Wenn ich an das liebe, klare Gesicht denke,
  das ich so oft küßte und an mich drückte,
  dann ist es ein großes Wunder, daß ich nicht den
                 Verstand verliere.

3 Gott schütze mich, ich weiß nicht ein noch aus,
  sterben muß ich, das ist mein Los;
  ich weiß ja sicher, daß, wer aus Liebe stirbt,
  zu Gott nicht länger braucht als einen Tag.
5 Ach, lieber möchte ich den Tag erleben,
  an dem ich meinen Liebsten wiedersehen kann,
  als daß ich hier ohne Trost zurückbleiben will.

LXII

ANONYM

Entre moi et mon amin

1 Entre moi et mon amin,
  En un boix k'est leis Betune,
  Alainmes juwant mairdi
  Toute lai nuit a la lune,
5 Tant k'il ajornait
  Et ke l'alowe chantait
  Ke dit: "Amins, alons an",
  Et il respont doucement:
     'Il n'est mie jours,
     Saverouze au cors gent,
     Si m'aït amors,
     L'alowette nos mant.'

2 Adont ce trait pres de mi,
  Et je ne fu pas anfruine;
  Bien trois fois me baixait il,
  Ainsi fix je lui plus d'une,
5 K'ainz ne m'anoiait.
  Adonc vocexiens nous lai
  Ke celle nuit durest sant,
  Mais ke plus n'alest dixant:
     'Il n'est mie jours . . .'

ANONYM

Wir beide, ich und mein Liebster

1 Wir beide, ich und mein Liebster,
  gingen in einen Wald bei Béthune,
  am Dienstag, um uns zu vergnügen,
  die ganze Nacht hindurch im Schein des Mondes,
5 bis es Tag wurde
  und die Lerche sang
  und ich sagte: "Liebster, gehen wir!"
  und er sanft erwidert:
      'Es ist noch gar nicht Tag,
      du Herrliche, du Graziöse,
      bei meiner Liebe,
      die Lerche lügt.'

2 Dann schmiegte er sich an mich,
  und ich war darüber nicht verstimmt,
  wohl dreimal küßte er mich,
  wie auch ich ihn mehr als einmal,
5 bevor es mich verdroß.
  Da hätten wir gewünscht,
  daß diese Nacht hundertfach währte
  und er weiter sagen würde:
      'Es ist noch gar nicht Tag ...'

LXIII

ANONYM

Bele Yolanz

1 Bele Yolanz en chambre koie
   sor ses genouz pailes desploie:
   co'st un fil d'or, l'autre de soie.
   sa male mere la chastoie.
       "chastoi vos en, bele Yolanz.

2 Bele Yolanz, je vos chastoi:
   ma fille estes, faire lo doi."
   "ma dame mere, et vos de coi?"
   "je le vos dirai per ma foi:
       chastoi vos en, bele Yolanz."

3 "Mere, de coi me chastoiez?
   est ceu de coudre ou de taillier,
   ou de filer ou de broissier?
   ou se c'est de trop somillier?"
       "chastoi vos en, bele Yolanz.

4 Ne de coudre ne de taillier
   ne de filer ne de broissier,
   ne ceu n'est de trop somillier;
   mais trop parler au chevalier.
       chastoi vos en, bele Yolanz.

5 Trop parlez au conte Mahi,
   si en poise vostre mari:
   dolanz en est, jel vos affi.
   nel faites mais, je vos en pri.
       chastoi vos en, bele Yolanz."

ANONYM

Die schöne Yolande

1 Die schöne Yolande breitet still im Zimmer
Seidenstoff über ihre Knie aus,
sie näht mit einem Faden aus Gold und mit einem
anderen aus Seide.
Ihre strenge Mutter tadelt sie.
"Ich tadle Euch dafür, schöne Yolande.

2 Schöne Yolande, ich tadle Euch;
Ihr seid meine Tochter, ich muß es tun."
"Meine Frau Mutter, und warum das?"
"Ich werd's Euch sagen, das könnt Ihr mir glauben,
ich tadle Euch dafür, schöne Yolande."

3 "Mutter, aber wofür tadelt Ihr mich?
Ist es wegen des Nähens oder des Schneidens
oder des Spinnens oder des Stickens
oder vielleicht wegen des zu langen Schlafens?"
"Ich tadle Euch dafür, schöne Yolande.

4 Aber nicht wegen des Nähens oder des Schneidens
oder des Spinnens oder des Stickens
und auch nicht wegen des zu langen Schlafens,
sondern weil Ihr zu viel mit dem Ritter sprecht.
Dafür tadle ich Euch, schöne Yolande.

5 Ihr sprecht zuviel mit dem Grafen Mahi,
und das gefällt Eurem Ehemann nicht,
es bekümmert ihn, das versichere ich Euch.
Tut es nicht wieder, darum bitte ich Euch.
Ich tadle Euch dafür, schöne Yolande."

6 "Se mes mariz l'avoit jure,
et il et toz ses parentez,
mais que bien li doie peser,
ne lairai je oan l'amer."
  "covegne t'en, bele Yolanz."

LXIV

ANONYM

Por coi me bait mes maris, laisette

  Por coi me bait mes maris,
  laisette!

1 Je ne li ai rienz mesfait
Ne riens ne li ai mesdit
Fors c'acolleir mon amin
Soulette.
  Por coi me bait mes maris,
  Laisette!

2 Et c'il ne mi lait dureir
Ne bone vie meneir,
Je lou ferai cous clameir,
A certes.
  Por coi me bait mes maris,
  Laisette!

3 Or sai bien que je ferai
Et coment m'an vangerai:
Avec mon amin geirai
Nuette.
  Por coi me bait mes maris,
  Laisette!

6 "Wenn mein Mann es auch geschworen hätte,
  er und alle seine Verwandten,
  und wie sehr es ihn auch bekümmern mag,
  so bald lasse ich nicht von meiner Liebe."
    "Überleg es dir gut, schöne Yolande!"

LXIV

ANONYM

Warum schlägt mich mein Mann

> Warum schlägt mich mein Mann,
> ich Unglückliche!

1 Ich habe ihm weder etwas Böses getan
  noch etwas Schlechtes über ihn gesagt,
  nur daß ich meinen Freund empfangen habe,
  ganz allein.
> Warum schlägt mich mein Mann,
> ich Unglückliche!

2 Und wenn er mich nicht gewähren
  und mein Vergnügen haben läßt,
  werde ich ihn zum betrogenen Ehemann machen,
  das ist gewiß.
> Warum schlägt mich mein Mann,
> ich Unglückliche!

3 Ich weiß schon, was ich machen
  und wie ich mich rächen werde:
  Bei meinem Freund werde ich liegen,
  ganz nackt.
> Warum schlägt mich mein Mann,
> ich Unglückliche!

ANONYM

L'autrier tout seus chevauchoie

1 L'autrier tout seus chevauchoie   mon chemin.
  A l'issue de Paris   par un matin
  Oï dame bele et gente   en un jardin
  Ceste chançon noter:
    "Dame qui a mal mari,
    S'el fet ami,
    N'en fet pas a blasmer."

2 Vers li me trés, si li dis: "Suer, dites moi,
  Porquoi parlez vos d'ami?   Est ce desroi?"
  "Sire, je le vous dirai   mult bien porquoi,
  Ja nel vous quier celer:
    Dame qui a mal mari . . .

3 A un vilain m'ont donee   mi parent,
  Qui ne fet aüner fors   or et argent,
  Et me fet d'ennui morir   assez sovent,
  Qu'il ne me let joer.
    Dame qui a mal mari . . ."

4 Je li dis: "Ma douce suer,   se Deus me saut,
  Vez ci vostre douz ami   que ne vos faut;
  Venez vous en avec moi,   si ne vos chaut,
  Si le lessiez ester.
    Dame qui a mal mari . . ."

LXV

ANONYM

Kürzlich ritt ich ganz allein

1 Kürzlich ritt ich ganz allein des Wegs,
und als ich Paris verließ, an einem Morgen,
hörte ich eine schöne und sympathische Dame in einem
                                    Garten
dieses Lied singen:
    "Eine Frau, die einen schlechten Mann hat,
    ist nicht zu tadeln,
    wenn sie sich einen Geliebten nimmt."

2 Ich begab mich zu ihr und sagte zu ihr: 'Schwester, sagt
                                    mir,
Warum redet Ihr von einem Geliebten? Aus Übermut?'
"Herr, ich werde Euch genau sagen, warum,
ich will es Euch nicht verheimlichen.
    Eine Frau, die . . .

3 Einem gemeinen Mann haben meine Eltern mich
                                    gegeben,
der nichts tut, außer Gold und Silber anzuhäufen
und der mich ziemlich oft vor Langeweile sterben läßt,
weil er mir nicht erlaubt, mich zu vergnügen.
    Eine Frau, die . . ."

4 Ich sagte zu ihr: 'Meine süße Schwester, so wahr mir
                                    Gott helfe,
seht hier Euren zärtlichen Geliebten, er fehlt Euch nicht;
zieht mit mir fort, wenn Euch daran liegt,
und laßt ihn, wo er ist.
    Eine Frau . . .'

5 "Sire, je n'iroie pas   hors de Paris,
 J'avroie perdu honeur   mes a touz dis,
 Mes ici l'acoupirai,   se trouver puis,
 Nus qui me vueille amer.
     Dame qui a mal mari ..."

6 Quant je vi qu'avecques moi   ne vout venir,
 Je li fis le gieu d'amour   au departir,
 Puis me pria et requist   qu'au revenir
 Alasse a li parler.
     Dame qui a mal mari ...

5 "Herr, ich würde Paris nicht verlassen,
   ich hätte dann ja in der öffentlichen Meinung meine Ehre
                                          verloren.
   Aber ich würde ihn hier betrügen, wenn ich einen finden
                                          kann,
   der mich lieben will.
      Eine Frau ..."

6 Als ich sah, daß sie nicht mit mir kommen wollte,
   spielte ich zum Abschied mit ihr das Spiel der Liebe.
   Darauf bat und ersuchte sie mich, bei der Rückkehr
   bei ihr vorzusprechen.
      Eine Frau ...

Anhang

Kommentar

I

ANONYM

Du bist mîn, ich bin dîn

Text: MOSER/TERVOOREN, Namenlose Lieder VIII = MF 3,1.

Metrik: 4aa 3x'x' 4a 5a.

Erläuterungen: Das Gedicht stammt nicht aus einer der großen Liederhss., sondern aus der Tegernseer Hs. (Sign.: clm 19411, Bayerische Staatsbibliothek München), in die es nach PLECHL frühestens um 1180 eingetragen wurde. Es steht am Schluß eines von einer Frau, vermutlich einer Nonne, verfaßten lateinischen Liebesbriefes.

Aufgrund ihrer Schlichtheit und Einprägsamkeit gehören die Verse zu den bekanntesten Zeugnissen der ältesten deutschen Poesie. In der Forschung gehen die Auffassungen über die metrische Struktur (zwei Stollen und ein Abgesang, drei ›Strophen‹, Dreiteiligkeit, drei Langzeilen) auseinander; umstritten ist auch die literarhistorische Bedeutung des Gedichts. Es galt in der älteren germanistischen Philologie als wichtiger Beleg für die Existenz einer ›volkstümlichen‹ deutschen Liebeslyrik, die als Grundlage der höfischen ›Kunstpoesie‹ des Minnesangs postuliert wurde, und deshalb nahm man an, die Briefschreiberin habe die Verse nicht selbst verfaßt, sondern lediglich ein bereits fertiges, in mündlicher Überlieferung lebendiges Lied ›zitiert‹. Demgegenüber verwies jedoch schon BRINKMANN (1925) darauf, daß zwischen dem Inhalt des lateinischen Briefes und den deutschen Versen ein enger Zusammenhang besteht, da diese jenen auf eine bündige Schlußformel bringen. So ist davon auszugehen, daß die Verfasserin des Briefes die – in der mittelalterlichen Literatur in zahlreichen Varianten belegte – ›Zuneigungsformel‹ *Dû bist mîn, ich bin dîn* selbständig mit dem Bild des Herzensschlüssels verbunden hat, das sich bereits in der antiken Literatur, später auch bei Dante und Petrarca sowie im Volkslied nachweisen läßt (vgl. dazu bes. OHLY).

Literatur

H. Brinkmann: Entstehungsgeschichte des Minnesangs. Halle 1925. Nachdr. 1971. S. 98 f.

H. Plechl: Die Tegernseer Handschrift Clm 19411. In: DA 18 (1962) S. 418–501.

F. Ohly: Du bist mein, ich bin dein – du in mir, ich in dir – ich du, du ich. In: Kritische Bewahrung. Fs. W. Schröder. Berlin 1974. S. 371–415.

J. Kühnel: *Dû bist mîn, ih bin dîn.* Die lateinischen Liebes- (und Freundschafts-) Briefe des clm 19411. Abbildungen, Text und Übersetzung. Göppingen 1977. (Litterae. 52.)

H. Stopp: *Dû bist mîn.* Zum sprachlichen Aufbau eines poetischen Textes. In: Sprachwissenschaft 6 (1981) S. 121–141.

L. Voetz: Tegernseer Handschrift (T). *Du bist min ih bin din.* In: Codex Manesse. Katalog zur Ausstellung. Texte. Bilder. Sachen. Heidelberg 1988. S. 238 f.

II

ANONYM

Mich dunket niht sô guotes

Text: Moser/Tervooren, Namenlose Lieder X = MF 3,17.

Metrik: 7aa 3x 7b 8b; paarweise assonierende Langzeilen mit Steg. Mit der Konjektur *vogelline* (v. Kraus) entspricht der Strophenbau dem ersten ›Ton‹ des Kürenbergers.

Erläuterungen: 1 *lobesam,* eigtl. ›lobenswert, preiswürdig, herrlich‹. 2 *man,* auch ›Mann, Lehnsmann, Ehemann, Geliebter‹. 5 *geselle,* eigtl. ›derjenige, der mit jemandem denselben Raum (,Saal') bewohnt‹, der ›Hausgenosse‹, aber auch der ›Geliebte, Freund, Gefährte, Standesgenosse‹.
Die handschriftliche Zuweisung dieser Strophe an Niune und Alram von Gresten gilt allgemein als falsch. Nach Inhalt und Form gehört der Text zu den ältesten Zeugnissen der mhd. Lyrik, die um 1160 datiert werden kann.
Im Preis der Rose und der Liebe wird der in der mittelalterlichen Lyrik topische Zusammenhang von Sommerfreude und Liebesglück

evoziert, der Gleichklang von Natur und der Befindlichkeit des lyrischen Ichs beschworen. Zugleich aber ist die Möglichkeit der Gefährdung dieser Harmonie präsent: Der geliebte Mann könnte ausbleiben. Der Sprecherin wird damit eine Rolle zugewiesen, die dem Frauenbild der frühen Lyrik entspricht. Es ist die Frau, die auf den Mann wartet, nicht umgekehrt.

III

ANONYM

Waere diu werlt alle mîn

Text: MOSER/TERVOOREN, Namenlose Lieder IX,1 = MF 3,7.

Metrik: Die nur in CB (aufgezeichnet um 1230) überlieferte Strophe gilt ihrer formalen Eigentümlichkeiten wegen (Assonanz, altertümliche Zeilenbildung, Verwandtschaft mit der sog. Morolt-Strophe) als eines der frühesten Dokumente der mhd. Lyrik.

Erläuterungen: 3 *darben*, eigtl. ›entbehren, sich entäußern‹.
Umstritten ist, ob es sich bei diesen Versen um eine Frauen- oder eine Männerstrophe handelt. Die Entscheidung hängt davon ab, ob man in V. 4 *chunich* oder (so von einem späteren Korrektor erst im 14. Jh. verbessert) *diu chunegin* liest. Beide Lesarten haben ihre Anhänger gefunden und zu unterschiedlichen Deutungen geführt, die v. KRAUS (MF III,1 S. 2–9) ausführlich diskutiert. Folgendes ist erwogen worden:
1. Die ältere Lesart *chunich* ist zu bevorzugen, und die Verse sind als Frauenrede zu verstehen. Unter dieser Prämisse ergeben sich zwei Deutungsmöglichkeiten:
a) Als Sprecherin ist eine Nonne zu denken, die das Liebesangebot eines reichen Herrn zurückweist und sich zu Christus, ihrem Seelenbräutigam, bekennt (König von Engelland = König des Himmels). Gegen diese Deutung spricht der Überlieferungskontext der Strophe, in dem sich keine religiösen, sondern Frühlings- und Liebeslieder finden. Belege für die *unio mystica* im Bild der körperlichen Umarmung sind zudem erst aus späterer Zeit nachweisbar.
b) *chunich von Engellant* ist wörtlich zu nehmen und historisch zu verstehen. Gemeint ist Richard Löwenherz, dessen Gefangenschaft

in Deutschland (1192–94) Anlaß gegeben haben könnte, ihn in einem Lied zu erwähnen. Gegen diese Annahme spricht, daß namentliche Erwähnungen von Herrschern in der deutschen Liebeslyrik des 12. Jh.s ungewöhnlich sind. Will man aber daran festhalten, so ist zu fragen, warum nicht auch der Vater Richards, Heinrich II. Plantagenet, angesprochen sein könnte. Dieser Bezug wäre wegen des mutmaßlich hohen Alters der Strophe wahrscheinlicher und historisch möglich, da Heinrich 1165 der Schwiegervater Heinrichs des Löwen wurde und um diese Zeit die Kontakte zwischen beiden Höfen besonders eng gewesen sein dürften.

2. Die jüngere Lesart *chunegin* ist vorzuziehen, vor allem, weil diese sich besser in das Versmaß einfügt, und die Verse sind als Männerstrophe aufzufassen. Als Sprecher wäre dann ein (unbegüterter) Ritter oder Spielmann zu denken, und mit der ›Königin von England‹ könnte, wie v. KRAUS im Anschluß an LACHMANN mutmaßt, die berühmte Eleonore von Aquitanien gemeint sein (1122/24–1204), die Enkelin des ältesten Trobadors, Wilhelms von Aquitanien. Sie war in zweiter Ehe mit Heinrich II. Plantagenet verheiratet und hat eine bedeutende Rolle als Literaturmäzenin gespielt. Zu der Entscheidung, die Verse als Männerstrophe zu lesen, wird vermutlich die Tatsache beigetragen haben, daß das erotische Verlangen nach dem Liebespartner so offen ausgesprochen wird. Einer Frau wurde eine solche Äußerung offensichtlich nicht zugetraut.

Die vorliegende Ausgabe hält demgegenüber an der älteren Lesart *chunich* fest. Der Gedanke, daß Liebesglück (hier allerdings: zu einer hochrangigen Person) mehr Wert hat als Macht und Reichtum, ist in der europäischen Lyrik des Mittelalters weit verbreitet. Variiert findet er sich auch beim Kürenberger (vgl. z. B. Lied IV,3, zum sog. Kaisertopos vgl. ferner die Belege in MF III,1, S. 7 Anm. 1). Ob die Kürenberg-Strophe als Frauenstrophe zu lesen ist, bleibt ebenfalls umstritten. Einige Verse aus der *Kaiserchronik* haben den Gedanken jedoch in der Form einer Frauenrede, so daß sehr wohl eine Frau als Sprecherin denkbar ist (V. 4705 ff.):

> *Der mir alle dise werlt gaebe,*
> *Wie ungern ich die naeme*
> *für mînen vil lieben man!*

Die Lesart *chunich* erscheint deshalb – und damit die Aufnahme der Strophe in diese Ausgabe – durchaus vertretbar.

Literatur

F. NORMAN: Eleanor of Poitou in the Twelfth Century German Lyric. In: GLL 16 (1962/63) S. 248–55.

P. WAPNEWSKI: Kaiserlied und Kaisertopos. Zu Kaiser Heinrich 5,16. In: P. W.: *Waz ist minne*. Studien zur mittelhochdeutschen Lyrik. München ²1979. S. 47–64.

IV

DER VON KÜRENBERG

Leit machet sorge – Swenne ich stân aleine –
Ez hât mir an dem herzen – Ez gât mir vonme herzen

Text: MOSER/TERVOOREN, Der Kürenberger II,1; 4; 5; 8 = MF 7,19; 8,17; 8,25; 9,13.– Die ersten drei Strophen sind auch in dem neu entdeckten Budapester Fragment enthalten; vgl. A. VIZKELETY: Die Budapester Liederhandschrift. In: Beitr. (Tüb.) 110 (1988) S. 387–407.

Metrik: paarweise reimende Langzeilen, die sogenannte Kürenberg-Strophe, deren metrischer Rahmen der ›Nibelungen-Strophe‹ entspricht.

Erläuterungen: 1,1 Wird von manchen Herausgebern ohne Komma gelesen: »Sorge verleidet Liebesfreude«. *leit machen* im Sinne von ›verleiden‹ ist indes im Minnesang und bei Walther nicht belegt (vgl. MOSER/TERVOOREN, MF II, S. 66, und SCHWEIKLE, *Die mittelhochdeutsche Minnelyrik* I, S. 366); *liebe*, auch: ›Wohlgefühl, Lust‹. 2,2 *gedenke:* Das Präfix ge– hat im Mhd. nicht unbedingt perfektische Bedeutung, sondern kann auch wie hier den Inhalt des Verbums intensivieren. 3 *varwe* ›Farbe, Aussehen, Glanz, Schönheit‹ läßt sich nicht wörtlich übersetzen, da die Wendung im Nhd. unüblich geworden ist. 4,3 *lügenaere*, auch ›Verleumder‹. 4 *versuonen*, eigtl. ›aussöhnen, versöhnen, ausgleichen, gutmachen‹.

Der von Kürenberg gilt als der erste namentlich bekannte Minnesänger. Vermutlich hat er im bayrisch-österreichischen Raum gewirkt. Ausreichende Anhaltspunkte für die Identifizierung des Kürenbergers mit einem Angehörigen der dort im 12. und 13. Jh. bezeugten

Freiherren- bzw. Dienstmannengeschlechter dieses Namens gibt es nicht. Die These, der Schreiber der Handschrift habe aus den Versen *dô hôrt ich einen rîter vil wol singen* (vgl. Lied VI,1,3) den Namen des unbekannten Dichters, der möglicherweise ein Spielmann gewesen sei, erst (fälschlich) erschlossen, hat in der Forschung kein Zustimmung gefunden. Ton und Inhalt der Lieder sprechen dafür daß der Minnesänger ein Angehöriger der ritterlich-höfischen Gesellschaft war. Die insgesamt 15 in der Hs. C überlieferten Strophen, die dem Kürenberger zugeschrieben werden, sind vermutlich um 1160 entstanden. Grundlage für diese frühe Datierung sind formale und inhaltliche Kriterien. Verstechnik (Langzeilen, Assonanzen) und Strophenbau (›Nibelungen-Strophe‹) verweisen wie die lyrische Aussageform der Frauenstrophe auf die herkömmlichen Traditionen der deutschen Lyrik.

Die Auffassung über die Liebe und über die Rollen von Mann und Frau haben einen entsprechend traditionellen Charakter, vom Einfluß der neuen romanischen Ideen über die Liebe ist noch wenig zu spüren.

Umstritten ist, ob die Frauen- und Männerstrophen des Kürenbergers selbständige Sinneinheiten bilden oder ob sie als *Wechsel* konzipiert sind (vgl. Komm. zu Lied VI), die ihrerseits wiederum einen ›Zyklus‹ bilden. Die hier zitierten vier Frauenstrophen können indes jeweils für sich gelesen werden. Grundmotiv ist bei aller Variation die für das Frauenlied generell charakteristische Klage der Frau über die Trennung von dem geliebten Mann.

Str. 1. Als Hinderungsgrund für ein erfülltes Liebesglück erscheinen die *merker*, die Aufpasser, die in der mhd. Lyrik als Repräsentanten der gesellschaftlichen Moral figurieren. Ihr Auftreten zeigt, daß die Liebesbeziehung, von der die Frau spricht, außerhalb gesellschaftlich sanktionierter Formen der Paarbeziehung wie der Ehe gedacht ist.

Str. 2. Die Wendung *ich stân / stuont*, die sich häufiger in den frühen deutschen Frauenstrophen findet, läßt sich gelegentlich auch in Vagantenliedern nachweisen. Auf Beziehungen zur mlat. Lyrik verweisen überdies Parallelen in dem lateinisch-deutschen Mischgedicht *Stetit puella* (CB, Nr. 177), das neben der *stân*-Formel auch den Vergleich Frau/Rose enthält. Der verhüllt-erotische Charakter dieses Vergleichs ist neuerdings betont worden (KROHN).

Str. 3. Die hier ausgesprochene Erfahrung, nach der die Liebe, abgehoben von dem Besitzstreben nach materiellem Gut, als unerfüllbares Verlangen erscheint, ist in der frühen Lyrik singulär. Daher hat man Zweifel an der Echtheit der Strophe geäußert oder mit romanischem Einfluß gerechnet (PANZER). Inhaltlich berührt sich die Strophe jedoch auch mit dem in Lied III geäußerten Gedanken. Die Forschung faßt die Verse im allgemeinen als Frauenrede auf, wohl zu Recht, obwohl die geschlechtsspezifische Identität des lyrischen Ichs nicht sicher zu ermitteln ist. Die Liebe als Leid zu erfahren, ist allerdings in der frühen Lyrik (und besonders beim Kürenberger) meist nicht Sache des Mannes, sondern der Frau. Daher ist die Kategorisierung der Strophe als Frauenlied wohlbegründet.

Str. 4.   Ursache der Trennung, die Anlaß ist für die Klage der Frau, sind hier *lügenaere*, die wie die *merker* zu den Liebesfeinden gehören und häufig als Störer des erwünschten Liebesglücks erscheinen.

Literatur

A. WALLNER: VL^1. Bd. 2 (1936) Sp. 998.

G. EHRISMANN: Die Kürenberg-Literatur und die Anfänge des deutschen Minnesangs. In: GRM 15 (1927) S. 328–350.

F. PANZER: Der älteste Troubadour und der älteste Minnesinger. In: Dichtung und Volkstum (Euph.) 40 (1939) S. 133–145.

G. AGLER-BECK: Der von Kürenberg. Edition, Notes and Commentary. Amsterdam 1978. (GLLM 4.)

C. SCHMID: Die Lieder der Kürenberg-Sammlung – Einzelstrophen oder zyklische Einheiten? Göppingen 1980. (GAG 301.)

R. SCHÜTZEICHEL: Der von Kürenberg. Zum Namenproblem. In: R. S.: Textgebundenheit. Kleinere Schriften zur mittelalterlichen deutschen Literatur. Tübingen 1981. S. 143–149.

R. KROHN: Begehren und Aufbegehren im Wechsel. In: Liebe als Literatur. Hrsg. von R. K. München 1983. S. 117–142.

G. SCHWEIKLE: Kürenberg. In: VL^2. Bd. 5 (1985) Sp. 454–461.

Der von Kürenberg

Ich zôch mir einen valken

Text: MOSER/TERVOOREN, Der von Kürenberg II, 6;7 = MF 8,33; 9,5.

Metrik: Kürenberg-Strophe, paarweise reimende Langzeilen, deren metrischer Rahmen der ›Nibelungen-Strophe‹ entspricht.

Erläuterungen: Die beiden Strophen, das sog. Falkenlied des Kürenbergers, haben das Interesse der Forschung besonders häufig angezogen. Dabei standen folgende Fragen im Mittelpunkt:
Ist die Klage über den entflogenen Falken ›realistisch‹ zu verstehen, oder handelt es sich um eine Liebesklage in symbolischer Einkleidung? Spricht ein Mann oder eine Frau? Oder sprechen Mann und Frau im Wechsel?
Gegen eine ›realistische‹ Deutung spricht, daß im Überlieferungskontext ausnahmslos Liebeslieder stehen. Außerdem ist der Falke in der mittelalterlichen Literatur ein verbreitetes Symbol für den geliebten Partner (vgl. z. B. den ›Falkentraum‹ Kriemhilds im *Nibelungenlied*, Str. 13). Hinzu kommt, daß die im Mittelalter geläufige Analogie von Jagd- und Liebeskunst beim Kürenberger auch sonst zu finden ist (vgl. MF 10,17). Schließlich deutet der Schlußvers auf eine symbolische Sinnebene hin.
Entschieden ist damit jedoch noch nicht, ob das lyrische Ich als Mann oder Frau zu denken ist und wofür der Falke steht: für einen Boten, eine Frau oder einen Mann? Da das Streben nach Ungebundenheit und Freiheit in der frühen Lyrik eher der Rolle des Mannes entspricht, Äußerungen der Sehnsucht und Klagen über die Trennung hingegen feste Bestandteile der Frauenrolle sind, überwiegt in der Forschung die Auffassung, daß der Falke für den Mann steht und das lyrische Ich für die Frau. Abweichend von den herkömmlichen Deutungen interpretiert JANSEN das Falkenlied als Brautlied, das ein Vater anläßlich der Heirat seiner Tochter angestimmt haben soll. Nach dieser These symbolisiert der Falke die Tochter, die mit dem Ehemann einen neuen ›Heger‹ gefunden hat.
Welche Perspektiven sich eröffnen, wenn man das Falkenlied als verschlüsselte ›politische‹ Botschaft lesen will, hat MERTENS ironisch vorgeführt.

Literatur

P. WAPNEWSKI: Des Kürenbergers Falkenlied. In: Euph. 53 (1959) S. 1–19. Wiederabgedr. in: P. W.: *Waz ist minne*. Studien zur Mittelhochdeutschen Lyrik. München ²1979. S. 23–46.

H. LEHNERT: Merseburger Zaubersprüche und das Falkenlied des Kürenbergers. In: H. L.: Struktur und Sprachmagie. Zur Methode der Lyrik-Interpretation. Stuttgart [u. a.] 1969. (MTU 27.) S. 91–118.

R. GRIMMINGER: Poetik des frühen Minnesangs. München 1969. (MTU 27.) S. 91–118.

R. K. JANSEN: Das Falkenlied Kürenbergs. Eine Arbeitshypothese. In: DVjs. 44 (1970) S. 585–594.

R. K. JANSEN: Mittelalterliche Hochzeitsliturgie und die Lyrik Kürenbergs (MF 9,23–28 und 8,33–9,12; Falkenlied). In: Ostbairische Grenzmarken. Passauer Jahrbuch für Geschichte, Kunst und Volkskunde 12 (1970) S. 111–117.

G. EIS: Zu Kürenbergs Falkenlied. In: GRM 52 (1971) S. 461–462.

P. RÜHMKORF: *Ich zôch mir einen valken*. In: Frankfurter Anthologie. Hrsg. und mit einer Nachbem. vers. von M. Reich-Ranicki. Bd. 3. Frankfurt a. M. 1978. S. 13–17.

W. MCDONALD: Concerning ambiguity as the poetic principle in Kürenberg's Falcon Song. In: Euph. 72 (1978) S. 314–322.

I. ERFEN-HÄNSCH: Von Falken und Frauen. Bemerkungen zur frühen deutschen Liebeslyrik. In: *Minne ist ein swaerez spil.* Hrsg. von U. Müller, Göppingen 1986. (GAG 440.) S. 143–168.

V. MERTENS: Territorialisierungsprozeß und vasallitisches Ethos. Ein neuer Blick auf das ›Falkenlied‹ des Kürenbergers. In: Minne ist ein *swaerez spil.* Hrsg. von U. Müller, Göppingen 1986. (GAG 440.) S. 143–168.

P. WAPNEWSKI: Des Kürenbergers Falke über der Toskana. In: Philologie als Kulturwissenschaft. Fs. K. Stackmann zum 65. Geburtstag. Göttingen 1987. S. 60–70.

VI

DER VON KÜRENBERG

Ich stuont mir nehtint spâte

Text: MOSER/TERVOOREN, Der von Kürenberg II,2;10 = MF 8,1;
9,29. – Die erste Strophe ist auch im Budapester Fragment überliefert; vgl. dazu A. VIZKELETY: Die Budapester Liederhandschrift. In:
Beitr. (Tüb.) 110 (1988) S. 387–407.

Metrik: Kürenberg-Strophe, paarweise reimende Langzeilen, deren
Rahmen der ›Nibelungen-Strophe‹ entspricht.

Erläuterungen: **1,1** *mir,* freier Dat.   **4** *genieten,* Intensivum zu
nieten ›eifrig sein, streben, in Fülle genießen‹, iron. ›genug haben,
überdrüssig aufgeben‹.   **2,3** *betwingen, holt sîn,* auch Termini des
Lehnsrechts.

Die beiden Strophen bilden einen *Wechsel.* Dabei handelt es sich um
einen eigentümlichen, halb monologisch, halb dialogisch angelegten
Gattungstyp, der eine Besonderheit der deutschen Lyrik des Mittelalters darstellt und vornehmlich in der Frühzeit auftritt. Die erste
Strophe wird von einer Frau gesprochen, die sich nicht unmittelbar
an den Mann, sondern an Dritte wendet (oder vielleicht zu sich
selbst spricht); die ›Antwort‹ des Mannes zeigt jedoch, daß ihn die
›Botschaft‹ der Frau erreicht hat. Auch er richtet seine Worte nicht
unmittelbar an die Frau, sondern an einen Dritten.
Durch das singuläre Verhalten der Frau fällt dieser *Wechsel* aus dem
in der frühen Lyrik sonst üblichen Rahmen. Die Frau erscheint nicht
wie gewöhnlich als Klagende, in einer wartenden, passiven Haltung,
sondern fordert die Liebe des Mannes ein und droht mit Sanktionen,
falls er ihr nicht zu Willen ist. Der Mann allerdings, hier nicht nur
als Ritter, sondern auch als Sänger gezeichnet, behauptet seine
Unabhängigkeit, indem er sich dem gebieterischen ›Zugriff‹ der Frau
entzieht. Die Machtvollkommenheit, aus der heraus sie spricht,
verleiht ihr die Konturen einer ›Landesherrin‹. Wegen seiner Besonderheiten ist dieser *Wechsel* sehr häufig Gegenstand wissenschaftlichen Interesses gewesen, und in jüngster Zeit hat man in ihm
mehrfach eine poetische Reaktion auf ein konkretes historisches
Ereignis sehen wollen (JANSEN, EHLERT). Die entsprechenden Deutungsversuche bleiben jedoch spekulativ.
Vermutlich handelt es sich vor allem um eine frühe kritische Ausein-

andersetzung mit dem romanischen Frauendienst-Gedanken. Diese schon in der älteren Forschung geäußerte Annahme (WECHSSLER) wird neuerdings durch weiterführende Überlegungen gestützt, ohne daß damit die Möglichkeit historisch-politischer Bezüge ausgeschlossen wird (KASTEN). Denn Thema des Wechsels ist wie im Frauendienst sexuelles Verlangen und seine Frustration, das hier, in einem in der frühen Lyrik durchaus nicht unüblichen Verfahren, auf die Frau projiziert wird. Die Kritik des Kürenbergers gilt offensichtlich wesentlichen Konstituenten des romanischen Konzepts: der Forderung nach Unterwerfung des Mannes unter den Willen der ›Dame‹ und dem an ihn gerichteten Postulat der sexuellen Enthaltsamkeit. Dabei bedient sich der Minnesänger eines parodistischen Verfahrens, das in ähnlicher Weise die (als unecht geltende) Kürenberg-Strophe MF 8,9 prägt:

> Jô stuont ich nehtint spâte   vor dînem bette,
> dô getorste ich dich, vrouwe,   niwet wecken.
> 'des gehazze got den dînen lîp!
> jô enwas ich niht ein eber wilde,'   sô sprach daz wîp.

Auch dieser Strophe liegt erkennbar die Absicht zugrunde, das neue, zuerst von den Trobadors propagierte Bild der ›Dame‹ zu widerlegen, die sich den sinnlichen Wünschen des Mannes gegenüber gleichgültig zeigt und respektvolle Zurückhaltung von ihm verlangt.

Literatur

E. WECHSSLER: Frauendienst und Vassallität. In: ZFSL 24 (1902) S. 159–190.

R. K. JANSEN: Der von Kürenberg und die Kreuzzugsidee. Eine biographisch-geschichtliche Deutung des frühesten Minnesängers. Diss. Austin (Tex.) 1969. Bes. S. 101–105.

T. EHLERT: Ablehnung und Selbstdarstellung. Zu Kürenberg 8,1 und 9,29. In: Euph. 75 (1981) S. 288–302.

I. KASTEN: Frauendienst bei Trobadors und Minnesängern im 12. Jahrhundert. Zur Entwicklung und Adaption eines literarischen Konzepts. Heidelberg 1986. (GRM 5. Beih.) S. 212–218.

ANONYM

Diu linde ist an dem ende

Text: MOSER/TERVOOREN, Namenlose Lieder XI = MF 4,1.

Metrik: paarweise reimende Langzeilen. Die Auffassungen über den Strophenbau sind kontrovers: 3 Strophen mit fünfhebigem zweitem Abvers (LACHMANN), ein Lied mit vierhebigen Abversen und fünfhebigem Schlußvers (v. KRAUS u. a.).

Erläuterungen: 2 »Nun leide ich, ohne etwas verschuldet zu haben.«

Die hs. Zuweisung der Strophe an Walther von Mezze gilt allgemein als falsch. Die Forschung rechnet sie zu den ältesten Zeugnissen der mhd. Lyrik, doch wird sie der reinen Reime halber für jünger als die Kürenberg-Strophen gehalten. In ihrer metrischen Struktur weist sie nahe Verwandtschaft mit der von Meinloh von Sevelingen bevorzugten Strophenform auf (vgl. Lied IX der vorliegenden Ausgabe). Die deshalb von einigen Interpreten vorgeschlagene Zuschreibung der Strophe an Meinloh hat sich jedoch in der Forschung nicht durchgesetzt.

Der knappe Hinweis auf den Zustand der Natur zeigt die seelische Befindlichkeit der Sprecherin an: Wie der Sommer, so ist auch ihr Liebesglück vergangen. Ursache hierfür sind diesmal nicht die *merker* oder *lügenaere*, sondern andere Frauen, die dem Freund der Sprecherin den ›Kopf verdreht‹ und ihn ihr ›abspenstig‹ gemacht haben. Die Strophe variiert und bestätigt das traditionelle Rollenverhalten von Mann und Frau: Während die Untreue des Mannes (auch mit dem Hinweis auf seine Jugend) entschuldigt und seine Attraktivität als Liebespartner durch das ›Rivalinnen-Motiv‹ mittelbar hervorgehoben wird, hält die Frau, obwohl sie verlassen wurde, an ihrer Liebe zu ihm fest und begreift ihr Leid als unabwendbares Schicksal.

Anonym

Mir hât ein ritter

Text: Moser/Tervooren, Namenlose Lieder XII = MF 6,5.

Metrik: 4ababccdxd.

Erläuterungen: Wie Lied VII zählt diese Strophe zu den frühen
namenlosen Liedern; die hs. Zuweisung an Niune gilt allgemein als
falsch. Formal (Vierheber, Ansatz zu stolligem Strophenbau) wie
inhaltlich deutet sich bereits romanischer Einfluß an: Neben dem
Dienstgedanken spricht hierfür vor allem die Art, in der das Verhältnis von Natur und Liebe thematisiert wird. Beides steht nicht in
einfacher Korrespondenz, sondern die Liebe erscheint als eine Kraft,
die, vom Wechsel der Jahreszeiten unabhängig, die ›Natur‹ zu
überwinden vermag. Als mögliche Quelle hat schon die ältere
Forschung auf die Trobadorlyrik, insbesondere auf ein Lied Bernhards von Ventadorn (literarische Wirkungszeit um 1147–70) hingewiesen (Ausgabe C. Appel, Halle 1915, Nr. 7, V. 9 ff.):

> Prat me semblon vert e vermelh
> aissi com el doutz tems de mai;
> si.m te fin'amors conh' e gai:
> neus m'es flors blanch'e vermelha
> et iverns calenda maya
> que.l genser e la plus gaya
> m'a promes que s'amor m'autrei ...

> Die Wiesen erscheinen mir so grün und rot
> wie in der schönen Maienzeit,
> so sehr hält wahre Liebe mich liebenswert und froh:
> Der Schnee ist mir wie eine weiß-rote Blume
> und der Winter wie das Maienfest,
> denn die Beste und Fröhlichste
> hat mir versprochen, mir ihre Liebe zu schenken ...

So gehört die Strophe vermutlich in die Zeit der beginnenden
Auseinandersetzung mit dem romanischen Frauendienst-Gedanken.
Das Verhältnis von Dienst und Lohn ist noch ganz einfach gefaßt;
die Frau ist bereit, dem Mann ihre Liebe zu schenken, weil er es

verdient hat, auch gegen den Willen der Gesellschaft (daß hier, wie
in der Forschung behauptet, eine Reminiszenz an Reinmar MF
184,12 vorliegt, ist sehr unwahrscheinlich; die *inquit*-Formel und
die Assonanz in V. 1/3 deuten vielmehr auf ein relativ hohes Alter
der Strophe). Romanischem Einfluß ist es wohl zuzuschreiben, daß
die Frau hier nicht wie zumeist sonst im frühen Minnesang in der
Haltung der Klagenden und dem Mann gegenüber in einer passiven
Rolle erscheint. Selten in der frühen deutschen Lyrik ist zudem das
offene Bekenntnis einer Frau zu sinnlicher Liebe – wie auch die
selbstbewußte Abwehr der gesellschaftlichen Mißbilligung dieses
Verhaltens – so akzentuiert worden.

IX

Meinloh von Sevelingen

*Sô wê den merkaeren – Mir erwelten mîniu ougen –
Ich hân vernomen ein maere*

Text: Moser/Tervooren, Meinloh von Sevelingen I,7; 8; II,2 =
MF 13,14; 13,27; 14,26.

Metrik: paarweise gereimte Langzeilen mit Steg (Str. 1 und 2) und
ohne Steg (Str. 3).

Erläuterungen: 1,1 gedâht, Inf. gedenken mit Gen. ›jem. etwas
zudenken‹. 6 Schweikle, *Die mittelhochdeutsche Minnelyrik* I,
S. 132, behält die hs. Lesart *stechent* bei und übersetzt »und wenn sie
noch so Stielaugen machen«.   3,4 Oder: »... daß ich ganz treue
Liebe erfahren werde.«

Meinloh von Sevelingen gehörte vermutlich einem Dienstmannengeschlecht der Grafen von Dillingen an, das sich nach Sevelingen
(heute: Söflingen bei Ulm) nannte und seit 1220 urkundlich bezeugt
ist. Hier erscheint 1240 auch ein Meinloh von Sevelingen, der
allerdings aus zeitlichen Gründen mit dem Minnesänger nicht identisch sein kann. Man nimmt an, daß es sich um einen Nachfahren des
Dichters handelt. Dieser selbst ist historisch nicht nachweisbar und
dürfte um 1170 literarisch gewirkt haben.

Grundlage für diese frühe Datierung sind formale und inhaltliche
Merkmale des unter Meinlohs Namen überlieferten Strophencorpus.

Die darin enthaltenen neun Männerstrophen haben bereits ein deutliches Übergewicht vor den traditionellen Frauenstrophen, die nur mit (den hier vorliegenden) drei Beispielen vertreten sind. Überdies ist besonders in den Männerstrophen romanischer Einfluß unabweisbar (Motiv der Liebe vom Hörensagen, Frauenpreis, Dienstgedanke; Parallelen zu Vorstellungen, die der in Frankreich wirkende Andreas Capellanus – wohl etwas später – in seinem Liebestraktat *De amore* formuliert, vgl. dazu SCHIRMER). Aber im metrisch-formalen Bereich bleibt Meinloh noch dem Überkommenen verhaftet. Traditionelle Züge haben auch die Frauenstrophen, obwohl die Frau darin weniger (und nicht mehr ausschließlich) als Trägerin der Leiderfahrung erscheint wie noch beim Kürenberger.

Umstritten ist, ob die Strophen Meinlohs selbständige Sinneinheiten, mehrstrophige Kleinzyklen (SCHWEIKLE) oder einen großen Zyklus (SCHIRMER) bilden.

Str. 1. ›Abwehr der Liebesfeinde‹ und ›Bekenntnis zum geliebten Mann‹ bilden die Grundmotive dieser Strophe. Die Aktivitäten der Aufpasser erscheinen nicht als unüberwindbares Hindernis, sondern lediglich als eine ärgerliche Belästigung, die ein um so entschiedeneres Bekenntnis der Frau zu dem geliebten Mann provoziert. So nimmt es die Sprecherin hin, daß ihre Beziehung zum Gegenstand öffentlichen Geredes wird, verwahrt sich aber dagegen, mit dem Mann geschlafen zu haben. Vermutlich wird damit auf Liebesbeziehungen hingewiesen, die den sexuellen Akt zunächst nicht einschließen. Anspielungen auf die Form eines – eingeschränkten – Liebesvollzugs, der auch den Charakter einer ›Liebesprobe‹ haben kann, finden sich auch sonst gelegentlich im Minnesang und in der mittelalterlichen Literatur (vgl. den *amor purus* bei Andreas Capellanus und den *asag* bei den provenzalischen Dichterinnen, besonders bei Azalaïs de Porcairagues, Lied LII).

Str. 2. Zentrum dieser Strophe bildet das ›Rivalinnen-Motiv‹. Die Sprecherin fühlt sich in ihrem Liebesglück durch die Eifersucht anderer Frauen bedroht, hat aber selbst den Mann gerade einer Rivalin ›abspenstig‹ gemacht (vgl. dazu Lied VII als ›Gegenstück‹). *gedienet* ist wohl formelhaft, vermittelt aber die Vorstellung, daß die Frau sich die Liebe des Mannes ›verdienen‹ muß. Es ist charakteristisch für die Zeit der beginnenden Adaption des romanischen Frauendienst-Konzepts, daß der Dienstgedanke, wie diese Strophe erkennen läßt, zunächst nicht auf den Mann, sondern auf die Frau übertragen wird. Das Bemühen, die Liebe an ein bestimmtes Regelsystem zu binden, zeigt sich dabei in der Vorstellung, das Unglück der Vorgängerin sei Folge eines Fehlverhaltens.

Str. 3. Wie so häufig in den Frauenliedern wird das Leid evoziert, das der Frau aus der Trennung von dem geliebten Mann erwächst, hier allerdings nur, um der Freude über das bevorstehende Wiedersehen stärkeren Nachdruck zu verleihen. Dabei spielt erkennbar der Frauendienst-Gedanke eine Rolle: Die Bereitschaft der Frau, mit dem ›jungen‹ Mann das Lager zu teilen, erscheint als selbstverständlicher Lohn für seinen ›Dienst‹, womit vermutlich auch die Einschränkung in Str. 1 aufgehoben wird. Von der – in späteren Frauenliedern – sich der Liebe des Mannes verweigernden ›hohen Dame‹ ist aus den Worten der Sprecherin noch nichts zu spüren.

Literatur

K. H. Schirmer: Die höfische Minnetheorie und Meinloh von Sevelingen. In: Zeiten und Formen in Sprache und Dichtung. Fs. F. Tschirch. Köln/Wien 1972. S. 52–73.

G. Schweikle: Die mittelhochdeutsche Minnelyrik. [Bd.] I. Darmstadt 1977. S. 379 f.

X

Dietmar von Eist

Seneder vriundinne bote

Text: Moser/Tervooren, Dietmar von Eist II = MF 32,13.

Metrik: Mischung von paarweise reimenden Lang- und Kurzzeilen.

Erläuterungen: 2,3 *engelten sîn* ›seinetwegen leiden, zu Schaden kommen‹.   4 *erkumet*, Inf. *erkomen* ›erschrecken‹.   5 Zur Partizipialkonstruktion vgl. Paul/Wiehl/Grosse, § 330.   3,6 *widerteilen*, eigtl. juristischer Terminus ›durch Urteil absprechen‹.

Ein *Ditmarus de Agasta (Aist, Agest)* ist zwischen 1139 und 1170 im bayrisch-österreichischen Raum bezeugt. Er wird nach seinem Tod in einer Urkunde des Babenberger Herzogs Heinrich II. Jasomirgott zusammen mit König Konrad genannt und war offenbar ein Freiherr von beträchtlichem Ansehen. Da es keine anderen historischen Anknüpfungspunkte gibt, wird der Minnesänger mit dem urkundlich nachweisbaren Dietmar identifiziert (vgl. MF III,2, S. 366 ff.).

Die dem Dichter zugeschriebenen Lieder sind zum Teil stark der donauländischen Tradition verpflichtet, zum Teil aber lassen sie auch einen bereits fortgeschrittenen romanischen Einfluß erkennen. Die von dieser ›modernen‹ Lyrik geprägten Lieder sind, da Dietmar von Eist vermutlich schon 1170 gestorben ist und vor dieser Zeit ein so starker romanischer Einfluß manchen Interpreten als schwer vorstellbar galt, dem Minnesänger abgesprochen und einem ›jüngeren‹ bzw. ›Pseudo‹-Dietmar zugewiesen worden, welcher einer Seitenlinie der Freiherrn von Eist bzw. einem Ministerialengeschlecht dieser Freiherrn angehört haben soll. Diese Argumentation und das Ergebnis der philologischen Bemühungen um Dietmar erscheinen durchaus problematisch; von den insgesamt sechzehn, unter dem Namen Dietmars überlieferten Liedern können demnach nur drei als zweifelsfrei ›echt‹ gelten. Die ganze Frage bedarf einer gründlichen Überprüfung.

Str. 1 und 2 bilden einen *Wechsel*, der wohl durch Str. 3 erweitert wird. Da Str. 3 an die beiden anderen nicht in signifikanter Weise anknüpft, ist ihre Zugehörigkeit in Frage gestellt worden. Sie läßt sich ohne Schwierigkeiten auch als selbständiger Text lesen, wobei es kaum möglich ist zu entscheiden, ob ein Mann oder eine Frau spricht. Die Forderung nach unbedingter Treue und die Beteuerung des lyrischen Ichs, gegen alle Hindernisse an der Liebe festhalten zu wollen, gehören jedoch im frühen Minnesang eher in das Register der Frauen- als der Männerrede. Deshalb läßt sich die hier vorgenommene Klassifikation der Strophe als Frauenrede (gegen Moser/Tervooren und mit den früheren Herausgebern von MF) durchaus vertreten.

Der Zusammenhang von Str. 1 und 2 wird vor allem durch die Figur des Boten begründet. Er ist der Adressat beider Strophen und Vermittler zwischen den Liebenden, deren räumliche Distanz er ebenso signalisiert wie überbrückt. Die seelische Befindlichkeit von Mann und Frau weist weitgehende Korrespondenzen auf; für die Entwicklung des Minnesangs aufschlußreich ist, daß hier der Mann als Träger der Leiderfahrung erscheint, während der Frau durch die an ihn gerichtete Mahnung, seine Affekte zu kontrollieren, eine neue, gleichsam erzieherische Rolle zugeschrieben wird. Damit kündigt sich erstmals eine deutliche Distanzierung vom Frauenbild des frühen Minnesangs an.

Literatur

K. Rathke: Dietmar von Aist. Leipzig 1932. (Form und Geist. 28.)

H. Brinkmann: Dietmar von Eist und Friderich von Husen: Minnelieder. In: Gedicht und Gedanke. Hrsg. von H. O. Burger. Halle 1942. S. 29–42. [Wiederabgedr. in: H. B.: Studien zur Geschichte der deutschen Sprache und Literatur. Bd. 2. Düsseldorf 1966. S. 151–162.]

H. Tervooren: Dietmar von Aist. In: VL². Bd. 2 (1980) Sp. 95–98.

H. Popper: Ambiguity and Lyricism: Dietmar's von Aist Song *Seneder friundinne bote*. In: Literatur als Dialog. Fs. K. Tober. Hrsg. von R. Nethersole. Johannisburg 1979. S. 131–158.

XI

Dietmar von Eist

Ez stuont ein vrouwe aleine

Text: Moser/Tervooren, Dietmar von Eist IV = MF 37,4.

Metrik: paarweise reimende und assonierende Vierheber mit fünfhebigem Schlußvers. Die Auffassungen über den Bau der Strophe sind in der Forschung im einzelnen kontrovers.

Erläuterungen: 14 *engerte*, Inf. *geren* ›begehren‹ (mit Negation). Die epische Einleitung und die Assonanzen weisen auf eine frühe Entstehungszeit des Liedes. Es wird Dietmar allerdings allgemein abgesprochen.
Wie im Falkenlied Kürenbergs (vgl. Lied V) ist der Falke Sinnbild für Freiheit in der Liebe, hier für die Freiheit in der Wahl des Partners. Obwohl die Sprecherin diese Freiheit für sich in Anspruch genommen hat, erscheint die Realisierung des Liebesglücks gefährdet durch die Mißgunst anderer Frauen (›Rivalinnen-Motiv‹).

Literatur

P. Wapnewski: Zwei altdeutsche Frauenlieder. I: *Ez stuont ein frouwe alleine* (MF 37,4). II: *Sô wol dir, sumerwunne!* (MF 37,18). In: P. W.: *Waz ist minne.* München ²1979. S. 9–22.

XII

Dietmar von Eist

Sô wol dir, sumerwunne!

Text: Moser/Tervooren, Dietmar von Eist V = MF 37,18.

Metrik: assonierende Vierheber.

Erläuterungen: Die Assonanzen und die Wortwahl (*trût, helt*) weisen auf eine frühe Entstehungszeit des Liedes hin, das Dietmar zumeist ebenfalls abgesprochen wird.
Ein Naturbild dient dazu, die seelische Befindlichkeit der Sprecherin zu veranschaulichen. Die Erinnerung an vergangene Freude kontrastiert mit dem gegenwärtigen, durch die Untreue des Mannes bewirkten Leid der Frau.

Literatur

R. Grimminger: Poetik des frühen Minnesangs. München 1969. (MTU 27.) S. 49–54, 57 f.
P. Wapnewski: Zwei altdeutsche Frauenlieder. I: *Es stuont ein frouwe alleine* (MF 37,4). II: *Sô wol dir, sumerwunne!* (MF 37,18). In: P. W.: *Waz ist minne.* München ²1979. S. 9–22.

XIII

DIETMAR VON EIST

Nu ist ez an ein ende komen

Text: MOSER/TERVOOREN, Dietmar von Eist XII (mit einer Änderung in 2,7) = MF 38,32.

Metrik: Mischung aus paarweise reimenden Lang- und Kurzversen mit Refrain.

Erläuterungen: **1,5** *alsô gar gelâzen hât:* Die Übersetzungsalternative ›so vollkommen gelassen (entfesselt) hat‹ dürfte entfallen, weil das Bild des aufgewühlten See nicht zu dem eines leicht lenkbaren Schiffes paßt. **2,5** *welt* ›die Welt, die Gesellschaft‹. **7** *schône,* von den meisten Herausgebern als spätere Zutat angesehen und aus metrischen Gründen eliminiert. **3,1** *vruot,* hat ein sehr breites semantisches Spektrum, neben ›verständig, klug, vernünftig‹ auch ›schön, gut, tüchtig, gesittet, froh, gesund‹ möglich.

Das Lied ist ein *Wechsel,* der aus einer Frauenstrophe und zwei sie umrahmenden Männerstrophen besteht.

Str. 1 zeigt den deutlichen Einfluß der neuen romanischen Anschauungen über die Liebe (Dienst-Gedanke). Die sonst in der mittelalterlichen Poesie häufiger begegnende Schiffsmetaphorik ist nicht nur im frühen Minnesang, sondern in der deutschen Lyrik überhaupt singulär. Die Besonderheit des Schiffsvergleichs bei Dietmar liegt in der Verbindung mit dem Erziehungsgedanken; sonst findet sich nur die Vorstellung, daß die Liebe den Mann umhertreibt wie der Sturm ein (ankerloses) Schiff auf hoher See (vgl. z. B. CB 62; *Giraut de Borneilh,* Ausg. von A. KOLSEN, 2 Bde., Halle 1910–35, Nr. 12; *Les chansons de Perdigon,* Ausg. von H. J. CHAYTOR, Paris 1926, CFMA 53, Nr. 7). Das Bild vom Schiff auf der Woge erscheint auch als metaphorischer Ausdruck für den seelischen Zustand der Ungewißheit (*Bernhard von Ventadorn,* Ausg. von C. APPEL, Halle 1915, Nr. 44); seltener ist der Gedanke, daß der Mann fürchtet, »Schiffbruch zu erleiden«, wenn er keine Gegenliebe findet (*Le troubadour Raimon-Jordan,* Ausg. von H. KJELLMANN, Uppsala/Paris 1922, Nr. 7 und 8).

In Str. 2 erklärt die Frau, daß sie dem Mann – als Lohn für seinen »Dienst« – ihre Liebe schenken und dafür auch den Bruch mit der Gesellschaft in Kauf nehmen wolle.

Str. 3 zeigt den Mann jedoch weiterhin im Zustand unerfüllter Sehnsucht; aus seiner Perspektive erscheint die Frau, den neuen romanischen Vorstellungen entsprechend, als gleichgültige Minnedame, so daß der inhaltliche Zusammenhang mit der vorangehenden Strophe bei gleichzeitiger formaler Übereinstimmung in Frage gestellt wird. v. Kraus hat deshalb eine Umstellung der Strophen (3–2–1) erwogen, wodurch der ›Bruch‹ jedoch nicht überzeugend behoben wird.

Die inhaltliche Inkonsistenz ist charakteristisches Zeichen für die fortschreitende Auseinandersetzung mit dem literarischen Konzept des Frauendienstes, bei der Altes und Neues in eine eigentümliche Spannung treten. Diese Spannung verleiht dem Lied seinen besonderen ästhetischen Reiz.

Literatur

R. Grimminger: Poetik des frühen Minnesangs. München 1969. (MTU 27.) S. 21–24.

P. Wapnewski: Dietmar von Eist XII: *Nu ist ez an ein ende komen.* In: The Interpretation of Medieval Lyric Poetry. Ed. by W. T. H. Jackson. New York 1980. S. 163–175.

XIV

Der Burggraf von Regensburg

Ich bin mit rehter staete

Text: Moser/Tervooren, Der Burggraf von Regensburg I = MF 16,1.

Metrik: zwei paarweise reimende Langverse und ein Kurzvers, der mit einem Langvers reimt.

Erläuterungen: Welcher der historisch bezeugten Burggrafen von Regensburg mit dem Minnesänger identisch ist, läßt sich nicht sicher ermitteln. Nach der mutmaßlichen Entstehungszeit der wenigen ihm zugeschriebenen Strophen kommen Heinrich III. (gest. wohl 1177) und dessen drei Söhne in Frage, Friedrich (urkundlich zuerst 1150, gest. um 1181/82), Heinrich IV. (urkundlich 1184) und Otto III.

(gest. nach 1185). Die Burggrafen von Regensburg standen in enger Verbindung zu den Staufern und hatten Kontakte nach Österreich, wo einige ihrer Besitzungen lagen (vgl. MF III,2, S. 339). Die Hs. A überliefert die hier zitierten Frauenstrophen unter dem Namen Leutholds von Seven; nach dem Zeugnis von C stammen sie jedoch von einem Burggrafen von Regensburg, dessen Verfasserschaft nicht bezweifelt wird.

Die Frage, ob die Strophen im Sinne eines *Wechsels* zusammengehören, ist strittig; sie lassen sich durchaus als selbständige einstrophige Lieder lesen.

Formal (Langzeilen) wie inhaltlich (Liebes- und Treuebekundung der Frau) stehen die beiden Strophen in donauländischer Tradition, scheinen aber doch auch schon romanischen Einfluß aufzuweisen, so in der sicher formelhaften Dienst-Terminologie, die hier auf die Frau bezogen wird, und in dem durch Str. 1,3 nahegelegten Gedanken, daß die gesellschaftliche Wertschätzung des Mannes Voraussetzung für den *hôhen muot* ist. Die Verwünschung der Liebesfeinde in Str. 2 bildet hierzu einen Widerspruch.

Der Ton liegt auch (mit zusätzlichen Zäsurreimen in den ersten beiden Langversen) CB, Nr. 165 und 165ª zugrunde; für Vers- und Strophenbau ist trotz der Langverse außerdeutscher Einfluß in Betracht gezogen worden.

XV

Der Burggraf von Rietenburg

Nu endarf mir nieman wîzen

Text: MOSER/TERVOOREN, Der Burggraf von Rietenburg I = MF 18,1. Im Unterschied zu MOSER/TERVOOREN werden b e i d e Strophen nach C zitiert (1,1 *mir* nicht in C, ergänzt nach B).

Metrik: stolliger Strophenbau mit Kreuzreimen im Aufgesang und Paarreimen im Abgesang.

Erläuterungen: Da die Burggrafen von Regensburg sich auch nach Rietenburg nannten, kommt als Verfasser eine der im Kommentar zu Lied XIV aufgeführten Personen in Frage. Nicht auszuschließen ist, daß es sich beim Burggrafen von Regensburg und dem von

Rietenburg um nur e i n e n Dichter handelt; hierfür spricht, daß die vorliegenden beiden Strophen in dem kürzlich entdeckten Budapester Fragment (vgl. dazu A. Vizkelety, »Die Budapester Liederhandschrift«, in: Beitr. [Tüb.] 110, 1988, S. 387–407) dem Burggrafen von Regensburg zugeschrieben werden. Allerdings haben die dem Rietenburger zugeschriebenen sieben Strophen inhaltlich (stärkerer Einfluß der romanischen Anschauungen über die Liebe) und formal (keine traditionellen Langverse, sondern Kurzverse und stolliger Strophenbau) modernere Züge als die des Regensburgers. Auffallend ist auch, daß unter den Strophen nur eine einzige Frauenstrophe ist. Vielleicht ist darin ein Indiz dafür zu sehen, daß die alte Gattung für die neuen Ideen über die Liebe kein adäquates Ausdrucksmuster bot. Für definitive Schlußfolgerungen ist die Materialbasis jedoch zu schmal.

Die beiden vorliegenden Strophen scheinen durch das jeweils im Abgesang auftretende Motiv ›Abwehr der Liebesfeinde‹ miteinander verknüpft; sie werden deshalb überwiegend als *Wechsel* aufgefaßt.

Ungewöhnlich ist der in der Frauenstrophe ausgesprochene Gedanke, daß die Frau im – durch das *nîden* verursachten (?) Zorn – erklären könnte, einen anderen Mann ebenso zu lieben wie den geliebten Partner (Str. 1,4 f.). Der Wandel im Bild der Frau vom frühen zum romanisierenden Minnesang dokumentiert sich darin, daß die Haltung der Frau nicht mehr von elegischen Zügen bestimmt ist, sondern von dem Willen, den Anspruch auf Liebe gegen die Gesellschaft zu behaupten (vgl. ähnlich schon Lied IX,1 und XIV,2).

XVI

Kaiser Heinrich

Wol hôher danne rîche

Text: Moser/Tervooren, Kaiser Heinrich I = MF 4,17.

Metrik: Mischung aus Lang- und Kurzzeilen. Statt der Langzeilen werden auch Kurzzeilen angesetzt.

Erläuterungen: 1,5 Schweikle, *Die mittelhochdeutsche Minnelyrik* I, S. 263, behält die Lesart von C bei und übersetzt: »Ich war seitdem nie so fern von der Jugendschönen ...« 2,2 *verenden*

›beenden, vollführen, in Erfüllung gehen‹.   5 *schouwen*, eigtl.
›sehen, betrachten, besichtigen, prüfen‹. Eine erotische Nebenbe-
deutung wird hier durch den Kontext nahegelegt. Nach einer im
Mittelalter verbreiteten Anschauung entsteht die Liebe durch den
Blick, der durch die Augen ins Herz geleitet wird. *vrouwen/schou-
wen* ist eine gängige Reimbindung.

Der Verfasser dieses Liedes wird allgemein mit Heinrich VI.
(1165–97), dem Sohn Friedrich Barbarossas, identifiziert, der 1190
König, 1191 Kaiser wurde; ältere Zweifel an der Verfasserschaft
Heinrichs können als ausgeräumt gelten. Es wird vermutet, daß die
drei ihm zugeschriebenen Lieder aus seiner Jugend stammen, bevor
seine Eheschließung mit der sizilischen Prinzessin Konstanze statt-
fand (1186). Die Vorstellung, daß die Lieder anläßlich des Mainzer
Hoffestes im Jahre 1184, auf dem die Schwertleite Heinrichs vollzogen wurde, entstanden und hier auch vorgetragen wurden, hat in der
Forschung besonderen Anklang gefunden. Die Lieder stehen inhaltlich stark in der Tradition des donauländischen Minnesangs, während sie im formalen Bereich (Streben nach reinen Reimen, zum Teil
stolliger Strophenbau, sog. mhd. Daktylen) einen deutlichen romanischen Einfluß erkennen lassen.

Die vorliegende Männer- und Frauenstrophe bilden einen *Wechsel*.
Beziehungsreich für den (künftigen) Herrscher ist die Eröffnung
der Männerstrophe mit einer Variante des sog. Kaisertopos (vgl.
dazu Lied III). Die Frauenstrophe mit dem zentralen Rivalinnen-
Motiv bewegt sich im Rahmen des Donauländisch-Konventionellen.
Vorausgesetzt in beiden Strophen ist das Erlebnis eines erfüllten
Liebesglücks; in seinem Bestand bedroht erscheint dieses Glück
bezeichnenderweise nur aus der Perspektive der Frau.

Literatur

H. NAUMANN: Die Hohenstaufen als Lyriker und ihre Dichter-
    kreise. In: Dichtung und Volkstum (Euph.) 36 (1935) S. 21–49.
G. JUNGBLUTH: Die Lieder Kaiser Heinrichs. In: Beitr. (Tüb.) 85
    (1963) S. 65–82.
P. WAPNEWSKI: Kaiserlied und Kaisertopos. Zu Kaiser Heinrich
    5,16. In: P. W.: *Waz ist minne*. Studien zur mittelhochdeutschen
    Lyrik. München ²1979. S. 47–64.

XVII

Friedrich von Hausen

Dô ich von der guoten schiet

Text: MOSER/TERVOOREN, Friedrich von Hausen IX (mit einer Änderung in 1,5; *valschen* wird sonst meist aus metrischen Gründen eliminiert) = MF 48,32.

Metrik: doppelter Kreuzreim mit zusätzlichem Schlußvers (abab abab b). Str. 2 hat dreihebige Verse, Str. 1 fügt sich diesem Schema nicht ganz ein (V. 1 und 5 haben vier Hebungen).

Erläuterungen: **1,1** *dô* dient im Mhd. meist als Einleitung von temporalen Sätzen, hier liegt eine in der Zeit noch seltene kausale Bedeutungsnuance vor, vgl. PAUL/WIEHL/GROSSE, § 459.
6 f. Wörtl. ›von dem mir noch nie Angenehmes widerfuhr‹. **2,2** *bestân* ›standhalten, widerstehen‹. **6** *Pfât*, mhd. Bezeichnung für den größten Fluß Italiens, den Po.

Friedrich von Hausen ist urkundlich zwischen 1171 und 1190 bezeugt; er stammte aus einem Freiherrengeschlecht Rheinfrankens, das in enger Beziehung zum Stauferhof stand. Diplomatische Missionen im Auftrag Barbarossas führten ihn in das französische Grenzgebiet; daneben sind Aufenthalte in Italien nachweisbar. Ungeklärt ist, warum Friedrich von Hausen in einigen Urkunden unter den Ministerialen des Kaisers erscheint. Er kam 1190 auf dem Kreuzzug Barbarossas durch einen Sturz vom Pferd ums Leben. Die Tatsache, daß mehrere Chronisten von diesem Ereignis Notiz nehmen, ist ein Indiz für das hohe Ansehen, in dem Hausen bei seinen Zeitgenossen stand.

An der Identität des Minnesängers mit diesem Friedrich von Hausen gibt es keinen Zweifel. Er ist der bedeutendste unter den Minnesängern, die im Umkreis des Stauferhofs bezeugt sind, und hat entscheidend zur Rezeption der modernen romanischen Formkunst und der neuen Anschauungen über die Liebe beigetragen. Wie stark der französische Einfluß die Lyrik Hausens prägt, läßt sich daran ablesen, daß die im frühen Minnesang noch so häufig verwendete Frauenstrophe bei ihm kaum mehr begegnet. Abgesehen von einem unter seinem Namen überlieferten Frauenlied (MF 54,1), das ihm abgesprochen wird, ist die Frauenstrophe in dem hier aufgenommenen *Wechsel* das einzige Beispiel dieser Gattung, das sich in Hausens lyrischem Œuvre findet.

Inhaltlich steht dieser *Wechsel* ganz in der donauländischen Tradition; zentrales Thema ist die Abwehrhaltung von Mann und Frau gegen die Liebesfeinde (vgl. Lied VIII, IX, XIII, XIV, XVI). Ungewöhnlich in der Frauenstrophe ist die Verbindung des *huote*-Motivs mit dem *nîden*, das sonst im Zusammenhang mit dem ›Rivalinnen-Motiv‹ steht. Während in den anderen Liedern Friedrichs von Hausen die Frau bereits den neuen romanischen Anschauungen entsprechend durchweg als gleichgültige Minneherrin erscheint, bekennt sie sich hier ganz im Stil des donauländischen Minnesangs unbedingt zu ihrer Liebe. Allerdings setzt dieses Liebesbekenntnis den ›Dienst‹ des Mannes voraus. Der Ton des *Wechsels* beruht vermutlich auf einer romanischen Vorlage.

Literatur

H. Brinkmann: Friedrich von Hausen. Bad Oeynhausen 1948.

H. J. Rieckenberg: Leben und Stand des Minnesängers Friedrich von Hausen. In: Archiv für Kulturgeschichte 43 (1961) S. 163–176.

H. Tervooren: Vorschläge zu einer Neugestaltung von *Des Minnesangs Frühling*. Dargestellt an Friedrich von Hausen 48,32. In: Kolloquium über Probleme altgermanistischer Editionen. Hrsg. von H. Kuhn, K. Stackmann, D. Wuttke. Wiesbaden 1968. S. 106–113.

G. Schweikle: Friedrich von Hausen. In: VL². Bd. 2 (1980) Sp. 935–947.

XVIII

Heinrich von Veldeke

Ich bin vrô, sît uns die tage

Text: Moser/Tervooren, Heinrich von Veldeke IIa = MF 57,10.

Metrik: zwei spiegelbildlich angelegte Kreuzreimperioden (abab baba). Das Grundschema der Verse wird durch den Vierheber bestimmt.

Erläuterungen: **1,7** *tranc*, wohl eine Anspielung auf die Vorstellung vom ›Minnetrank‹, die zur Wirkungszeit Veldekes noch nicht durch den *Tristan* Gottfrieds von Straßburg, aber durch die frühere Bearbeitung durch Eilhart, den *Tristrant*, bekannt gewesen sein dürfte (kritisch zur ›Tristanminne‹ äußert sich Veldeke auch MF 58,38). Da die Anspielung auf den *tranc* in der vorliegenden Strophe sehr unbestimmt ist und durch den Kontext nicht näher definiert wird, ist von der Forschung auch ein Textverderbnis vermutet und statt dessen *cranc* (›Schwäche‹) oder *dranc* (›Bedrängnis‹) angesetzt worden.   **3,7** *al umbevân*, wörtl. ›ganz umfangen‹, euphemistisch für die sexuelle Vereinigung.   **4,5** Die Deutung des Verses ist umstritten, vgl. MF III,1, S. 163, die Paraphrasierung ›in bezug darauf bin ich nachsichtig und milde, ich werfe mir darüber nichts vor‹ (SCHÖNBACH) und ›meine Täuschung betreffs meiner *hövescheit* trage ich gar leicht‹ (v. KRAUS, MF III,1). MOSER/TERVOOREN geben keinen Übersetzungsvorschlag.   **5,5 ff.** In der BC-Überlieferung ist der Sinn klarer zu fassen: ›Welcher Schaden ihm daraus erwächst, das soll er wohl zu spüren bekommen: daß der sein Spiel nicht gut einrichtete, der es verdirbt (bzw. zerstört), bevor er es gewinnt.‹

Heinrich von Veldeke wird mehrfach von zeitgenössischen Dichtern erwähnt, urkundlich bezeugt ist er jedoch nicht. Er trug den Namen eines Ortes, der bei Spalbeke westlich von Hasselt im heutigen Belgien lag und der zu der Grafschaft Loon gehörte. Die Forschung geht davon aus, daß Veldeke dem Dienstmannengeschlecht gleichen Namens zuzuordnen ist, dessen Angehörige seit dem Ende des 12. Jh.s mehrfach in Urkunden der Grafen von Loon erscheinen.

Heinrich von Veldeke, dessen dichterisches Wirken durch Gottfried von Straßburg als Pionierleistung gewürdigt wird, ist ungefähr zwischen 1170 und 1184 literarisch aktiv gewesen. Sein Weg führte ihn von seiner Heimat über Maastricht an den Thüringer Hof; möglicherweise hat er auch 1184 am Pfingstfest Friedrich Barbarossas in Mainz teilgenommen. Im Auftrag der Gräfin Agnes von Loon und des Küsters Hessel vom Servatiusstift in Maastricht übersetzte er die Legende vom Heiligen Servatius aus dem Lateinischen in die Volkssprache. In wessen Auftrag er es dann unternahm, den französischen *Roman d'Eneas* ins Deutsche zu übertragen, ist nicht sicher zu ermitteln; vollendet hat er ihn aber auf Wunsch des Landgrafen Hermann von Thüringen (vgl. den Epilog zum *Eneasroman*). Die Frage, ob Veldeke ein regelrechter ›Berufsliterat‹ war, der seine Kunst erwerbsmäßig ausübte, ist in der Forschung umstritten.

In der Lyrik kommt ihm eine bedeutende Rolle als Vermittler der neuen französischen Formen und Inhalte zu. Ein besonderes Problem wirft (auch in der Epik) die Sprache des Dichters auf. Bestimmte Reimbindungen verweisen auf eine niederdeutsche Lautform, so daß angenommen wurde, die Lieder Veldekes seien ursprünglich im Heimatdialekt des Minnesängers, im Limburgisch-Maasländischen, verfaßt worden, auf dessen Rekonstruktion die Forschung viel Mühe verwandt hat (FRINGS/SCHIEB). Diesen Rekonstruktionsversuchen steht die heutige Textkritik eher mit Skepsis gegenüber. Die Lieder werden daher meist in der oberdeutschen oder mitteldeutschen Lautung wiedergegeben, in der sie überliefert sind.

Die Lieder Veldekes sind von einem ganz eigenen Gestaltungswillen geprägt, durch den sie sich von den Produktionen anderer Minnesänger der Zeit deutlich abheben. Der Einfluß des romanischen Frauendienst-Konzepts, mit dem sich Veldeke nicht ohne ironische Distanz auseinandersetzt, ist dabei unverkennbar.

Mit dem hier zitierten Frauenlied knüpft Veldeke zwar an die heimische Tradition an, modifiziert sie jedoch inhaltlich in einschneidender Weise. Das Lied steht im Wechsel mit einem ebenfalls mehrstrophigen Männerlied (MF 56,1); beide Lieder reflektieren das gleiche Erlebnis, die gescheiterte Werbung des Mannes, einmal aus der Sicht der Frau, einmal aus der des Mannes. Damit erweitert Veldeke nicht nur die Frauenstrophe zum mehrstrophigen Lied, sondern entwickelt auch eine besondere Form des Wechsels, den Lieder-Wechsel, der im Minnesang singulär ist, aber auf die späteren intertextuellen Verknüpfungen von Männer- und Frauenliedern etwa bei Reinmar vorausweist.

Das Frauenlied dokumentiert exemplarisch den Wandel des Frauenbildes zwischen dem frühen und dem klassischen Minnesang. Die Frau ist, schon da sie selbst als Sprecherin auftritt, zwar noch nicht die ›hohe Dame‹, die unnahbare oder gleichgültige Minneherrin, aber auch nicht mehr die liebende und leidende *vrouwe* der älteren Lyrik. Sie ist dem Mann grundsätzlich nicht abgeneigt, fordert von ihm jedoch die Fähigkeit, seine sexuellen Impulse zu kontrollieren, und sanktioniert die Nichtbeachtung ›höfischer‹ Verhaltensnormen, indem sie sich von ihm zurückzieht. Dadurch wird der Frau eine betont erzieherische Funktion dem Mann gegenüber zugeschrieben.

Die Gestaltung des unter dem Einfluß des romanischen Frauendienst-Konzepts aufkommenden neuen Themas ›Scheitern der Werbung des Mannes‹ ist bei Veldeke (vgl. dazu auch das dazugehörige

Männerlied MF 56,1) stark von einer didaktischen Intention geprägt. Der neuen, der Frau übertragenen Rolle entsprechen die neuen Ausdrucksformen der Frauenrede: Statt einfacher, dem Gefühl unmittelbar Ausdruck verleihender Sätze finden sich komplizierte syntaktische Formen, welche die rationale Distanz der Sprecherin gegenüber dem kommentierten Ereignis unterstreichen. Der Ton des Liedes gilt als »sicher romanisch« (MF III,1, S. 164).

Literatur

Th. Frings/G. Schieb: Heinrich von Veldeke. Die Entwicklung eines Lyrikers. In: Fs. P. Kluckhohn und H. Schneider. Tübingen 1948. S. 101–121.

H. Thomas: Zu den Liedern und Sprüchen Heinrichs von Veldeke: In: Beitr. (Halle) 78 (1956) S. 158–264.

G. Schieb: Henric van Veldeken. Heinrich von Veldeke. Stuttgart 1965. (Sammlung Metzler. 42.)

H. Tervooren: Maasländisch oder Mittelhochdeutsch. In: Heinric van Veldeken. Symposion Gent 1970. Hrsg. von G. de Smet. Antwerpen/Utrecht 1971. S. 44–69.

L. Wolff/W. Schröder: Heinrich von Veldeke. VL². Bd. 3 (1981) Sp. 899–918.

XIX

Heinrich von Veldeke

Der blîdeschaft sunder riuwe hât

Text: Moser/Tervooren, Heinrich von Veldeke VI = MF 60,13.

Metrik: stolliger Strophenbau mit Refrain als Abgesang: 4a3b' 4a 3b' 4c 2d'd' 4c (Str. 2: cd'cd'cd'd'c).

Erläuterungen: 1,1 *riuwe* ›nachträgliche Betrübnis über ein Geschehen, Reue, Schmerz, Kummer‹.   2 *êre* ›gesellschaftliches Ansehen‹; *hie* ›hier auf Erden‹.   2,1 *tuon* hier im Sinne von ›veranlassen, bewegen zu‹.

Eine Frauen- und eine Männerstrophe, die einen *Wechsel* (nach v. Kraus: »ein Duett«, MF III,1, S. 168) bilden. Die Frau preist den freudigen Zustand, der aus dem gelungenen Ausgleich zwischen

233

persönlichem Glücksverlangen und gesellschaftlichen Normen resultiert.

In der Männerstrophe erscheint die Frau in einer im Minnesang der Zeit neuen, ungewöhnlichen Funktion. Die Frau – oder die Liebe zu ihr – veranlaßt den Mann zu ›singen‹, wobei der Frau die Fähigkeit zugesprochen wird, gleich einer Muse den Dichter zur Poetisierung seiner Liebe zu inspirieren. Rhythmus und Refrain dieser Komposition haben zu der Vermutung Anlaß gegeben, daß es sich um ein Tanzlied handelt.

XX

ALBRECHT VON JOHANSDORF

Wie sich minne hebt, daz weiz ich wol

Text: MOSER/TERVOOREN, Albrecht von Johansdorf VIII (Str. 4 wird nach C zitiert) = MF 91,22.

Metrik: stolliger Strophenbau (Grundschema 5abab 5c 3x 5c).

Erläuterungen: Der Autor dieses Lieds wird mit dem historisch bezeugten Albertus de Johanstorf, auch: Jahenstorff, identifiziert, der vermutlich einem Ministerialengeschlecht entstammte und zwischen 1185 und 1206 in Urkunden der Bischöfe von Passau (unter ihnen auch: Wolfger, der Gönner Walthers von der Vogelweide) genannt wird.

Mit seinen Anschauungen über die Liebe und über das Verhältnis zwischen Mann und Frau ist Albrecht von Johansdorf weniger der neuen französischen Richtung verpflichtet als der Tradition des donauländischen Minnesangs, dessen prägender Einfluß sich in der häufigen Verwendung der alten Aussageformen der Frauenstrophe und des *Wechsels* ebenso wie in Sprache, Stil und Syntax geltend macht. Andererseits unterscheiden sich Albrechts Lieder jedoch von denen der Frühzeit durch die Verwendung deutlich jüngerer, wohl nach romanischen Vorbildern entwickelter lyrischer Aussageformen wie der des Dialoglieds (vgl. Lied XXI) und durch die Art der Auseinandersetzung mit der Liebe, die keineswegs als ›schlicht‹ abgetan werden kann, sondern vielmehr eine beachtliche sprachliche Raffinesse und Prägnanz erreicht.

Insgesamt werden die literarhistorische Bedeutung Albrechts von Johansdorf und seine Stellung im Minnesang durch die Forschung unterschiedlich bewertet. Vieles spricht dafür, daß seine Lieder um 1200 zu datieren sind; die Einschätzung des Minnesängers als ›Epigone‹ Walthers von der Vogelweide und Heinrichs von Morungen, die sich auf sprachliche Anklänge in den Liedern Albrechts an die beiden ›Großen‹ stützt, wird dem eigenständigen Charakter seiner Lieder nicht gerecht.

Ob die hier zitierten vier Strophen als liedhafte Einheit geplant waren, ist umstritten. Sie können nach der Überlieferung auch als zwei jeweils aus zwei Strophen bestehende Wechsel gelesen werden (Str. 3 + 4; 1 + 2). Ebenfalls umstritten ist, ob das lyrische Ich in Str. 1 und 3 als Frau oder Mann zu denken ist (in Str. 2 wird die Sprecherinstanz durch V. 5 eindeutig als weiblich, in Str. 4 schon durch V. 1 als männlich ausgewiesen). Das Motiv ›Furcht vor der Trennung‹ (Str. 1) und ›Mahnung zur Treue‹ gehören im Minnesang jedoch eher in das Register weiblicher Rede.

Der liedhafte Zusammenhang der Strophen wird durch die Form nahegelegt, aber auch, jedenfalls in Str. 1–3, durch inhaltliche Parallelen (›Furcht vor Trennungsschmerz‹, ›Beschwörung der Dauer und einheitsstiftenden Wirkung der Liebe‹). Str. 4 fällt mit der Ergebenheitsbekundung des Mannes, die ganz im Stil des romanischen Frauendienst-Konzepts gehalten ist, aus diesem Rahmen heraus; sie läßt sich aber durchaus als Antwort auf die Äußerungen der Frau begreifen und hätte dann die Funktion, der Furcht der Frau vor der Untreue des Mannes und vor der Trennung entgegenzuwirken.

Literatur

R. Bergmann: Albrecht von Johansdorf und seine Stellung im deutschen Minnesang. In: DU 19 (1967) S. 32–50.

D. P. Sudermann: The Minnelieder of Albrecht von Johansdorf. Ed., Comm., Interpr. Göppingen 1976. (GAG 201.)

K.-H. Schirmer: Albrecht von Johansdorf. In: VL². Bd. 1 (1978) Sp. 191–195.

H. Bekker: The Poetry of Albrecht von Johansdorf. Leiden 1978. (Davis Medieval Texts and Studies. 1.)

XXI

ALBRECHT VON JOHANSDORF

Ich vant si âne huote

Text: MOSER/TERVOOREN, Albrecht von Johansdorf XII = MF 93,12.

Metrik: stolliger Strophenbau (Grundschema: 3a' 5b 3a' 5b 4c 7c).

Erläuterungen: **1,6** *sagent, -nt* statt *-t* für die 2. Pers. Pl. Präs. Ind. und den Imp. begegnet auch sonst im Text. Es handelt sich um eine Nebenform, die im Alemannischen und Rheinfränkischen auftritt. **4,4** *krenken* ›schwächen, erniedrigen, schädigen, zunichte machen, bekümmern‹. **5,4** *wortel*, Diminutiv zu *wort*. **7,2** *vervân* (kontrahierte Form von *vervâhen*, daraus nhd. ›verfangen‹), ›fassen, erfassen, erreichen, gewinnen, helfen, nützen‹.

Es handelt sich um ein Dialoglied mit epischer Einleitung und gleichbleibender Gliederung in den folgenden Strophen: Der erste Stollen ist stets Männerrede, der zweite Frauenrede; im Abgesang spricht der Mann den ersten, die Frau den zweiten Vers. Diese Dialogstruktur hat im Minnesang eine Parallele nur bei Ulrich von Singenberg (SMS, Nr. 7). Die Forschung geht davon aus, daß Albrecht von Johansdorf sich bei der Gestaltung des Liedes an einem provenzalischen Vorbild orientiert hat (ANGERMANN; vgl. auch FRANK).

Der besondere Reiz des Liedes beruht auf der raschen Folge von Rede und Gegenrede sowie auf dem leichten Ton, mit dem verschiedene Gefühlsnuancen eingefangen werden, die der Charakterisierung von Mann und Frau und ihres Verhältnisses zueinander dienen. So bestimmen den Mann im Wechsel Verlegenheit, Hoffnung und Enttäuschung, während die Frau in ihrer Überlegenheit sich zwar mit leichtem Spott auf Distanz hält, aber doch auch Anwandlungen von Zorn und Mitleid hat. Selten im Minnesang wird so deutlich wie hier auf die ›doppelte Moral‹ der Gesellschaft hingewiesen (Str. 4,6): Erfolg bei der Werbung bringt dem Mann Ehre ein, während für die Frau die Hingabe Schande bedeutet. Der letzte Vers des Liedes ist wegen der Prägnanz, mit der in ihm die Idee der hohen Minne formuliert wird, zum klassischen Zitat geworden.

Literatur

A. ANGERMANN: Der Wechsel in der mittelhochdeutschen Lyrik.
Diss. Marburg 1910.

I. FRANK: Trouvères et Minnesänger. Recueil de textes. Saarbrücken
1952. (Schriften der Universität des Saarlandes.) S. 86.

XXII

HARTMANN VON AUE

Ob man mit lügen die sêle nert

Text: MOSER/TERVOOREN, Hartmann von Aue IX = MF 212,37.

Metrik: stolliger Strophenbau (4abab, 4c 3d' 4c 3d' 4c 3d'), die
Verse des Abgesangs wurden auch als Vagantenlangzeilen angesehen.

Erläuterungen: **1,1** *nert*, Inf. *nern* (nhd. ›nähren, ernähren, genesen‹). Das mhd. Wort verfügt über ein breites semantisches Spektrum, das Physiologisches (›nähren, ernähren‹), Medizinisches
(›gesund bleiben, gesund werden‹), Religiöses (›Seelenheil erlangen‹), und entsprechende Bedeutungen im transitiven Gebrauch des
Verbums einschließt (›retten, schützen, heilen‹ usw.). An der
Semantik von *nern* läßt sich die ›ganzheitliche‹ Weltsicht des Mittelalters exemplarisch ablesen. **7** *verlôs*, Inf. *verliesen*, eigtl. ›verlieren‹; ›durch meinen eigenen Verstand verlor ich mich‹. **2,2** Das
Herz gilt im Mittelalter als der Sitz der rationalen und affekti-
ven Kräfte des Menschen, als das Zentrum der Person schlechthin.
4 *touc*, Inf. *tugen* ›taugen, tüchtig, angemessen, förderlich, brauch-
bar sein‹. **5** Wörtl.: ›es ist ein geringer Ruhm für den Mann (als
solchen)‹. **9** Wörtl.: ›denen folgte ich bis auf das Eis‹, d. h. bis
dorthin, wo die Zuverlässigkeit, die Tragfähigkeit der Aussagen nur
dem Schein nach existiert, in Wahrheit aber nicht gegeben ist.
Hartmann von Aue, einer der bedeutendsten Literaten des hohen
Mittelalters, der den ›modernen‹ höfischen Roman (*Erec, Iwein*) in
Deutschland bekannt machte und die literarische Auseinandersetzung mit den neuen, in Frankreich entwickelten Ideen über die
Liebe maßgeblich geprägt hat, ist urkundlich nicht bezeugt. Aus
literarischen Selbstzeugnissen Hartmanns geht hervor, daß er einem

237

Ministerialengeschlecht angehörte, daß er sich im gesellschaftlichen Gefüge der Zeit als ›Ritter‹ verstand und über eine für seinen Stand ungewöhnliche gelehrte Bildung verfügte. Der Sprache nach war er im alemannischen Raum zu Hause; daher erklären sich die Versuche, seinen Herkunftsort (›-aue‹) in diesem Gebiet anzusiedeln und ihn einem dort ansässigen Herrschergeschlecht – vorzugsweise den Zähringern, seltener den Welfen – zuzuordnen. Die Zeit seines literarischen Wirkens wird zwischen 1180 und 1200 angesetzt. Hartmann steht dem romanischen Frauendienst-Konzept zunächst positiv gegenüber und setzt sich besonders ernsthaft mit ihm auseinander. An dem Konzept der ›einseitigen Werbung‹ übt er dann jedoch vehement Kritik. Als einer der ersten greift Hartmann nach der Phase der Romanisierung des Minnesangs, in der die Frauenstrophe als lyrische Gattung kaum noch verwendet wurde, auf die alte Aussageform zurück, modifiziert sie und erweitert sie zum mehrstrophigen Lied. Das Frauenlied wird bei ihm zu einem wesentlichen Träger der Auseinandersetzung mit dem romanischen Frauendienst-Konzept.

Im Rückgriff auf ein Motiv des frühen Minnesangs (›Untreue des Mannes‹) problematisiert Hartmann in dem vorliegenden Frauenlied die Fiktion des unverbrüchlich treuen Mannes, die ein konstituierendes Element des Frauendienstes ist. Ebenso wird das in der zeitgenössischen Lyrik herrschende Bild der Frau korrigiert: Sie ist nicht die gleichgültige, über jede sexuelle Regung erhabene ›Minneherrin‹, sondern, wie in der frühen Lyrik, die ›betrogene Liebende‹. Anders aber als im frühen Minnesang erscheint die Untreue des Mannes nicht als eine Art läßlicher Verfehlung, die hinzunehmen das ›Schicksal‹ der Frau ist. Die Untreue des Mannes wird vielmehr verurteilt und das Scheitern der Liebesbeziehung von der Frau selbstkritisch gesehen: Sie ist einer Selbsttäuschung erlegen, als sie sich auf eine Liebesbeziehung mit dem Mann einließ. Die Betonung der Eigenverantwortung der Frau in der Partnerschaft ist ein neuer Zug im Frauenbild des Minnesangs.

Das Lied veranschaulicht, was geschieht, wenn eine Frau ohne hinreichende Prüfung, ob der geliebte Mann ihrer Liebe auch wert ist, auf dessen Werbung eingeht (das Thema behandelt Hartmann auch im *Klage-Büchlein*, V. 217 ff.). Eine grundsätzliche Absage an die Liebe ist damit nicht verbunden, da die Sprecherin erklärt, daß es auch treue Männer gebe (Str. 3).

Zweifel an der Echtheit des Lieds gründen sich im wesentlichen auf die für Hartmann ungewöhnliche Form *vünde* (vgl. MF III,1, S. 465 f.).

Auffallend sind die komplizierten Satzkonstruktionen und anspruchsvolle Vergleiche; sie sprechen gegen die in der Forschung vielfach vertretene These, die Minnesänger hätten die Frauenrede betont schlicht und kunstlos gehalten, um die Sprecherinnen als ›Dilettantinnen‹ zu charakterisieren.

Literatur

R. KIENAST: Das Hartmann-Liederbuch C². Berlin 1963. (Sitzungsberichte der Deutschen Akademie der Wiss., Klasse für Sprachen, Literatur und Kunst. 1.)

E. BLATTMANN: Die Lieder Hartmanns von Aue. Berlin 1968. (PhStuQ 44.) S. 192–194.

C. CORMEAU: Hartmann von Aue. In: VL². Bd. 3 (1981) Sp. 500–520.

H. HEINEN: The woman's songs of Hartmann von Aue. In: Vox feminae. Hrsg. von John F. Plummer. Kalamazoo (Mich.) 1981. (Studies in medieval culture. 15.) S. 95–110.

E. v. REUSNER: Hartmann von Aue. Lieder. Mhd./Nhd. Stuttgart 1985. (Reclams Universal-Bibliothek. 8082 [2].) S. 126–130.

E. v. REUSNER: Hartmanns Lyrik. In: GRM 34 (1984) S. 8–28.

XXIII

HARTMANN VON AUE

Swes vröide hin ze den bluomen stât

Text: MOSER/TERVOOREN, Hartmann von Aue XIV = MF 216,1.

Metrik: stolliger Strophenbau (4a 6b 4a 6b 4cc 6c).

Erläuterungen: **1,**1 *ze den bluomen*, Stilfigur der Synekdoche. Die Blumen stehen für den Sommer, die Zeit der Liebe. **2,**1 *vriunt* sonst auch ›Verbündeter, Freund, Geliebter‹. 1 f. *ein spil teilen* ›jem. vor eine dilemmatische Entscheidung stellen‹. 6 *ir* wird im allgemeinen auf die *vriunt* bezogen. Grammatisch möglich ist auch der Bezug auf *minne* im vorausgehenden Vers (v. REUSNER); in

239

diesem Falle läge ein interessantes Paradoxon (›wer lieben will, muß auf die Liebe verzichten‹) vor, das allerdings aus dem kontextuellen Zusammenhang herausfallen würde. 4,4 Wörtl.: ›keine Ehre ist für ihn zuviel‹. 5 *bescheiden*, vermutlich ist damit die Fähigkeit des Mannes bezeichnet, die Liebe geheimzuhalten. 6 *ichs*, Enklise, aus *ich si, si* = die *triuwe* (Str. 4,2).

Das vorliegende Frauenlied, dessen Echtheit nicht unumstritten ist, repräsentiert einen besonderen Typus der Gattung, der im klassischen Minnesang unter dem Einfluß des romanischen Frauendienst-Konzepts ausgebildet wird (vgl. auch MF 54,1, das unter dem Namen Friedrichs von Hausen überliefert ist, diesem aber abgesprochen wird, und einige Frauenlieder Reinmars (vgl. Lied XXVIII, XXIX, XXX, XXXI in vorliegender Ausgabe). Im Zentrum steht der Konflikt der Frau zwischen persönlicher Neigung und gesellschaftlichen Normen. Dabei wird deutlich, daß die Frau nicht die passive ›Minnedame‹ ist, als die sie dem Mann in den Männerliedern erscheint, sondern daß auch sie aktiv liebt und die Liebe des Mannes erwidern möchte, aber Rücksicht auf ihre gesellschaftliche Stellung nehmen muß.

Hindernis bei der Verwirklichung des Liebesglücks sind in diesem Frauenlied Hartmanns nicht wie sonst oft im Minnesang anonyme ›Liebesfeinde‹ (*merker*, *lügenaere*), sondern die Verwandten der Frau, die damit in einen konkreten sozialen Zusammenhang gestellt wird. Die Verwandten haben die Frau vor die Alternative gestellt, sich entweder für sie oder für den Freund zu entscheiden; sie aber möchte weder auf den Familienverband verzichten (der im Mittelalter die entscheidende Rechtssicherheit für die Frau bietet), noch auf die Liebe zum Freund – ein ›Kasus‹ von dilemmatischer Qualität, zu dessen poetischer Gestaltung Hartmann möglicherweise durch die in Frankreich seinerzeit beliebten dilemmatischen Streitgedichte (die *Jeux-partis*) angeregt worden ist. Von der in diesen Streitgedichten üblichen Dialogform und kasuistischen Behandlung der zur Debatte stehenden Fragen unterscheidet sich Hartmann durch die Einseitigkeit, mit der er das Problem präsentiert, indem er es nur aus der Sicht der Frau perspektiviert. Der mehrfach variierte Gedanke, daß der Mann sich der Liebe als so würdig erwiesen hat, daß er sie sich nun *verdient* hat und ein weiteres Hinauszögern des Lohns die Integrität der Frau, ihre *triuwe*, in Frage stellen sollte, spricht dafür, daß Hartmann hier programmatisch das Prinzip der Gegenseitigkeit der Liebe behaupten wollte (wie er es ähnlich im *Klage-*

Büchlein tut). Die Möglichkeit einer Lösung des Konflikts scheint die Frau darin zu sehen, daß der Mann verschwiegen ist und die Liebesbeziehung so vor den *vriunt* verborgen bleibt.

Literatur

E. BLATTMANN: Die Lieder Hartmanns von Aue. Berlin 1968. (PhStuQ 44.) S. 189 f.

E. v. REUSNER: Hartmann von Aue, Lieder. Mhd./Nhd. Stuttgart 1985. (Reclams Universal-Bibliothek. 8082 [2].) S. 139–142.

XXIV

HARTMANN VON AUE

Diz waeren wunneclîche tage

Text: MOSER/TERVOOREN, Hartmann von Aue XVI = MF 217,14.

Metrik: stolliger Strophenbau (4abab 5c 4dcde 5e).

Erläuterungen: **1,5** *buoz* ›Besserung, Abhilfe, Entschädigung‹. **3,7** Wörtl. ›daß sie mir nicht glauben (= meinen seelischen Zustand nicht nachvollziehen) kann‹.

Die Autorschaft Hartmanns für dieses Lied ist wie die für die vorangehenden beiden Lieder angezweifelt worden (vgl. MF II, S. 116; MF III,1, S. 472; MF III,2, S. 516). Umstritten ist außerdem die Deutung der offenkundigen Beziehungen, die zwischen diesem Lied und einer Komposition Reinmars bestehen (vgl. Lied XXVII), besonders die Frage, welchem Text die Priorität zuzusprechen ist. Schließlich herrscht Uneinigkeit darüber, ob das Lied als Klage einer Frau über den Tod des geliebten (Ehe-)Mannes oder über eine längere Trennung aufzufassen ist, die durch den Aufbruch des Mannes zum Kreuzzug veranlaßt wurde.

Die Annahme, daß es sich um eine Trennungsklage handelt, stützt sich im wesentlichen auf ein Argument ex negativo: In Totenklagen wird der Name des Verstorbenen in aller Regel genannt, und das ist hier nicht der Fall. Dem ist jedoch entgegenzuhalten, daß Hartmann den Tod seines Herrn mehrfach beklagt, ohne dessen Namen zu nennen. Sollte es sich um eine Trennungsklage handeln, so ist es verwunderlich, daß in dem Text überhaupt nicht in Erwägung gezogen wird, der Mann könne unbeschadet vom Kreuzzug zurückkehren. Überzeugender erscheinen die Argumente für eine Deutung des Lieds als Totenklage. Hierfür sprechen das uneingeschränkte Lob des Mannes, das Motiv der Unwiederbringlichkeit des Glücks und der Plötzlichkeit des Verlustes. Für die Annahme, daß es sich bei dem vorliegenden Lied um eine Totenklage handelt, spricht schließlich auch die enge Beziehung zu Reinmar MF 167,31 (in vorliegender Ausgabe Lied XXVII). Jedenfalls deutet vieles darauf hin, daß mit dem vorliegenden Frauenlied ein neuer Gattungstypus im Minnesang begründet worden ist, als dessen Schöpfer eher Hartmann als Reinmar zu gelten hat. In der Poesie des Dichters ist es anderen Liedern zuzuordnen, in denen das Erlebnis des Todes und das der unabwendbaren Begrenztheit der menschlichen Existenz zu einer Relativierung der an die Liebe gerichteten ›Heils‹-Erwartung führt.

Literatur

E. BLATTMANN: Die Lieder Hartmanns von Aue. Berlin 1968. (PhStuQ 44.) S. 13–55. 213–231.

V. MERTENS: Gregorius Eremita. Eine Lebensform des Adels bei Hartmann von Aue in ihrer Problematik und ihrer Wandlung in der Rezeption. München 1978. (MTU 67.) S. 167 f.

E. v. REUSNER: Hartmann von Aue. Lieder. Mhd./Nhd. Stuttgart 1985. (Reclams Universal-Bibliothek. 8082 [2].) S. 146–151.

XXV

HEINRICH VON MORUNGEN

Ich hân sî vür alliu wîp

Text: MOSER/TERVOOREN, Heinrich von Morungen X (hiervon abweichend wird Str. 3 nach B zitiert; *gesage*] *sage* ist ergänzt nach C) = MF 130,31.

Metrik: stolliger Strophenbau (4a 5b 4a 5b 4cdcd).

Erläuterungen: **2,4** *begie,* Inf. *begân,* eigtl. ›etwas ins Werk setzen, tun‹.   **3,5** In C lautet der Vers ›Ich verwünsche sie und doch schadet es ihnen nicht‹.

Heinrich von Morungen wird mit dem *Henricus de Morungen* identifiziert, der in zwei (wohl aus den Jahren 1217 und 1218) stammenden Urkunden des Markgrafen Dietrich von Meißen erwähnt wird. Vermutlich gehörte er einem Ministerialengeschlecht an, das sich nach der Burg Morungen bei Sangershausen in Thüringen nannte. Sein literarisches Wirken wird allgemein um 1200 angesetzt.

Stärker als bei den anderen Minnesängern der Zeit macht sich bei Morungen der Einfluß der französischen, besonders der trobadoresken Lyrik geltend; vieles deutet darauf hin, daß der Dichter sie aus eigener Anschauung kannte. Ein ›Nachahmer‹ ist Morungen jedoch nicht, vielmehr gewinnt er in der produktiven Auseinandersetzung mit der Kunst der Trobadors ein ganz eigenes poetisches Profil. Dabei steht er der im zeitgenössischen Minnesang propagierten Dienstethik eher distanziert gegenüber und betont statt dessen die affektive und subjektive Dimension in der Liebeserfahrung. Morungen gilt als der ›modernste‹ unter den Minnesängern. Frauenstrophen verwendet er nur selten.

In dem vorliegenden Lied knüpft Morungen an die heimische Form des *Wechsels* an, den er zu einem ›Doppelwechsel‹ ausgestaltet. In den ersten beiden Strophen läßt er Motive des Tageliedes anklingen, in den letzten beiden steht die Motivik ›Abwehr der Liebesfeinde‹ mit gleichzeitiger Parteinahme für den Partner im Vordergrund. Die liedhafte Zusammengehörigkeit der Strophen ist durch den Refrain in den Männerstrophen und weitere Responsionen angezeigt.

Bemerkenswert ist vor allem die Gestaltung der Frauenstrophen. Der mundartliche (mitteldeutsche bzw. niederdeutsche) Reim *bat/ nat* in Str. 2 wie der Reim *wal/bal* in Str. 4 wird in der Forschung als Mittel zur Charakterisierung der Sprecherin als »dichtender Dilettantin« gedeutet. Inhaltlich fällt in Str. 2 die dem Mann zugeschriebene, ungewöhnlich starke emotionale Betroffenheit auf. Ungewöhnlich ist auch die Vorstellung, daß die Tränen des Mannes den Trennungsschmerz der Frau lindern können.

Ganz aus dem Rahmen der herkömmlichen Frauenstrophen fällt die vierte Strophe. Verwahrt sich der Mann in Str. 3 gegen die Möglichkeit, daß jemand etwas Herabsetzendes über die Frau sagen könnte, so stellt sich die Sprecherin hier vor den Mann und beklagt die schlechte Behandlung, die ihm zuteil wird: die Höflichkeit, mit der

›sie‹ (die Frauen? die Gesellschaft?) ihm begegnen, ist nur vorge-
spielt, dahinter sind Bosheit und Feindseligkeit verborgen.

Der Tenor dieser Strophe legt die Annahme nahe, daß Morungen
hier weniger die Situation des Liebenden als vielmehr die des Dichters in der Gesellschaft thematisiert hat. Im zweiten Vers ist nicht
nur ausdrücklich vom ›Sprechen‹ die Rede, sondern es handelt sich
dabei auch um ein Selbstzitat Morungens (MF 140,11 f.; vgl. MF
III,1, S. 299 f.). Damit wird die Frauenrede in besonderer Weise
instrumentalisiert, nämlich als Medium der Selbstdarstellung und
der Verteidigung des Dichters. Das Bild vom herumgeschlagenen
Ball ist in der Lyrik der Zeit singulär; in der Epik ist es jedoch
mehrfach belegt (vgl. MF III,2, S. 460).

Literatur

W. Mohr: Spiegelungen des Tageliedes. In: Fs. H. de Boor.
München 1971. S. 287–304.

H. Tervooren: Heinrich von Morungen. Lieder. Mhd./Nhd. Stuttgart 1975. (Reclams Universal-Bibliothek. 9797[4].) S. 158 f.

H. Tervooren: Heinrich von Morungen. VL². Bd. 3 (1981)
Sp. 804–815.

XXVI

HEINRICH VON MORUNGEN

Ich bin keiser âne krône

Text: Moser/Tervooren, Heinrich von Morungen XXVIII = MF
142,19.

Metrik: stolliger Strophenbau (4a′ 5b 4a′ 5b 4bx 5b bzw. 4cx 5c).

Erläuterungen: 1, 4 *danc ir liebes* wird im allgemeinen mit ›Dank sei
ihr für all das Liebe, Angenehme‹ paraphrasiert, vgl. MF III,1,
S. 329.   3 *schône* (Adv.) ›schön, glänzend, herrlich‹.   3, 4 *dienst*,
implizit ist die Bedeutung ›Ergebenheit, Verehrung, Werbung‹.

Die Diskrepanz zwischen den Aussagen der Männerstrophe (Ausdruck der Freude mit Variation des ›Kaiser-Topos‹ und Treuebekundung) und denen der Frauenstrophen (Belehrung des Mannes,
Klage über die Untreue des Mannes) hat Zweifel an der liedhaften

Zusammengehörigkeit der Strophen geweckt. Die Diskrepanz in der Sprechhaltung von Mann und Frau ist jedoch für eine ganze Reihe von *Wechseln* der Frühzeit charakteristisch (vgl. besonders Lied XIII der vorliegenden Ausgabe). Diesem Gattungstyp werden die drei Strophen im allgemeinen zugerechnet.

Die Schlichtheit im Ausdruck und die Stilisierung der Frauenrede sprechen dafür, daß es sich um ein frühes Lied Morungens handelt. Diese Annahme wird bestärkt durch Beziehungen, die zu einem Lied Heinrichs von Veldeke aufgezeigt worden sind (MF 61,33, vgl. FORTMANN). Der Umstand, daß die Frauenstrophen nicht die Durchreimung der Männerstrophe aufweisen, ist als Mittel zur Charakterisierung der Frau gedeutet worden (vgl. auch den Kommentar zu Lied XXV), die angeblich über weniger formale Kunst verfüge als der Mann.

Literatur

D. FORTMANN: Studien zur Gestaltung der Lieder Heinrichs von Morungen. Diss. Tübingen 1966. S. 22–28.

H. TERVOOREN: Heinrich von Morungen. Lieder. Mhd./Nhd. Stuttgart 1975. (Reclams Universal-Bibliothek. 9797 [4].) S. 181.

XXVII

REINMAR

Si jehent, der sumer der sî hie

Text: MOSER/TERVOOREN, Reinmar XVI = MF 167,31.

Metrik: stolliger Strophenbau (4a 3b 5c 4a 3b 5c 5d 7d 4ex 7e).

Erläuterungen: **1,4** *râtent, sprechent, -nt* als Endung der 2. Pl. Ind. Präs. begegnet mundartlich vor allem im Alemannischen, aber auch im Südrheinfränkischen (vgl. PAUL/WIEHL/GROSSE, § 239, Anm. 3). **2,3** *sîme*, kontrahiert aus *sineme*. **10** *seite*, kontrahiert aus *sagete*. **11** *wiel*, Inf. *wallen*; die hs. Überlieferung hat *viel*, Inf. *vallen*. Das Verständnis dieses und des folgenden Verses bereitet erhebliche Schwierigkeiten. Zweifellos soll hier eine starke seelische Erschütterung zum Ausdruck gebracht werden, unklar ist jedoch, welche Vorstellung sich mit dem Bild vom Blut, das vom Herzen auf die Seele fällt, verbindet. Es ist wohl an einen Schock zu denken, der als eine Unterbrechung der natürlichen Zirkulation des Bluts gedacht wird. 3,5 *in*, kontrahiert aus *ich* und der Negationspartikel *-ne*. 9 *tohte*, Inf. *tugen*, eigtl. ›taugen‹.

Es ist eine Besonderheit, daß der Name Reinmars ohne Angabe eines Herkunftsortes oder der Familie, der er entstammte, überliefert ist. In den Hss. findet sich lediglich der Zusatz ›der Alte‹, durch den der Dichter von einem jüngeren Sänger gleichen Namens unterschieden wurde. Anhaltspunkte für die Ermittlung der historischen Identität Reinmars sind damit nicht gegeben. Die Forschung stützt sich in der Regel auf eine Stelle im *Tristan*, wenn es darum geht, Heimat und Herkunft Reinmars näher zu bestimmen. Denn in der *nahtegal von Hagenouwe* (V. 4779), als die Gottfried von Straßburg in seiner Dichtung einen nicht näher bestimmten Sänger preist, glaubt man Reinmar sehen zu dürfen. Die Versuche, den Minnesänger einem in Straßburg ansässigen Geschlecht *von Hagenau* bzw. einer hier bezeugten Reichsministerialenfamilie gleichen Namens zuzuordnen, gehen von der Identität der ›Nachtigall von Hagenau‹ mit Reinmar ebenso aus wie die in der Forschung weniger favorisierte, aber neuerdings von JACKSON mit interessanten Argumenten vertretene These, daß Reinmar einem oberösterreichischen Freiherrngeschlecht angehört habe. Die Annahme, daß Reinmar am Wiener Hof gewirkt hat, stützt sich im wesentlichen auf die nachweisbaren Beziehungen des Sängers zu Walther von der Vogelweide, mit dem er in einem erbitterten Rivalitätsverhältnis gestanden zu haben scheint. Sie stützt sich aber auch und nicht zuletzt auf die Erwähnung eines *Liutpolds* in dem hier zitierten Lied (1,8), der allgemein mit dem Babenberger Herzog Leopold V. (1177–94) identifiziert wird.

Daß allen Bemühungen, den Minnesänger historisch zu situieren, dennoch etwas Spekulatives anhaftet, ist begreiflich, denn die Anknüpfungspunkte sind spärlich. So sind auch für die These, daß Reinmar (wie Walther von der Vogelweide) ein ›Berufsdichter‹ war, der von Hof zu Hof zog und mit seiner Kunst seinen Lebensunterhalt bestritt (SCHWEIKLE, 1969), schlüssige Beweise nicht zu erbringen.

So wenig sich Näheres über Stand und Status sowie die Lebensumstände Reinmars ermitteln läßt – für die Datierung seines literarischen Wirkens um 1200 gibt es hinreichende Indizien. Von nicht unwesentlicher Bedeutung ist dabei der Umstand, daß der Dichter die mit der Adaption des Frauendienst-Konzepts in die deutsche

Lyrik eingeführte Dienst-Ethik konsequent übersteigert und in manchen Liedern eine Liebesauffassung propagiert, in welcher die Entsagung ausdrücklich akzeptiert und ihr sogar gehuldigt wird. Es ist nicht verwunderlich, daß die esoterischen Anschauungen Reinmars eine willkommene Zielscheibe für die Kunst- und Gesellschaftskritik Walthers von der Vogelweide wurden.

Bei der Entwicklung des Frauenliedes hat Reinmar eine wichtige Rolle gespielt, denn wie kein anderer Minnesänger der klassischen Zeit nutzt Reinmar die Aussagemöglichkeiten dieser traditionellen Gattung: Er modifiziert und entwickelt die Frauenlieder weiter, so daß sie, nachdem sie mit der Romanisierung des Minnesangs ganz in den Hintergrund getreten waren, eine regelrechte ›Renaissance‹ erleben. Dabei geht Reinmars Bestreben dahin, in den Frauenliedern den romanischen Frauendienst aus der Sicht der Frau zu perspektivieren; das Frauenlied erhält bei ihm eine (gegenüber dem Männerlied) komplementäre Funktion und wird zum integralen Bestandteil der Auseinandersetzung des Minnesängers mit den neuen, aus Frankreich kommenden Anschauungen über die Liebe.

Das hier an erster Stelle vorgestellte Lied weist allerdings keinen so unmittelbaren Bezug zum Frauendienst auf, sondern repräsentiert einen besonderen Typus der Gattung, in dessen Mittelpunkt die Klage einer Frau über den Tod des geliebten (Ehe-)Mannes steht und dem sich nur ein Lied Hartmanns (Lied XXIV in vorliegender Ausgabe) als vergleichbares Gegenstück an die Seite stellen läßt. Zwischen den Kompositionen Hartmanns und Reinmars sind Beziehungen konstatiert worden; die Frage, welchem Text die Priorität zukommt, ist nicht eindeutig zu entscheiden.

Bei der Deutung des Liedes ist zu berücksichtigen, daß in keiner der Hss. alle drei Strophen überliefert sind, sondern jeweils nur zwei. Daraus ist geschlossen worden, daß Str. 2 und 3 bereits unmittelbar nach dem Tod des Herzogs gedichtet worden sein könnten (Leopold V. starb am 31. Dezember 1194 an den Folgen der Verletzungen, die er sich bei einem Sturz vom Pferd zugezogen hatte), während Str. 1 schon den Sommer voraussetzt und daher möglicherweise einen späteren Zusatz darstellt. Nach SCHWEIKLE (1986) kann sie auch als Rede des Dichters aufgefaßt werden, der den Verlust seines Herrn und Gönners beklagt; in der Regel aber werden alle Strophen des Lieds als Frauenrede gelesen.

Wen Reinmar als Sprecherin dieses Lieds imaginiert hat, darüber hat es in der Forschung eine lange Diskussion gegeben. Insgesamt hat sich die These durchgesetzt, daß die Witwe des Herzogs, Helena, als

Sprecherin zu denken ist. Der Einwand, die Frau spreche von dem Verstorbenen nicht wie von ihrem Ehemann, sondern wie von ihrem Geliebten, ist mit dem Hinweis auf zeitgenössische Bestrebungen, die Liebe in die Ehe zu integrieren, zurückgewiesen worden. So wird das Lied heute generell als ›Witwenklage‹ gedeutet.

Zu fragen bleibt jedoch, welchen Anlaß Reinmar dazu haben konnte, eine derartige Klage zu verfassen und welche Funktion sie seinerzeit erfüllt hat. Hatte Reinmar den Auftrag erhalten, in der höfischen Gesellschaft um Verständnis zu werben für die trauernde Witwe, die sich den allgemeinen Erwartungen auf *vröide* und Festlichkeiten entzog? Sollte er der ehelichen Liebe zwischen Helena und ihrem verstorbenen Gatten ein poetisches Denkmal setzen? Hat Reinmar mit dem Einsatz der Frauenrede panegyrische Zwecke verfolgt? Oder war es seine Absicht, den Herzog, der vor seinem Tode durch die Rolle, die er bei der Gefangennahme von Richard Löwenherz gespielt hatte, bei der Kirche in Mißkredit geraten war, politisch zu rehabilitieren (ASHCROFT)?

Diese Fragen sind bislang noch nicht hinlänglich geklärt. Obwohl für die Verbindung von Frauenlied und Totenklage, wie sie hier (und wohl auch bei Hartmann, Lied XXIV) vorliegt, eine Parallele in der romanischen Lyrik bislang nicht nachgewiesen werden konnte, ist vermutlich von einem Vergleich mit der Gattung der altprovenzalischen Totenklage, des *planh*, weiterer Aufschluß über den besonderen Charakter dieses Frauenlied-Typus zu erwarten.

Literatur

C. v. KRAUS: Die Lieder Reimars des Alten. Tl. 1: Die einzelnen Lieder. Tl. 2: Die Reihenfolge der Lieder. Tl. 3: Reimar und Walther. München 1919.

G. SCHWEIKLE: War Reinmar ›von Hagenau‹ Hofsänger zu Wien? In: Gestaltungsgeschichte und Gesellschaftsgeschichte. F. Martini zum 60. Geburtstag. In Zsarb. mit K. Hamburger hrsg. von H. Kreuzer. Stuttgart 1969. S. 1–31.

J. ASHCROFT: Der Minnesänger und die Freude des Hofes. Zu Reinmars Kreuzliedern und Witwenklage. In: Poesie und Gebrauchsliteratur im deutschen Mittelalter. Hrsg. von V. Honemann [u. a.]. Tübingen 1979. S. 219–238.

W. E. JACKSON: Reinmar's Women. A Study of the Woman's Song (»Frauenlied« and »Frauenstrophe«) of Reinmar der Alte. Amsterdam 1981. (GLLM 9.) S. 241–248.

G. Schweikle (Hrsg.): Reinmar. Lieder. Nach der Weingartner Liederhandschrift (B). Mhd./Nhd. Stuttgart 1986. (Reclams Universal-Bibliothek. 8318 [5].) S. 353–356.

H. Tervooren: Reinmar und Walther. Überlegungen zu einem autonomen Reinmar-Bild. In: H. D. Mück (Hrsg.): Walther von der Vogelweide. Beiträge zu Leben und Werk. Stuttgart. [Im Druck.]

XXVIII

Reinmar

Sage, daz ich dirs iemer lône

Text: Moser/Tervooren, Reinmar XXVII = MF 177,10.

Metrik: stolliger Strophenbau (5a′ba′b 4c 6c).

Erläuterungen: 1,3 *schône* ›schön, anständig, geziemend, richtig, freundlich‹; der Kontext legt hier die Bedeutung ›heiter‹ nahe: Der Mann weiß den Kummer, der ihm durch die abweisende Haltung der Frau erwächst, vor der Gesellschaft zu verbergen, in der er sich heiter gibt.   6 Zur Endung *-nt* in der 2. Pers. Pl. Präs. Ind. vgl. Anm. 1,4 im Komm. zu Lied XXVII.   2,2 *rede* ›Sprache, Rede, Gespräch, Erzählung, Gedicht, Gegenstand einer Rede‹. Hier wie in den folgenden Liedern bezieht sich *rede* auf ein bestimmtes Thema, auf die Werbung des Mannes, auf seinen Gesang, in dem er die Frau darum bittet, seine Liebe zu erwidern.   5 *verreden* ›falsch oder ungerecht reden, sich versprechen‹. Gemeint ist hier wohl, daß die Frau sich nicht so entschieden einem Grundsatz verpflichten sollte, dem zu folgen sie vielleicht nicht in der Lage ist.   4,2 *mîne saelde* bezeichnet vermutlich das Glück, das die Frau beim Vortrag der Lieder empfindet. Denkbar wäre jedoch auch, daß die Frau fürchtet, gegenüber dem Sänger ihre *saelde*, den Nimbus der Vollkommenheit, zu verlieren.   5 Der genaue Sinn dieses Verses ist schwer zu fassen. Wörtlich übersetzt würde er lauten: ›zuallererst bedrängt mich Sorge‹, d. h. wohl ›jetzt weiß ich nicht mehr ein noch aus‹. Jackson übersetzt: »This is only the beginning of trouble for me« (S. 15), Schweikle: »Zunächst einmal fällt mir Sorge zu!« (S. 259).

In der vorliegenden Komposition entfaltet Reinmar die Frauenrede aus einer neuen Gesprächssituation heraus in der Form eines Dialogliedes. Dabei knüpft er mit der Figur des ›Boten‹ an ein Element des frühen Minnesangs an. Der ›Bote‹ scheint jedoch nicht einen servilen Status zu haben, denn die Frau spricht ihn mit *geselle* (3,1) an; er erlaubt es sich, sie vor übereilten Äußerungen zu warnen (2,5), und bedeutet ihr, daß sie eigentlich eine überflüssige Frage stellt (3,5). Der Gesprächspartner der Frau erscheint damit in der Rolle eines Vertrauten und eines Vermittlers zwischen dem Sänger und seiner Dame. Seine Existenz dient dazu, eine besondere Motivation für das Sprechen der Frau zu schaffen, die sich zur Liebe bekennen kann, ohne daß die Fiktion der unüberbrückbaren Distanz zwischen ihr und dem Sänger aufgehoben wird.

Der besondere Reiz dieses Liedes liegt in den Referenzen zu einem Männerlied Reinmars (MF 163,23), in dem Spiel mit Selbstzitaten (zu 2,6 vgl. MF 164,2; zum ›Verstummen‹ MF 164,10), die das Lied in den Rahmen der Reinmarschen Männerlieder integrieren und ihm den Charakter einer ›Antwort‹ verleihen: Die Frau, die hier spricht, ist die ›Dame‹, die der Dichter in seinen Liedern besingt. Die Absicht Reinmars ist offenkundig zu zeigen, daß die Frau in Wahrheit keineswegs die gleichgültige ›Minneherrin‹ ist, als die sie dem lyrischen Ich der Männerlieder erscheint, sondern daß sie durchaus von seiner *rede* bewegt ist, ihren Gefühlen aber aus Rücksicht auf die Sitte (2,4) nicht nachzugeben wagt.

Das Schwanken der Frau zwischen ihrer Neigung und den Forderungen der Sitte, das Reinmar psychologisch außerordentlich differenziert gestaltet, ist auch Gegenstand der folgenden Lieder XXIX–XXXI, die inhaltlich durch das Motiv der *rede* verbunden und als eine Art Sequenz konzipiert sind. Sie stellen den Versuch dar, zwei verschiedene poetische Schemata, das Frauenlied und den (eigentlich an die Perspektive des Mannes gebundenen) Frauendienst miteinander zu kombinieren und so den Frauendienst aus der Sicht der Frau zu reflektieren. Ein ähnliches Vorgehen läßt sich in den Liedern der Comtessa de Dia (vgl. Lied LIII–LVI) beobachten; die Annahme, daß Reinmar sich bei der Gestaltung seiner Frauenlieder von den Kompositionen der provenzalischen Dichterin hat anregen lassen (FRINGS), ist jedoch kaum haltbar (KASTEN).

Zu betonen ist, daß Reinmars Interesse sich nicht an dem psychologischen Konflikt der Frau erschöpft. Er nutzt die Frauenrede auch, um die Wirkung seiner Kunst auf die Frau und die Gesellschaft

(Str. 4) mit Nachdruck herauszustreichen. Damit wird die Frauenrede in den Dienst nicht nur der männlichen Selbstwerbung, sondern zugleich auch der dichterischen Selbstbespiegelung gestellt.

Literatur

Th. Frings: Frauenstrophe und Frauenlied in der frühen deutschen
  Lyrik. In: Gestaltung – Umgestaltung. Fs. H. A. Korff. Leipzig
  1957. S. 13–28.
W. E. Jackson: Reinmars women. A study of the woman's song
  (»Frauenlied« und »Frauenstrophe«) of Reinmar der Alte. Am-
  sterdam 1981. (GLLM 9.) S. 15.
G. Schweikle: Reinmar. Lieder. Nach der Weingartner Lieder-
  handschrift (B). Mhd./Nhd. Stuttgart 1986. (Reclams Universal-
  Bibliothek. 8318 [5].) S. 375–377.
I. Kasten: Weibliches Rollenverständnis in den Frauenliedern Rein-
  mars und der Comtessa de Dia. In: GRM 37 (1987) S. 131–146.

XXIX

Reinmar

Lieber bote, nu wirp alsô

Text: Moser/Tervooren, Reinmar XXVIII = MF 178,1.

Metrik: stolliger Strophenbau (Grundschema: 4abab 4c 5x 4c).

Erläuterungen: **1,1** *wirp*, Inf. *werben* ›sich umtun, tätig sein, tun,
schaffen‹.   **2** (auch 3,3) *sich*, Inf. *sehen.*   **2,3** *dâ leit in abe*, wörtl.
›da bringe ihn davon ab‹: der folgende Vers ist als explizieren-
de Ergänzung dieses Halbverses zu verstehen.   **4** *begeben* (mit
Gen.) ›aufgeben, entäußern‹.   **3,3** *besehen* ›beschauen, unter-
suchen, prüfen, für etwas sorgen‹.   **5** *mein*, Inf. *meinen* ›sinnen,
denken, seine Gedanken richten auf‹.   **4,3** *verber*, Inf. *verbern*
›nicht haben, sich enthalten, unterlassen, meiden‹.   **7** Aufschlußreich für das Frauenbild ist die Passivkonstruktion bei der Formulierung dieses Gedankens.   **5,3** Blaß- und Rotwerden sind nach
mittelalterlicher, auf Ovid zurückgehender Anschauung die klassischen Symptome des Liebesaffekts.   **4** *verwet*, Inf. *verwen* ›fär-

ben‹.   7 Dieser Vers ist wohl als eine Anspielung auf den Sünden-
fall zu verstehen.

Thema und Gesprächssituation dieser Komposition weisen eine enge
Beziehung zu Lied XXVIII auf. Der Bote tritt jedoch nicht mehr
selbst als Sprecher in Erscheinung, sondern fungiert nur noch als
Ansprechpartner der Frau, so daß ein reines Frauenlied vorliegt. Der
Konflikt der Frau zwischen ihrer Neigung und der Rücksicht auf ihr
gesellschaftliches Ansehen ist weiter zugespitzt; während sie in Lied
XXVIII sich noch entschieden dagegen ausspricht zu lieben, gesteht
sie sich nun ein, daß sie liebt (Str. 3 und 6). Wieder steht die *rede* des
Sängers als Problem zur Debatte. Beherrschendes Darstellungsprin-
zip ist hier die mit subtiler Kunst gehandhabte Form der *revocatio*.

Literatur

W. E. JACKSON: Reinmar's women. A study of the woman's song
(»Frauenlied« and »Frauenstrophe«) of Reinmar der Alte. Amsterdam 1981. (GLLM 9.) S. 260–267.

G. SCHWEIKLE: Reinmar. Lieder. Nach der Weingartner Liederhandschrift B. Mhd./Nhd. Stuttgart 1986. (Reclams Universal-
Bibliothek. 8318 [5].) S. 377–379.

F. C. TUBACH: Feudal Ritual and Personal Interplay. Observations
on the Variety of expressive Modes in Minnesang. In: From
Symbol to Mimesis. The Generation of Walther von der Vogelweide. Ed. by F. H. Bäuml. Göppingen 1984. (GAG 368.)
S. 190–207, bes. 203 f.

I. KASTEN: Weibliches Rollenverständnis in den Frauenliedern Reinmars und der Comtesse de Dia. In: GRM 37 (1987) S. 131–146.

XXX

REINMAR

Ungenâde und swaz ie danne sorge was

Text: MOSER/TERVOOREN, Reinmar XLVII = MF 186,19.

Metrik: stolliger Strophenbau (Grundschema: 6a 3b 4c′ 6a 3b 4c′ 4x
3d′ 4xd′, hiervon abweichend der Abgesang Str. 3 und 5).

Erläuterungen: **1,3** *verhengen* ›hängen, schießen, geschehen lassen‹.   **2,1** *In,* kontrahiert aus *ich* und der Negationspartikel *-ne.*
4 f. Im Mhd. wird hier mit dem Gegensatz von Wort und Werk gespielt. V. 5 lautet wörtlich übersetzt: ›der Werke bin ich frei‹.
4,10 *tar,* Inf. *turren* ›wagen‹, unregelmäßiges Verb aus der Gruppe der Präterito-Präsentien.   **5,3** *nâhen* ›zutreffend, eindringlich, bewegend‹.   **6** *lützel* ›wenig‹ ist hier als Litotes zu verstehen.

Das Lied greift erneut den schon in den beiden vorangehenden Kompositionen thematisierten Konflikt auf und entwickelt ihn weiter. Wieder wird deutlich, daß die abweisende Haltung, welche die Frau dem Mann gegenüber in den Männerliedern einnimmt, nicht darauf beruht, daß sie ihn ablehnt, sondern daß sie aus dem Bestreben der Frau resultiert, ihre *êre* zu bewahren. Dabei zeigt sich, daß die Frau sich (ähnlich wie der Mann in den Männerstrophen) nur unter großen inneren Konflikten zum Verzicht auf die Liebe durchringt. Allerdings versteht Reinmar zu suggerieren, daß die Frau, je ungefährdeter sie sich fühlt, im Grunde desto stärker von der Liebe beherrscht wird. Erzeugt wird dieser Eindruck vor allem durch die wiederholte Verwendung der *revocatio.*
Mit der Variation des Motivs vom ›Singverbot‹ wird die Frauenrede erneut zum Medium der dichterischen Selbstaussage (vgl. bes. das kaum verhüllte Selbstlob des Sängers in Str. 5).

Literatur

W. E. JACKSON: Reinmar's women. A study of the woman's song (»Frauenlied« and »Frauenstrophe«) of Reinmar der Alte. Amsterdam 1981. (GLLM 9.) S. 266–274.
I. KASTEN: Weibliches Rollenverständnis in den Frauenliedern Reinmars und der Comtessa de Dia. In: GRM 37 (1987) S. 131–147.

XXXI

REINMAR

Dêst ein nôt, daz mich ein man

Text: MOSER/TERVOOREN, Reinmar XLIV = MF 192,25.

Metrik: stolliger Strophenbau (Grundschema: 4a 5b 4a 5b 4cx 6c).

Erläuterungen: **1,2** *vor al der werlte* ist nach MF III,2, S. 501, nicht als ›vor den Augen der Welt‹, sondern als ›mehr als die ganze Welt‹ aufzufassen. Der Kontext spricht aber eher dafür, daß die Frau von der öffentlichen Vortragssituation spricht, in welcher der Sänger seine Werbung im Lied vorbringt: Sie wird von seinem Gesang so bewegt, daß es ihr nach eigener Auffassung nicht gelingt, ihre Gefühle zu beherrschen. **2,7** Häufiger vorkommende, offenbar formelhafte Wendung für die körperliche Hingabe der Frau, vgl. das Frauenlied Hartmanns, Lied XXIII, Str. 3,5 ff.

An der Zuschreibung dieses Frauenlieds an Reinmar sind des öfteren Zweifel geäußert worden. Begründet werden diese vor allem durch »Mängel der Gedankenführung« (v. KRAUS, MF III,1, S. 398), die man Reinmar nicht zutrauen wollte. Das sonst vielfach ins Feld geführte Argument, der Dichter habe die Rede der Frau bewußt schlicht und kunstlos gehalten, um sie als ›Dilettantin‹ zu charakterisieren, wurde dabei ausnahmsweise nicht bemüht. Vermutlich deshalb nicht, weil ein anderer Grund gegen die Autorschaft Reinmars zu sprechen schien: Die Tatsache, daß die Frau hier nahe daran ist, sich dem Mann hinzugeben (vgl. Str. 3 und 5,4), paßte den Interpreten weder in das Bild von der hohen ›Minnedame‹, als die Reinmar die Frau vielfach zeichnet, noch auch in das Bild, das man sich von dem Minnesänger machte.

Für die Echtheit des Liedes spricht dagegen die enge thematische Verwandtschaft (Konflikt der Frau zwischen Liebe und Ehre; Motiv der *rede*) mit den drei ihm in dieser Ausgabe vorangehenden Liedern. Erneut wird die innere Betroffenheit der nach außen gleichgültigen ›Minneherrin‹ vorgeführt. Die Frau sieht sich nun außerstande, dem Mann (und seiner Kunst!) weiterhin einen wirksamen Widerstand entgegenzusetzen (JACKSON, S. 278: »Her resistance is now completely eroded; she is at his mercy«). Sie appelliert deshalb an die *huote*, an die Instanz, die im Minnesang für die gesellschaftliche Moral steht, und bittet um Beistand. Denn der Mann gibt sich nicht damit zufrieden, daß die Frau ihn liebt, er verlangt von ihr vielmehr, daß sie sich ihm auch hingibt und damit *êre* und *lîp* für ihn aufs Spiel setzt. Die in der Forschung konstatierten »Mängel der Gedankenführung« sind Ausdruck für den Konflikt, in dem die Frau sich befindet: Sie will, aber sie kann dem Mann nicht widerstehen.

Nach JACKSON ist es Reinmars Interesse, mit diesem Lied zu zeigen, wie es einer Frau ergehen kann, wenn sie sich auf die Werbung des Mannes einläßt, wie sie zum »pitiable victim of ›minne‹ and masculine exploitation« wird (S. 280). Im Zusammenhang mit den inhaltlich verwandten Frauenliedern der vorliegenden Ausgabe erscheint dieses Lied als Ausdruck einer psychologisch folgerichtig angelegten und konsequent entfalteten seelischen Entwicklung der Frau, in der die Schwäche und Verführbarkeit der angeblich so unnahbaren ›Minnedame‹ ebenso demonstriert werden soll wie die vermeintliche Wirkung, welche die Kunst des Dichters auszuüben vermag.

Literatur

W. E. Jackson: Reinmar's women. A study of the woman's song (»Frauenlied« and »Frauenstrophe«) of Reinmar der Alte. Amsterdam 1981. (GLLM 9.) S. 274–280.
I. Kasten: Weibliches Rollenverständnis in den Frauenliedern Reinmars und der Comtessa de Dia. In: GRM (1987) S. 131–147.

XXXII

Reinmar

War kan iuwer schoener lîp?

Text: Moser/Tervooren, Reinmar L = MF 195,37.

Metrik: stolliger Strophenbau (4a 5b 4a 5b 4c′ 8c′).

Erläuterungen: 1,4 *varwe*, eigtl. ›Farbe‹.   4,6 Bei der indirekten Rede handelt es sich um eine metaphorische Umschreibung für die sexuelle ›Erfüllung‹ der Liebe.   6,3 f. Ist ironisch gemeint.   6 *vil selten* ›sehr selten‹ ist hier als Litotes aufzufassen.

Das Frauenlied wird mit einer Strophe eröffnet, in der eine Person spricht, deren Geschlecht und Rolle nicht näher bestimmt sind. Nur so viel wird deutlich, daß diese Person die Frau, die als Sprecherin der anderen Strophen erscheint, schon länger kennt und eine Veränderung an ihr feststellt, die zu einer Bekundung des Mitleids führt und die Sprechsituation motiviert.

Von dem Rollenverständnis einer ›Minnedame‹, die sich den Normen der Gesellschaft verpflichtet weiß, läßt die Sprecherin in diesem Lied nichts erkennen, Frauenbild und Motivik verweisen vielmehr auf die Tradition des frühen Minnesangs (*nit* als Ursache für die

Trennung, Hoffnung der Frau auf die Rückkehr des Mannes, offen geäußerter Wunsch nach Sexualität, Anklang an das Motiv der Sommerliebe). Auch das Motiv ›Untreue des Mannes‹ ist, obschon nicht direkt artikuliert, durchaus gegenwärtig. Der Gegensatz zwischen den Verwandten und der liebenden Frau ist hier in besonderer Weise akzentuiert. Die Verwandten fordern von der Frau nicht (wie bei Hartmann, Lied XXIII) die Aufgabe der Liebesbeziehung, sondern sind offensichtlich davon überzeugt, daß die Wünsche der Frau sich ohnehin nicht realisieren werden. Dieses Lied kann als ein weiteres Stadium der in anderen Liedern Reinmars (XXVIII–XXXI) dargestellten inneren Entwicklung der Frau gedeutet werden, wobei hier die Frau von ihrer Rolle als ›Minnedame‹ endgültig Abschied genommen hat. Für einen direkten Zusammenhang dieses Liedes mit den genannten Kompositionen gibt es indes keinen sicheren Anhaltspunkt (etwa die Wiederaufnahme des *rede*-Motivs).

Die Frage nach der Wirkungsabsicht dieser Komposition ist noch nicht hinreichend geklärt. Soll das Lied die Folgen aufzeigen, die für die Frau aus der Preisgabe der Rolle der ›Minnedame‹ entstehen? Handelt es sich um eine Parodie oder um eine polemische Auseinandersetzung mit Anschauungen Walthers von der Vogelweide? Von einigen Interpreten wird Reinmar dieses Lied abgesprochen.

Literatur

W. E. JACKSON: Reinmar's women. A study of the woman's song (»Frauenlied« and »Frauenstrophe«) of Reinmar der Alte. Amsterdam 1981. (GLLM 9.) S. 280–283.

XXXIII

REINMAR

Zuo niuwen vröuden stât mîn muot

Text: MOSER/TERVOOREN, Reinmar LIX = MF 203,10.

Metrik: stolliger Strophenbau (4abab 4ccc).

Erläuterungen: Das Lied, in dem das Glück erfüllter Liebe aus der Sicht der Frau gepriesen wird, gilt vor allem wegen der zweiten

Strophe allgemein als unecht. Neuerdings hat JACKSON dagegen für die Autorschaft Reinmars plädiert und Str. 1, die auch in CB überliefert ist, mit dem mlat. *Huc usque, me miseram!* (in vorliegender Ausgabe Lied LI) in Verbindung gebracht.

Literatur

W. E. JACKSON: Reinmar's women. A study of the woman's song (»Frauenlied« and »Frauenstrophe«) of Reinmar der Alte. Amsterdam 1981. (GLLM 9.) S. 300–305.

XXXIV

WALTHER VON DER VOGELWEIDE

Genâde, frowe, tuo alsô bescheidenlîche

Text: Nach C unter Benutzung von: LACHMANN/v. KRAUS/KUHN = L 70,22 (1,1 *tuo*] nicht in AC; 1,7 *ich meine jenz*] nicht in C, ergänzt nach A; 2,1 *Gewinne*] *Gewunne* C; 3,2 *mich*] nicht in AC; 3,8 *nû* nicht in AC; 3,9 *dann ê* nicht in AC).

Metrik: stolliger Strophenbau (6a' 4b 6a' 6c' 4d 6d 4xc').

Erläuterungen: 1,9 Der Vers wird unterschiedlich gedeutet: »daß ich das wieder lernen werde« (MAURER), »daß ich dabei rückfällig werde« (WAPNEWSKI). Der hier gewählten Übersetzung liegt die Annahme zugrunde, daß es sich bei dem *wider lernen* um eine ähnliche Wortbildung handelt wie bei *wider lêren* ›das Gegenteil des Gelehrten lehren‹. 3,3 *nâch ir lêre*, nach den von der Frau für richtig erachteten Lebensgrundsätzen.

Walther von der Vogelweide, der bekannteste deutsche Lyriker des Mittelalters, hat im Unterschied zu anderen zeitgenössischen Minnesängern nicht nur als Liebeslyriker gewirkt, sondern auch als Spruchdichter. Vermutlich stammte Walther aus Österreich. Dort lernte er nach eigenem Bekunden *singen unde sagen*. Seine literarische Laufbahn begann am Wiener Hof, den er 1198 verließ. Von diesem Zeitpunkt an hat Walther ein Wanderleben geführt und ist im Dienst wechselnder Gönner an verschiedenen großen und kleineren Höfen tätig gewesen. Er hat sich dabei mit großer Verve mit allgemeinen zeitkritischen, aber auch mit politischen und religiösen Themen auseinandergesetzt. Er gilt als der erste nachweisbare ›Berufsdichter‹ unter den Minnesängern; die Spuren seines literarischen Wirkens lassen sich bis etwa 1227 verfolgen.

Walthers Stellung im Minnesang ist durch eine eher kritische Haltung gegenüber dem Frauendienst-Konzept gekennzeichnet, insbesondere gegenüber der Ausprägung, die es in manchen Liedern seines Zeitgenossen und mutmaßlichen Rivalen Reinmar erhalten hatte. Walther wendet sich gegen die ›Überhöhung‹ der Frau ebenso wie gegen das Konzept einer einseitigen, unerfüllten und unerfüllbaren Liebe und gegen eine übersteigerte, die Entsagung propagierende Dienst-Ethik. Statt dessen tritt er für das Ideal einer ›natürlichen‹, auf Gegenseitigkeit beruhenden und die Sexualität einschließenden Liebe ein.

Um seine Liebesauffassung zu veranschaulichen, hat Walther auch die Möglichkeiten der Frauenrede und des Frauenliedes genutzt, obwohl in deutlich geringerem Umfang als Reinmar. Mit Frauenstrophen experimentiert Walther vorzugsweise in dialogisierten Liedern; in der sogenannten Dichter-Fehde mit Reinmar verwendet er sie auch als Medium der literarischen Polemik (vgl. Lied XXXVI). Von ihm stammt darüber hinaus das heute wohl bekannteste Frauenlied des deutschen Mittelalters, *Under der linden* (vgl. Lied XXXVIII).

Bei der vorliegenden Komposition handelt es sich um ein Dialoglied, dessen zweite und dritte Strophe die eigentümliche Sprechhaltung eines *Wechsels* aufweisen. Zur Debatte steht hier das alte Frauenlied-Thema ›Unbeständigkeit und erotische Freizügigkeit des Mannes‹, das in besonderer Weise perspektiviert erscheint. So wird in den Männerstrophen gefragt, ob es nicht legitim sei, wenn der Mann, solange er noch nicht als potentieller Liebhaber akzeptiert worden ist, sich mit anderen Frauen die Zeit vertreibt. Hat der Mann, sofern er sich dies versagt, nicht wenigstens den Anspruch darauf, von der umworbenen Frau etwas ›entgegenkommender‹ behandelt zu werden? Die Frau hingegen erwartet von dem Männern unbedingte Treue, bevor sie bereit ist, sich auf eine Werbung einzulassen. Dabei unterstellt die Sprecherin dem Mann, daß er nur ›Freude‹ sucht und nicht willens ist, Leid zu ertragen und dieses mit der Geliebten zu teilen. Eine Annäherung der Standpunkte findet nicht statt.

Literatur

Th. Frings: Walthers Gespräche. In: Beitr. (Halle) 91 (1969/71) S. 548–557.

G. Hahn: Walther von der Vogelweide. Eine Einführung. München/Zürich 1986. (Artemis Einführungen. 22.)

I. Kasten: Das Dialoglied bei Walther von der Vogelweide. In: Walther von der Vogelweide. Hrsg. von J. D. Müller und F. J. Worstbrock. Stuttgart 1989. S. 81–93.

XXXV

Walther von der Vogelweide

Frowe'n lânt iuch niht verdriezen

Text: Nach C unter Benutzung von: Lachmann/v. Kraus/Kuhn = L 85,34 (1,4 *besten*] *guoten* A; 1,8 *einer*] *reiner* A; 2,1 *wil*] *muoz* E; 2,2 *Swaz ir wöllet frauwe ob ich niht tobe* E; 2,8 *schoener*] *reiner* A; 3,6 *umb*] *nement* A; 4,4 *hovelîch*] *vil wol* E; 5,1 *lânt mich ez alsô*] *daz wil ich sô* E; 5,3 *unde lânt ez iuch*] *des ensol mich nit* E; 5,6 *der lîp*] *daz leben* E; 5,7 *bedorfte iu*] *bedürftet ir* E).

Metrik: stolliger Strophenbau (4a' 5b 4a' 5b 4cd'd' 5c).

Erläuterungen: **1,1** Eigtl. ›laßt euch nicht verdrießen, nicht langweilig werden‹. **2** *gefüege*, kann sowohl einen ästhetischen als auch einen ethischen Wert implizieren, ›wohl gefügt, kunstvoll; schicklich, passend, anständig‹. **2,6** Die schwer übersetzbare Wendung *wibes güete* hat im Mhd. einen geradezu formelhaften Charakter. Die Vorstellung, daß Frauen ihrem Wesen nach ›gut‹ sind, bildet eine wesentliche Grundlage für die in der höfischen Literatur propagierten Frauenbilder. Dabei gilt vielfach, daß Frauen nicht wegen ihrer äußeren Vorzüge (ihrer Schönheit oder ihres gesellschaftlichen Ranges) geschätzt und geliebt werden sollten, sondern wegen ihres ethischen Wertes. Dieses Postulat erhebt auch Walther mit allem Nachdruck (vgl. z. B. L 50,19 und 74,20). **3,5** Ein besonderer Effekt wird hier durch das Spiel mit dem Doppelsinn von *lîp* ›Leib, Leben‹ in buchstäblicher und in übertragener Bedeutung erzielt. **4,6** *redegeselle*, vgl. Reinmar Lied XXVIII,5,1 f. Die

Frau wünscht sich den Mann als Gesprächspartner, nicht als Liebhaber.

Dieses Dialoglied ist ein Musterbeispiel für *hoveliches* Sprechen, für eine Art der Konversation, in der Erotisches nur verhüllend und indirekt zur Sprache gebracht werden kann. Walther inszeniert das Gespräch als ein Spiel mit Rollen, die sich in ironischer Weise aufheben: Die Frau weist dem Mann die Rolle des Belehrenden zu, die er nur übernimmt, um aus ihr herauszufallen, indem er sich als Liebhaber präsentiert; die Frau hingegen, die sich die Attitude einer ›Schülerin‹ gibt, behauptet ihren Standpunkt und erweist sich damit als die Überlegene.

Literatur

Th. Frings: Walthers Gespräche. In: Beitr. (Halle) 91 (1969/71) S. 548–557.

I. Kasten: Das Dialoglied bei Walther von der Vogelweide. In: Walther von der Vogelweide. Hrsg. von J. D. Müller und F. J. Worstbrock. Stuttgart 1989. S. 81–93.

XXXVI

Walther von der Vogelweide

Ein man verbiutet âne pfliht

Text: Nach C unter Benutzung von: Lachmann/v. Kraus/Kuhn (mit Änderungen in 1,4,6 f.; 2,7) = L 111,23 (1,1 Reihenfolge in der Hs. *verbiutet ein spil âne pfliht*).

Metrik: stolliger Strophenbau (4a 6b 4a 5b 5cc 6d 3d).

Erläuterungen: 1,1 *verbiutet*, Inf. *(ein spil)* verbieten ›ein höheres Gebot machen als der Gegner, überbieten, überreizen‹.   2 *volge geben* ›(jem.) folgen, mitbieten, mithalten‹.   3 f. Behauptung, daß die geliebte Frau alle anderen übertreffe. Auf poetologische Ebene übertragen heißt dies: Die eigene Kunst- und Liebesauffassung ist allen anderen überlegen.   4 *österlicher tac* konnotiert den Vorgang der Auferstehung Christi und die Erlösung mit der Erfahrung der profanen Liebe.   8 Da *mîner frowen* als Genitiv oder Dativ aufgefaßt werden kann, ist der Sinn des Verses nicht eindeutig: Wäre es besser, der Frau mit einem zarten Gruß zu begegnen oder stünde es der Frau besser an, sich für die ihr zuteil werdende Verehrung mit einem entsprechenden ›sanften‹ Gruß zu bedanken? (vgl. dazu WAPNEWSKI). 9 *deist mates buoz.* Der Rivalität unter den Lieddichtern (vermutlich richtet sich Walther hier gegen Reinmar) wird in der Metaphorik des (Schach-)Spiels Ausdruck gegeben (vgl. auch 1,2 und 2,6).

Das Lied trägt in der Hs. die Überschrift *in dem dône Ich wirbe umb allez daz ein man*, womit auf ein Lied Reinmars verwiesen wird (MF 159,1). Walther übernimmt nicht nur den ›Ton‹, den Strophenbau, dieser Komposition, sondern greift auch zentrale Motive daraus auf (übersteigerter Frauenpreis, Kußraub, Mattsetzen) und wendet sie mit spöttischer Polemik gegen Reinmar zurück, dessen Vorranganspruch Walther so mit doppelbödigem Witz abweist. Dabei ist die Frauenrede ein wesentlicher Träger literarischer Kritik und Polemik. Das Lied ist das Hauptzeugnis für die ›Dichterfehde‹ zwischen Reinmar und Walther von der Vogelweide.

Literatur

P. WAPNEWSKI: Der Sänger und die Dame. Zu Walthers Schachlied (111,23). In: P. W.: *Waz ist minne*. München [2]1979. S. 74–108.

H. BIRKHAN: Reinmar, Walther und die Minne. Zur ersten Dichterfehde am Wiener Hof. In: Beitr. (Tüb.) 93 (1973) S. 168–212.

I. KASTEN: *geteiltez spil* und Reinmars Dilemma MF 165,37. In: Euph. 74 (1980) S. 16–54, dort S. 47 ff.

XXXVII

WALTHER VON DER VOGELWEIDE

Mir tuot einer slahte wille

Text: Nach C unter Benutzung von: LACHMANN/v. KRAUS/KUHN (Z. 6 wurde abweichend von dieser Ausgabe in zwei Kurzverse aufgelöst) = L 113,31 (3,4 *müeze*] muoz; 5,4 *gegeben*] geben).

Metrik: stolliger Strophenbau (4a' 5b 4a' 5b 4c 3x 4c).

Erläuterungen: **2,5** *ieze* ›gleich darauf, gerade jetzt‹.   **3,1** *miden*
›fernbleiben, unterlassen‹.   **4,1** *In*, kontrahiert aus *ich* und der
Negationspartikel *-ne*; *getar*, Inf. *turren* ›wagen‹.

Thema dieses Frauenliedes ist der Konflikt der Frau zwischen dem
Wunsch zu lieben und der Rücksicht auf *wîbes êre*; es wird im
Minnesang sonst vor allem von Reinmar behandelt (vgl. Lied
XXVIII–XXXI). Anders als bei Reinmar fehlt jedoch die psycholo-
gisch differenzierte Nuancierung des Konflikts. Die zahlreichen
Anklänge an die Frauenlieder Reinmars und die offensichtlich
bewußt ›platt‹ gehaltene Variation des Themas sprechen dafür, daß
es sich hier um eine Parodie handelt. Vor allem in der letzten
Strophe scheint Walther spezifische Formen des dichterischen
Selbstlobs Reinmars aufzugreifen (vgl. dazu bes. Reinmar, Lied
XXXI) und sie polemisch gegen ihn zu wenden. So ist das Frauenlied auch hier vor allem Medium der literarischen Fehde.

Literatur

Th. Frings: Frauenstrophe und Frauenlied in der frühen deutschen
   Lyrik. In: Gestaltung – Umgestaltung. Fs. H. A. Korff. Leipzig
   1957. S. 13–28, bes. S. 18 f.

XXXVIII

Walther von der Vogelweide

Under der linden

Text: Nach C unter Benutzung von: Lachmann/v. Kraus/Kuhn
= L 39,11 (2,1 *kam*] *kan*).

Metrik: 2a'b' 4c 2a'b' 4c 4d 2x 4d.

Erläuterungen: **1,4** *mugent*, *-nt* als Endung der 2. Pers. Pl.
Präs. Ind. begegnet mundartlich vor allem im Alemannischen, aber
auch im Südrheinfränkischen (vgl. Paul/Wiehl/Grosse, § 239,
Anm. 3).   **2,5** Die Deutung dieses Verses ist umstritten. Er wird
aufgefaßt a) als elliptischer Vergleich (›wie eine vornehme Dame‹),
b) als Zitat der Anrede (›begrüßte er mich mit „Verehrte Herrin"‹) oder c) als Interjektion (›heilige Herrin, heilige Jungfrau‹).

Der Text folgt hier der Hs. B: *herre frouwe*, die Übersetzung faßt den Vers als Interjektion.

Das wohl berühmteste Lied Walthers von der Vogelweide entfaltet nach Ansicht der Forschung exemplarisch das Programm der gegen den Frauendienst gerichteten ›Mädchenlieder‹. Modellbildend für dieses Lied, in dem der Minnesänger die (im klassischen Minnesang tabuierte) sexuelle ›Erfüllung‹ einer ›freien‹ Liebesbeziehung propagiert, ist vermutlich die Pastourelle der lateinischen Vagantenlyrik gewesen (vgl. Lied XLIX und L der vorliegenden Ausgabe).

Literatur

U. PRETZEL: Zu Walthers Mädchenliedern. In: Fs. H. de Boor. Tübingen 1966. S. 33–47.

D. R. McLINTOCK: Walther's Mädchenlieder. In: Oxford German Studies 3 (1968) S. 30–43.

V. MERTENS: Reinmars ›Gegengesang‹ zu Walthers ›Lindenlied‹. In: ZfdA 112 (1983) S. 161–177.

O. BRÜCKL: Walthers von der Vogelweide ›Lindenlied‹ 39,11. Ein neuer Zugang. In: AG 16 (1983) S. 43–58.

XXXIX

OTTO VON BOTENLAUBEN

Waere Kristes lôn niht alsô süeze

Text: KLD I, 41. Otte von Bottenlouben, Nr. XII.

Metrik: stolliger Strophenbau (5a′ba′b 5bb 7b).

Erläuterungen: **1,2** *enlieze* kann auch als Plusquamperfekt aufgefaßt werden (›hätte ich nicht verlassen‹). **5** *Rîn,* der Rhein steht hier als pars pro toto für den deutschsprachigen Raum. **2,5** Wörtl. ›er ist mir nicht ein Dorn im Auge‹, untertreibender Ausdruck für eine intensive Zuneigung, vgl. z. B. (in negativer Verwendung) Wolfram von Eschenbach, *Parzival* 365,22. **6** *hie* ›hier, auf dieser Welt‹.

Der Autor dieses Lieds wird mit dem vierten Sohn des Grafen Poppo VI. von Henneberg, Otto, identifiziert, der sich nicht nur

263

nach Henneberg, sondern auch nach Botenlauben nannte. Wie Poppo VI., der auf dem Kreuzzug Barbarossas (1189/90) ums Leben kam, stand wohl auch Otto von Botenlauben in engem Kontakt zum Stauferhof. Urkundlich bezeugt ist er zwischen 1197 und 1244. Nach diesen Zeugnissen hat er sich nicht nur in Deutschland, sondern mehrfach auch in Italien und längere Zeit (zwischen 1208 und 1220) in Syrien aufgehalten, wo er sich mit Beatrix, der Tochter Joscelins von Courtenay, des Seneschalls von Jerusalem, verheiratete. Nach der Rückkehr aus Syrien gründete Otto 1231 mit seiner Frau das Zisterzienser-Frauenkloster Frauenrode bei Kissingen, dem er zuletzt im Juli 1244, ebenfalls gemeinsam mit seiner Frau, zahlreiche Besitzungen vermachte. Er muß vor dem 7. Februar 1245 gestorben sein, weil Beatrix unter diesem Datum als seine Witwe genannt wird.

Mit seinen Liedern knüpft Otto von Botenlauben an den klassischen Minnesang an. In den vorliegenden beiden Strophen verbindet er das Motiv ›Trennung der Liebenden‹ mit dem Kreuzzugsthema, wobei er die alte Form des *Wechsels* zugrunde legt. Dabei klingt das traditionelle Motiv an, daß die geliebte Frau die Hälfte des Lohns erhalten soll, den der Kreuzritter im Dienst Gottes sich erwirbt (Str. 1,6 f.), im übrigen aber wird in ungewöhnlichen Wendungen (Str. 1,4; 2,2) die Liebe zwischen Mann und Frau eng an die religiöse Sphäre herangerückt. So wird der Wert der Frauenminne, obwohl sie der Gottesminne untergeordnet bleibt, mit Nachdruck hervorgehoben. Welcher Kreuzzug (1197, 1217, 1228) Anlaß zur Entstehung dieses *Wechsels* gegeben hat, ist nicht sicher zu entscheiden.

Literatur

A. ANGERMANN: Der Wechsel in der mittelhochdeutschen Lyrik. Diss. Marburg 1910. S. 135 f.
KLD II. S. 358–362; 376–378.

XL

NEIDHART

Ine gesach die heide

Text: WIESSNER/FISCHER, Sommerlied Nr. 14.

Metrik: stolliger Strophenbau, der sonst in Neidharts Sommerliedern ungewöhnlich ist (3a' 2b 3a' 2b 5c' 3c 7c'); der letzte Vers wird als zäsurierte Langzeile gelesen. Anzumerken ist, daß zu diesem Lied auch eine Melodie überliefert ist, die eine vom Strophenbau abweichende Struktur aufweist, vgl. BEYSCHLAG/BRUNNER, S. 651 f.

Erläuterungen: **1,1** *Ine*, Kontraktion aus *ich* und der Negationspartikel *-ne*. **3,7** *brîsen* ›schnüren, einschnüren, einfassen‹. **4,1** *zäfen* ›sich schmücken‹. **7,1** *von Riuwental* ist der Name des Sängers in den Liedern Neidharts. In der älteren Forschung wurde dieser Name biographisch ausgedeutet und auf den Dichter bezogen, heute wird er zuallererst als Rollenname begriffen.

Urkundlich bezeugt ist Neidhart nicht; seinen Liedern aber ist zu entnehmen, daß er zunächst im bayerischen Raum gewirkt hat und später, vermutlich nach 1230, in dem Babenberger Herzog Friedrich II., dem »Streitbaren«, einen Gönner fand. Neidhart scheint zwar nicht das Leben eines Fahrenden geführt, aber doch im wesentlichen mit seiner Kunst seinen Lebensunterhalt bestritten zu haben.

In den Liedern Neidharts geht es nicht um die Vergegenwärtigung subtiler seelischer Prozesse, sondern in ihrem Mittelpunkt steht der ausgelassene Tanz der *dörper*, deren Schauplätze die Dorfwiese und die Bauernstube sind. Dabei bleibt Neidharts Lyrik jedoch auf den klassischen Minnesang bezogen; seine Lieder leben und beziehen ihre komischen Effekte aus den kontrastiven und ›verkehrten‹ Bezügen auf die Rollenkonstellation und die Motivik des hohen Minnesangs, wodurch sie den Charakter eines ›dörperlichen‹ Gegensangs erhalten. Mit den ›Sommer‹- und den ›Winterliedern‹ entwickelt Neidhart zwei neue Liedtypen; in den Sommerliedern greift er häufiger auf die Frauenrede zurück, deren Aussagemöglichkeiten er in vielfältiger Weise nutzt und erweitert.

Das vorliegende Lied besteht aus zwei Teilen: der Rede des Sänger-Ichs, das wohl mit dem *Riuwentaler* in Str. 7 zu identifizieren ist (Str. 1–3), und einem Dialog zwischen zwei Frauen (Str. 4–7:

›Gespielinnen-Gespräch‹), der inhaltlich an die Aufforderung des Sängers an die Mädchen anknüpft, sich für die Männer zu schmükken und den Mai zu feiern.

Im klassischen Minnesang dient die Frauenrede gelegentlich als Mittel der dichterischen Selbstwerbung (vgl. Lied XXX und XXXI). An diese Funktion der Frauenrede knüpft Neidhart an, wenn er den Sänger von einer Frau als Garant für den Bestand höfischer Werte feiern läßt. Dies geschieht allerdings nicht ohne parodistische Brechungen, die vor allem aus der Umbesetzung der Rolle der abweisenden ›Minnedame‹ mit einem zur Liebe bereiten ›Dorfmädchen‹ resultieren.

Literatur

K. Ruh: Neidharts Lieder. Eine Beschreibung des Typus. In: Studien zur deutschen Literatur und Sprache des Mittelalters. Fs. H. Moser zum 65. Geburtstag. Berlin 1974. S. 151–168.

S. Beyschlag (Hrsg.): Die Lieder Neidharts. Text und Übertragung. Edition der Melodien von H. Brunner. Darmstadt 1975.

P. Giloy-Hirtz: Deformation des Minnesangs. Wandel literarischer Kommunikation und gesellschaftlicher Funktionsverlust in Neidharts Liedern. Heidelberg 1982. (Euph. 19. Beih.)

H. Birkhan (Hrsg.): Neidhart von Reuental. Aspekte einer Neubewertung. Wien 1983. (Phil. Germ. 5.)

H. Lomnitzer (Hrsg.): Neidhart von Reuental. Lieder. Auswahl. Mhd./Nhd. Stuttgart 1984. (Reclams Universal-Bibliothek. 6927 [2].)

H. Brunner (Hrsg.): Neidhart. Darmstadt 1986. (WdF 556.)

XLI

Neidhart

Der meie der ist rîche

Text: Wiessner/Fischer, Sommerlied Nr. 2.

Metrik: paarweise gereimte Kurzverse mit einer abschließenden, zäsurierten Langzeile (3a′a′b′ 7b′).

Erläuterungen: 1,1 Mit *rîche* wird im Mhd. nicht nur die Sphäre von Reichtum, sondern auch die von Macht und Herrschaft angesprochen. So erscheint der Mai, mit den Zügen eines ›Herrschers‹ versehen, anthropomorphisiert. 2,3 Wörtl. ›der sich uns nähert‹. 3,1 *melden* ›angeben, verraten, zeigen, ankündigen‹. 5,4 *umbevâhen* steht euphemistisch für ›mit jemandem schlafen‹.

Als ›Gespräch zwischen Mutter und Tochter‹ stellt das Lied eine spezifische Variante des Dialogs zwischen Frauen dar. Die Mutter steht – nicht nur mittelalterlichen Erwartungen gemäß – für die ›Vernunft‹, die Tochter für die Emphase und Vitalität der Jugend und der ›Natur‹. Der Hintergrund, der bei der Thematisierung dieses Gegensatzes vorausgesetzt wird, ist nicht sehr scharf konturierbar. So bleibt offen, ob die Tochter in Str. 3 fürchtet, die Mutter könne sie ›verraten‹ (und an wen), oder ob sie wünscht, die Mutter möge nicht durch lautes Schimpfen Lärm machen und so die öffentliche Aufmerksamkeit auf das Tun der Tochter lenken. Unklar ist auch, ob in Str. 4 ein Hinweis auf die uneheliche Geburt der Tochter gegeben wird und die Mutter sich so der Tochter gegenüber lediglich als warnendes Beispiel darstellt oder aber von ihr als Dank für die entsagungsvolle Erziehung ebenfalls Entsagung – den Verzicht auf Männer und auf sexuelle Vergnügungen – fordert.

XLII

NEIDHART

Ein altiu diu begunde springen

Text: WIESSNER/FISCHER, Sommerlied Nr. 1.

Metrik: Wechsel von Kurz- und Langzeilen mit Refrain: 4a′ 7a′ 4bbb, 7x′ (Refrain).

Erläuterungen: 1,2 *kitz, kiz* ›Junges‹ (von der Ziege, vom Reh, von der Gemse); *bluomen bringen* ›Blumen und Kränze winden und diese dem Tanzpartner beim Reigen übergeben‹, metaphorisch in Analogie zu *bluomen pflücken* (›mit jemandem schlafen‹) zu verstehen als ›sich (sexuell) anbieten‹. 3,1 *geile* ›Fröhlichkeit‹, ›Üppigkeit‹, ›Übermut‹. 3, 3 *nâch bluomen gân* ›nach sexuellem Vergnügen streben‹ (vgl. dazu 1,2 *bluomen bringen*).

Die traditionellen Positionen von Mutter und Tochter (vgl. Lied XLI) sind in dieser Komposition nach dem Muster ›verkehrte Welt‹ vertauscht: Die ›Alte‹ ist es, die in blinder Tanzwut und Liebestollheit davonstrebt, während die Tochter die warnende Stimme der ›Vernunft‹ repräsentiert. In der älteren Forschung sind wiederholt Zweifel an der Echtheit des Liedes geäußert worden, weil der bei Neidhart so häufige Natureingang fehlt und der in dem Lied auftretende Kehrreim sonst bei ihm nicht bezeugt ist.

Literatur

H. Lomnitzer (Hrsg.): Neidhart von Reuental. Lieder. Auswahl. Mhd./Nhd. Stuttgart 1984. (Reclams Universal-Bibliothek. 6927 [2].) S. 94 f.

XLIII

Neidhart

Vreude und wünne hebt sich aber wîten

Text: Wiessner/Fischer, Sommerlied Nr. 25.

Metrik: 5a'a' 3b 4b 2c' 3c'.

Erläuterungen: **1,2** *künc Karel,* Karl der Große. **3,3** *enkalt =* engalt, Inf. *engelten.* **4** *vrîheistalt,* hs. *vreiheit stalt* R, *heilstat* c. Die Form und Bedeutung des Worts sind nicht ganz sicher. Beyschlag/Brunner (S. 748 f.) vermuten ›Gütler‹ (= Besitzer eines kleinen Gutes). *heistalt* ist demnach zu begreifen als Kontraktion aus *hagestalt,* nhd. ›Hagestolz‹ (zu dem Substantiv *stalt* ›Besitzer, Hagbesitzer‹, Besitzer eines kleinen, eingefriedeten Grundstücks). *häistaldi* ist daneben als Bezeichnung für jüngere Söhne von Bauern in Lohndienst nachweisbar, die aber nicht ganz landlos waren. *vrî* könnte außerdem nach Beyschlag/Brunner auf (ursprünglich) ›königsfrei‹ weisen. Insgesamt läßt sich nicht entscheiden, worauf die im Gebrauch dieses Wortes mitschwingende Abwertung abzielt (›Kleinbauer‹? ›Emporkömmling‹?), deutlich ist jedoch, daß der bäuerliche Werber aus der Sicht der Sprecherin keine angemessene Partie für sie darstellt. **5,1** *deich = daz ich.*

Nach der einführenden Rede des Sängers, in der die Freude des Sommers beschworen wird (Str. 1), entfaltet das Lied das eigentliche Thema in Form eines Dialogs zwischen zwei Frauen: Weil die Mutter Hut und Schuhe weggeschlossen hat, kann Tochter *Wendelmuot* nicht zum Tanz gehen. Anlaß für die mütterliche Sanktion ist die Weigerung der Tochter gewesen, einen bäuerlichen Werber zu heiraten. *Wendelmuot* hält den Mann, den sie ehelichen soll, nicht für eine angemessene Partie, sie zieht den *von Riuwental* vor. Damit klingt das Motiv der ›Mißheirat‹ an, das mit dem der ›Rivalität unter Männern‹ verbunden wird. Auch das Moment des ständischen Gegensatzes zwischen dem (aufsteigenden?) Bauern und dem diesem an erotischer Attraktivität überlegenen, ›ritterlichen‹ Sänger spielt in die Gestaltung des Themas hinein.

Wie auch sonst in Neidharts Liedern fällt es schwer zu entscheiden, welche Wirkungsabsicht diesem Lied zugrunde liegt. Daß es dem Dichter um die kritische Auseinandersetzung mit einer spezifisch weiblichen Problemsituation gegangen ist (Behandlung der Frau als Sexualobjekt, Zwang zur Ehe mit einem nicht passenden Mann), erscheint eher unwahrscheinlich. Die Verachtung gegenüber dem ›Bauern‹, die Betonung der sexuellen Attraktivität des Sänger-Ichs (des *Riuwentalers*) und die Lust an einem durchsichtigen Spiel mit sexualsymbolischer Wortmetaphorik dominieren das Lied. Diese Tendenzen treten noch schärfer im Vergleich zu einem Frauenlied-Typus mit ähnlicher Thematik zutage, im Vergleich zu den französischen *Chansons de malmariée* (vgl. z. B. Lied LXIV).

Literatur

K. BERTAU: Neidharts ›Bayrische Lieder‹ und Wolframs ›Willehalm‹. In: ZfdA 100 (1971) S. 296–324.

S. BEYSCHLAG (Hrsg.): Die Lieder Neidharts. Text und Übertragung. Edition der Melodien von H. BRUNNER. Darmstadt 1975.

Burkhard von Hohenfels

Ich wil reigen

Text: KLD I, 6. Burkart von Hohenvels, Nr. VII.

Metrik: 2a' 4b 2a' 4b 3c' 2d 3c' 2d, 6ee (Refrain).

Erläuterungen: **1,9** *von strôwe ein schapel,* der Strohkranz ist hier Sinnbild für eine ›freie‹ Liebe im Unterschied zum Rosenkranz, der die Ehe symbolisiert. Der Strohkranz war nach v. Kraus/Kuhn, KLD II (S. 41), die herkömmliche Strafe für Sexualität außerhalb der Ehe. **2,6** *arn,* mundartlich für *arm.* **3,2** *müemel,* Diminutiv zu *muome* ›Mutterschwester‹, ›weibliche Verwandte mütterlicherseits‹. **4,5 ff.** Vermutlich handelt es sich in diesen Versen um eine sexualsymbolisch zu verstehende Metaphorik. **5,5** *sin = si* (= *mîn müemel* 3,2) und die Negationspartikel *-ne.* **6** *gen werdekeit,* das Besondere, Konkrete ist hier in einer auf Allgemeines zielenden Abstraktion aufgehoben. **7** *swach* ›niederen, gemeinen Standes‹.

Burkhard von Hohenfels nannte sich nach der Burg Hohenfels am Bodensee. Er ist urkundlich zwischen 1212 und 1242 als Ministeriale auch in der Umgebung der Staufer Friedrich II. und Heinrich VII. bezeugt. Der Dichter gilt als der erste Minnesänger, der den ›geblümten Stil‹ in Anlehnung an die gelehrten Regeln der lateinischen *artes poeticae (ornatus difficilis)* in der deutschen Lyrik verwendet. Die Orientierung an den Stilidealen der Schulpoetik verbindet ihn mit anderen Minnesängern der Zeit wie Gottfried von Neifen und Ulrich von Winterstetten, mit denen Burkhard von Hohenfels vielleicht im Kontakt gestanden hat.

Seine Lyrik weist, wie v. Kraus feststellte, einen Zug zum Epischen auf. Bevorzugt verwendet der Minnesänger die Form des Gesprächs und die Frauenrede, die durch ihn, wie der vorliegende Text zeigt, eine originelle Variation erfährt. Das Schema ›Dialog zwischen Frauen bzw. Freundinnen‹ mit dem Thema ›Sehnsucht nach Freiheit und Liebe‹ erhält hier durch den Gegensatz in der ständischen Situierung der Sprecherinnen sein besonderes Gepräge: ein *armes* Mädchen, d. h. ein Mädchen niederen Standes, vermutlich eine Dienstmagd, die nach dem Ablauf ihres Dienstjahres in eine scheinbar durch nichts begrenzte Freiheit strebt, und ein *rîches* Mädchen, dem aufgrund ständischer Rücksichten eine derartige Freiheit nicht

erlaubt ist, dessen Bewegungsspielraum *in eroticis* vielmehr so einge-
schränkt ist, daß es nicht einmal mit ›verdienten‹, mit ›standesgemä-
ßen‹ Männern ›flirten‹ darf, so daß es – aus ›Rache‹ – sich erklärter-
maßen einem ›einfachen‹ Mann zuwenden will.

Literatur

H. KUHN: Minnesangs Wende. 2., verm. Aufl. Tübingen 1967.
  (Hermaea. 1.) S. 7–43.
KLD II. S. 31–52.
H. KUHN: Burkhard von Hohenfels. In: VL². Bd. 1 (1978)
  Sp. 1135–36.

XLV

GOTTFRIED VON NEIFEN

Rife und anehanc

Text: KLD I, 15. Götfried von Nifen, Nr. XXX.

Metrik: 3ab′cdab′cd, ef′ef′ea.

Erläuterungen: 1,7 *geswîn*, Inf. *swînen* ›abnehmen, dahinschwin-
den, welken, bewußtlos werden‹.
Gottfried von Neifen stammte aus einem schwäbischen Freiherrngeschlecht, dessen Sitz die (zwischen Nürtingen und Reutlingen gele-
gene) Burg Hohenneuffen war. Der Vater, Heinrich II., war ein
treuer Anhänger Friedrichs II.; Gottfried selbst erscheint zuerst
zusammen mit dem Vater und dem Bruder Heinrich in einer
Urkunde König Heinrichs VII. aus dem Jahre 1234. In der Umgebung des Königs hielten sich die Neifens bis zu dessen Sturz auf. In
den Jahren 1236/37 begegnen sie in Urkunden des Kaisers, später nur
noch in Privaturkunden. Gottfried von Neifen ist urkundlich zuletzt
am 23. April 1255 bezeugt. Unter den Minnesängern, die im
Umkreis Heinrichs VII. gewirkt haben, erreicht Gottfried von
Neifen das höchste Maß an formaler Virtuosität.
Modellbildend für das vorliegende Lied ist vermutlich das Schema
der Pastourelle gewesen.

Literatur

H. KUHN: Minnesangs Ende. 2., verm. Aufl. Tübingen 1967.
(Hermaea. 1.) S. 44–90, 147 f., 187 f.
KLD II. S. 84–162.
V. MERTENS: Gottfried von Neifen (Neuffen). In: VL². Bd. 3 (1981)
Sp. 147–151.

XLVI

GOTTFRIED VON NEIFEN

Sol ich disen summer lanc

Text: KLD I, 15. Götfrit von Nifen, Nr. L.

Metrik: 4a 3b′ 4c 4a 3b′ 4c, 4a 3a 7a (Refrain).

Erläuterungen: »Das schlichte Lied ist reich an Stimmung, aber arm
an Kunst«, urteilt v. KRAUS (KLD II, S. 159), »es verträgt keine
scharfe Durchleuchtung, weil es empfunden, aber nicht durchdacht
ist.« Einen so »souveränen Techniker wie Neifen« hält er deshalb als
Verfasser dieses »Wiegenliedes« für undenkbar. v. KRAUS beanstan-
det vor allem, daß der Refrain nicht organisch in das Lied eingebaut
sei und es unklar bleibe, wer – die junge Mutter oder die Amme – als
Sprecherin des Refrains in Str. 2 zu denken ist. Da die junge Mutter
sich Entlastung von einer *amme* erhofft, sieht v. KRAUS sie als eine
»vornehme Dame, der solche Sehnsucht zum Tanz unter der Linde
ebenso wenig ansteht wie ihren Standesgenossinnen in den Liedern
[KLD] *I 4,9; *II 5,3; *XXIV 4,5 das *dehsen* und *swingen*« (ebd.,
S. 160).
Die Situation einer jungen Mutter ist in der mittelalterlichen Lyrik
nur selten Thema; Kinder und Wiegen werden allenfalls als uner-
wünschte Folgen der Liebe erwähnt (so bei Neidhart im Sommerlied
7 der Ausgabe WIESSNER/FISCHER). Auch in dem vorliegenden Lied
Neifens ist das Kind nur lästige Bürde und Hindernis für die Frau,
ihren Wunsch nach Freude auszuleben. Daß dieses Lied als »Wie-
genlied« komponiert wurde, ist daher eher unwahrscheinlich.

Literatur

KLD II. S. 159–161.

272

Steinmar

Diu vil liebiu sumerzît

Text: SMS, XIX. Her Steinmâr, Nr. 11.

Metrik: 4aaabccb 5d'd', 6ee 5e (Refrain).

Erläuterungen: **2,8** *spâte*, wörtl. ›spät‹, hier in ironisch-untertreibender Verwendung.   **3,11** *wiegelônde*, Inf. *wigelen* (?) ›wanken‹.   **4,3** *saltervrouwe*, eine Frau, die den Psalter liest. **5,11** *vil lützel sparn* ›ganz wenig schonen‹; rhetorische Figur der Litotes.

In der älteren Forschung hat man sich, ausgehend von der Annahme, daß der Name Steinmar als (schweizerischer) Familienname aufzufassen sei, darum bemüht, den Dichter einem der historisch bezeugten Geschlechter dieses Namens zuzuweisen. Dabei stützte man sich auf vage historische Hinweise in den Liedern des Minnesängers. So gelangte BARTSCH zu der Überzeugung, daß die »Steinmare ... Dienstmannen Walthers von Klingen« waren (SMS, S. CXIII) und daß der Minnesänger mit einem gewissen *Bertholdus* aus dieser Familie zu identifizieren sei.

In der neueren Forschung ist dagegen nachdrücklich betont worden, daß die verfügbaren Anhaltspunkte für eine historische Identifizierung Steinmars nicht ausreichen. Stil, Inhalt und Form weisen den Minnesänger in die Spätzeit, in die ›Nachfolge‹ Neidharts und Neifens.

Das vorliegende Lied transponiert die höfische Werbung in eine ›niedere‹ Sphäre: Die umworbene ›Herrin‹ ist eine *dirne*, die nach der Vorstellung des Autors ihre Liebe gleichsam verkauft und die angeblich von einem zarten Umgang *in eroticis* nichts hält. Welcher gesellschaftlichen Sphäre der Mann zuzuordnen ist, bleibt dagegen unbestimmt. Es fällt auf, daß die Frau ihn siezt, während er sie duzt. Insgesamt ist der Gegensatz von höfisch-verfeinerter und ›bäuerlich‹-derber Welt für das Lied konstitutiv. Dabei wird zugleich die über den ständischen Gegensatz hinausweisende Diskrepanz zwischen ideellem Streben und materieller Bedingtheit thematisiert. Die Stilisierung einzelner Motive läßt darüber hinaus auf einen konkreten, die Lebenssituation des Verfassers betreffenden Realitätsbezug schließen, so das Motiv der *armuot* und die Erfahrung des Ausge-schlossenseins aus der Gesellschaft, aus dem Kreis der ›Rats-Wür-digen‹.

Literatur

K. STACKMANN: Steinmar. VL¹. Bd. 3 (1953) Sp. 267–271.
J. BUMKE: Ministerialität und Ritterdichtung. Umrisse der For-schung. Münster 1976, S. 45.

XLVIII

ANONYM

Floret silva nobilis

Text: CB, Nr. 149. (Abweichend von dieser Edition wird der mhd. Text der vorliegenden Ausgabe nicht in Kursivschrift abgedruckt, aber mit diakritischen Zeichen versehen.)

Metrik: Die Verse werden unterschiedlich rhythmisiert. Der ›Refrain‹ (V. 7 f.) wird von SPANKE u. a. zu den folgenden mhd. Versen gestellt und mit diesen zu einer Strophe zusammengefaßt.

Erläuterungen: Im Unterschied zu den Minnesängern, die in der Regel Angehörige der ritterlich-höfischen Gesellschaft waren, haben die Verfasser der in CB überlieferten Lieder eine eigene Schicht, einen ›Stand‹, in der mittelalterlichen Gesellschaft gebildet. Es waren *clerici*, lateinisch gebildete Männer, die jedoch nicht, wie gelegent-lich angenommen wird, zugleich auch geistliche Ämter innegehabt haben müssen oder aber der Gruppe der umherziehenden Studen-ten, der sog. Vaganten, ohne weiteres zugerechnet werden können. Von den dichtenden *clerici*, deren historische Identität ermittelt werden kann, ist vielmehr bekannt, daß sie in festen Diensten bei weltlichen oder geistlichen Herren gestanden haben.
Die mlat. Lyrik hat einen eigenen, von den volkssprachlichen Lite-raturen deutlich abgehobenen Charakter, der sich nicht zuletzt auch in einer ovidianisch geprägten und der Sinnenfreude gegenüber aufgeschlossenen Liebesauffassung manifestiert. Dennoch hat es zwischen dem lateinisch- und dem volkssprachlichen Bereich Inter-

ferenzen gegeben, wie der vorliegende Text erkennen läßt (vgl. dazu auch Lied XLIX; allgemein dazu vgl. MÜLLER und WACHINGER). Für welches Publikum dieses deutsch-lateinische Mischgedicht bestimmt war, ist jedoch nicht genau zu bestimmen. Auffallend ist die Nähe zu den Frauenliedern des frühen Minnesangs (Natureingang, Situation der Trennung, Äußerung der Sehnsucht nach dem Geliebten). Auf eine frühe Entstehung (um 1160) deuten auch die Assonanzen. Es wird vermutet, daß der Text auf brauchtümliche Zusammenhänge verweist.

Literatur

H. BRINKMANN: Geschichte der lateinischen Liebesdichtung im Mittelalter. Halle 1925. 2., unveränd. Aufl. Darmstadt 1979. S. 73–88.

H. SPANKE: Rezension zu Bd. 1. Tl. 2 der Ausgabe der ›Carmina Burana‹ von HILKA/SCHUMANN. In: Literaturblatt für germanische und romanische Philologie 1/2 (1943) Sp. 35–46, dort Sp. 45.

U. MÜLLER: Mehrsprachigkeit und Sprachmischung als poetische Technik, Barbarolexis in den ›Carmina Burana‹. In: Europäische Mehrsprachigkeit. Fs. M. Wandruszka. Tübingen 1981. S. 87–103.

B. WACHINGER: Deutsche und lateinische Liebeslieder. Die deutschen Strophen der ›Carmina Burana‹. In: From Symbol to Mimesis. Hrsg. von F. H. Bäuml. Göppingen 1984. (GAG 368.) S. 1–34.

B. K. VOLLMANN: Carmina Burana. Frankfurt a. M. 1987. (Bibliothek des Mittelalters. 13.) S. 1147–49.

XLIX

ANONYM

Ich was ein chint sô wolgetân

Text: CB, Nr. 185. (Dort ist der mhd. Text in Kursivschrift und ohne diakritische Zeichen gedruckt.)

Metrik: deutsche Vierheber und lateinische Sechssilbler im Kreuzreim und mit Refrain.

Erläuterungen: **1,2** Wörtl. ›solange ich Jungfrau war; in der Blüte der Unschuld stand‹. **2,4** *deflorare* ›entjungfern‹. **5,4** *et hoc totum*; der Bezug ist nicht ganz klar, vgl. Anm. in CB, S. 948; ›aus ganzem Herzen‹, ›dieses alles‹, ›den ganzen Weg‹. **8,4** *ore*, von lat. *os, oris* (neutr.) ›Mund, Mündung‹, aber auch ›Gesicht, Miene, Kopf‹. **9,4** *cuspide*, von lat. *cuspis* (fem.), eigtl. ›Spieß‹. **10,4** Die Zuordnung dieses Verses zu einem der Sprechenden und der Sinn des Verses sind nicht eindeutig zu ermitteln. Zu fragen ist, ob es sich um eine Äußerung des Mannes, der Frau oder eines Autoren-Ichs handelt (wie es die Übersetzung in der zweisprachigen Ausgabe von CB (1974) von HILKA/SCHUMANN ›jetzt habe der Scherz ein Ende‹ nahelegt). Zu fragen ist auch, ob das ›Spiel‹ be- oder vollendet werden soll, und ob sich der Vers auf eine inter- oder extratextuelle (›nun wollen wir diesen Scherz beenden‹) Ebene bezieht. Da hier offensichtlich in bewußter Variation auf 7,4 (*ludum faciamus*) Bezug genommen wird, wo *ludus* eindeutig auf die sexuelle Bedeutungskomponente eingeengt ist, liegt es nahe, den Vers entsprechend zu deuten: ›Treiben wir's bis zum Ende.‹ VOLLMANN faßt den Vers als finalen Nebensatz mit erspartem *ut* auf: ›damit das Spiel seine Erfüllung finde‹.

Dem Lied liegt das Schema der Pastourelle zugrunde (Begegnung eines Mädchens ›niederen‹ Standes – zumeist einer Hirtin, einer Schäferin oder eines Bauernmädchens – mit einem Mann ›höheren‹ Standes – eines Ritters oder Klerikers – in der freien Natur; Versuch des Mannes, das Mädchen zu ›verführen‹). Abweichend von diesem Schema bleibt die ständische Zugehörigkeit der Frau in diesem Lied unbestimmt, während der Status des Mannes in besonderer Weise konkretisiert wird: Er erscheint als Musikus (vielleicht auch als Liederdichter). Die Art, in welcher der anonyme Autor Erotisches zu poetisieren versucht, indem er eine zwischen Abwehr und Einverständnis, zwischen Ironie und Scham schwankende Frau imaginiert, mutet ›mittelalterlich‹ an, ist aber in der mittelalterlichen Literatur in dieser Form ohne Parallele. Der besondere Reiz, der aus der Montage deutscher und lateinischer Sprachelemente resultiert, konnte sich nur einem zweisprachig gebildeten Publikum erschließen.

Literatur

A. H. Schotter: Woman's Song in Medieval Latin. In: Vox feminae. Hrsg. von J. Plummer. Kalamazoo (Mich.) 1981. S. 19–33.

B. K. Vollmann: Carmina Burana. Frankfurt a. M. 1987. (Bibliothek des Mittelalters. 13.) S. 1207–09.

L

Anonym

Exiit diluculo

Text: CB, Nr. 90.

Metrik: Kreuzreime aus Sieben- und Sechssilblern (zu lesen als Vagantenzeile mit Zäsurreim).

Erläuterungen: Der Text folgt in CB einem zweiteiligen Gedicht, in dem eine Hirtin sich mit einem Hirten streitet. Er wird daher von Spanke als ›Randglosse‹ zu diesem Gedicht angesehen. Spanke weist außerdem darauf hin, daß Inhalt und Melodie des Textes in einem spanischen Conductus zitiert werden, so daß romanischer Einfluß hier als sehr wahrscheinlich gelten muß.

Im Unterschied zu Lied XLIX entspricht der Text ganz dem konventionellen Schema der Pastourelle: Die Frau ist ein Bauernmädchen, welches das Vieh hütet, der Mann steht gesellschaftlich über der Frau, obwohl er kein standesbewußter ›Ritter‹, sondern ›nur‹ ein ›Scholar‹ ist. Daß die Hirtin hier nicht vom Mann verführt wird, sondern selbst die Initiative ergreift, ist eine eher seltene Variante innerhalb der Gattung.

Literatur

W. von den Steinen: *Exiit diluculo.* Viele Worte zu wenigen Versen. In: Fs. P. E. Schramm. Wiesbaden 1964. S. 446–448. Wiederabgedr. in: Menschen im Mittelalter. Hrsg. von P. v. Moos. Bern/München 1967. S. 246–248.

B. K. Vollmann: Carmina Burana. Frankfurt a. M. 1987. (Bibliothek des Mittelalters. 13.) S. 1061 f.

LI

ANONYM

Huc usque, me miseram

Text: CB, Nr. 126.

Metrik: nach den Initialen der Hs. dreizeilige Strophen aus Sieben-
silblern (aax, z. T. mit Strophenreimen), von einigen Interpreten
auch als zwölf- bzw. sechszeilige Strophen gefaßt.

Erläuterungen: Den Eingang zu dieser Komposition bildet in der
Hs. eine Strophe mit Refrain, die von den Herausgebern meist
gestrichen worden ist, weil sie zu dem Folgenden vor allem inhaltlich nicht zu passen scheint:

> *Tempus instat floridum,*
> *cantus crescit avium,*
> *tellus dat solacium.*
> > *Eya,*
> > *qualia*
> > *sunt amoris gaudia!*

> (Die Zeit der Blumen naht, der Sang der Vögel
> erhebt sich, die Erde schenkt Trost. Ach, wie
> herrlich sind die Freuden der Liebe!)

Von Liebesschmerz und Liebessehnsucht ist in den Frauenliedern
des Mittelalters immer wieder die Rede, selten hingegen vom Liebesglück und so gut wie nie von den Folgen der Liebe, von der
Schwangerschaft. Dieses Thema findet sich zwar auch in mittelengli-
schen Frauenliedern und in den altfranzösischen *chansons de toile*
(vgl. z. B. »Bele Aiglentine« bei BEC, *La lyrique française au moyen
âge*, Bd. 2, Nr. 25), aber in der mlat. Poesie ist der Versuch, die
seelische Situation einer unverheirateten schwangeren Frau poetisch
zu gestalten, singulär. Aus der deutschen Überlieferung läßt sich
dieser mlat. Komposition lediglich das Lied der jungen Mutter an die
Seite stellen, die sich einen Betreuer für ihr Kind wünscht, damit sie
selbst zum Tanz gehen kann (Lied XLVI). Eine eingehende literarische
und historische Würdigung des Textes liegt bislang nicht vor. Seine
Deutung als zeitloser Ausdruck einer spezifisch ›weiblichen‹ Erfahrung (vgl. Komm. zur zweisprachigen Ausgabe von CB (1974) von

HILKA/SCHUMANN, S. 932: »Mit beachtlicher Einfühlung sind die Gefühle eines Mädchens, das ein Kind erwartet, und das Verhalten der ›einfachen Leute‹ in einfachen Worten gefaßt« bedarf der Differenzierung und Historisierung.

Literatur

A. H. SCHOTTER: Woman's Song in Medieval Latin. In: Vox feminae. Hrsg. von J. Plummer. Kalamazoo (Mich.) 1981. S. 26 f.

LII

AZALAIS DE PORCAIRAGUES

Ar em al freg temps vengut

Text: A. SAKARI: Azalaïs de Porcairagues. Le Joglar de Raimbaut d'Orange. In: NM 50 (1949) S. 184–186.

Metrik: sechs *coblas doblas* (jeweils zwei Strophen – 1 und 2, 3 und 4 usw. – haben gleiche Reime) und eine Tornada von vier Versen (Grundschema: a7 b7′ a7 b7′ c7 c7 d7′ d7′; vom Schema der *coblas doblas* weichen die ersten vier Verse von Str. 5 und 6 ab).

Erläuterungen: 1,1 f. Text und Übersetzung folgen hier DE RIQUER (*Los trovadores* I, S. 460, Komm. zur Stelle), der in V. 2 *E* (statt des hs. überlieferten *Que*) setzt. 8 DE RIQUER (ebd.) liest *que la en mai me reissida* ›die mich dort im Mai aufweckt‹. **2**,1 *estraigna* (*estranh, estranhe*), kann unterschiedliche Bedeutungen haben: ›fremd, wild, böse, grausam, schrecklich, abweisend, unfreundlich‹. Welche semantische Nuance hier anzusetzen ist, läßt sich nur schwer entscheiden, da auch *esglai*, zu dem *estraigna* inhaltlich in Bezug steht, mehrdeutig ist (›Entsetzen, Schrecken, Furcht, Leid, Lärm, Getöse‹). 5 *faill,* Inf. *faillir, falhir* ›sich irren, einen Fehler begehen, gegen die gute Sitte verstoßen, Anstoß erregen‹. 6 *esglais,* s. u. 2,1 *esglai.* **3**,1 Wörtl. ›eine Frau placiert ihre Liebe sehr schlecht‹. 2 *plaideia,* Inf. *plaidejar,* Terminus der Rechtssprache, daher auch ›einen Vertrag abschließen, einen Prozeß führen, Partei für jemanden ergreifen‹. 6 *ricor* (vgl. auch 3,2 *ric*) verweist im Mittelalter zuallererst auf den Adel der Geburt, mit dem

Herrschaft, Macht, Reichtum und Pracht im allgemeinen ganz selbstverständlich konnotiert werden. – DE RIQUER (*Los trovadores* I, S. 461) verweist unter Bezug auf die Lesart der Hs. H (*Que Ovidis o retrai Qu'amors per ricor non vai*) auf Ovids *Ars amandi*: *Non ego divitibus venio praeceptor amoris* ... (II,161) und *Pauperibus vates ego sum, quia pauper amavi* (II,165). Nicht auszuschließen ist andererseits, daß hier eine wörtliche Anspielung auf Bernhard von Ventadorn vorliegt, vgl. Lied Nr. 10, V. 33 (in der Ausgabe von C. APPEL, Halle 1915) *que ges amors segon ricor non vai*.   **4,6** *que non fai*, wörtl. ›daß ich es nicht tue‹.   **5,4** *outratge* ›Beleidigung, Schimpfliches, Verstoß gegen die guten Sitten, Unrecht, Verbrechen‹.   **5** *assai* (*asai*, *asag*); nach R. NELLI, *L'érotique des troubadours*, Toulouse 1963, S. 199–209, handelt es sich beim *asai* um einen *concubitus sine actu*, dem NELLI eine wichtige Bedeutung in der Liebesauffassung der Trobadors zuschreibt.   **8** *faillida* vgl. dazu 2,5 *faillir*.   **6,1** *Belesgar* ›Beaugregard‹, Name einer Burg, die drei Kilometer entfernt von Courthézon lag, dem Residenz- und Sterbeort des Trobadors Raimbaut d'Orange.   **3** *Glorieta*, ehemaliger Sitz der fürstlichen Herren von Orange.   **4** *seignor de Proenza*, nach SAKARI Raimon V., Graf von Toulouse. DE RIQUER weist darauf hin, daß auch Alfons II. von Aragon in seiner Eigenschaft als Markgraf der Provence angesprochen sein könnte. Alfons II. stand in näherer Verbindung mit Raimbaut d'Orange.   **6** SAKARI identifiziert den *arc* mit dem römischen Triumphbogen von Orange.   **7,1** *Joglar* ›Spielmann‹, hier vermutlich als Deckname verwendet.   **2** *ves Narbona*, Narbonne war seinerzeit der Sitz der Vizegräfin Ermengard von Narbonne, einer der herausragenden Frauengestalten und Herrscherinnen der Zeit, die auch als Gönnerin der Trobadors gewirkt hat.

Azalaïs de Porcairagues ist urkundlich nicht bezeugt. Die Versuche, sie historisch zu situieren, stützen sich auf ihren Namen, auf Angaben in dem einzigen ihr zugeschriebenen Lied und auf die kurze ›Lebensbeschreibung‹, die *Vida*, die ihr gewidmet ist. Darin heißt es: »Azalaïs de Porcairagues stammte aus der Gegend von Montpellier. Und sie verliebte sich in den Herrn Gui Guerrejat, den Bruder des Herrn Guillaume de Montpellier. Und die Dame verstand sich aufs Liederdichten (auf das *trobar*) und machte viele gute Lieder über ihn.«

Zu der Angabe, daß Azalaïs Beziehungen zu den Herren von Montpellier hatte, stimmt der Name *Porcairagues*, den SAKARI mit einem zwischen Narbonne und Montpellier gelegenen Ort identifiziert, der heute Portirangues heißt. Entgegen den Angaben der *Vida* schließt SAKARI aus Andeutungen in dem vorliegenden Lied, daß Azalaïs einen Herrn von Orange liebte und daß ihre Liebe erwidert wurde. SAKARI sieht in diesem Herrn von Orange den adligen Trobador Raimbaut d'Orange, der mit den Herren von Montpellier verwandt war. Raimbaut soll Azalaïs etwa ein Dutzend seiner Lieder gewidmet haben, in denen er sie mit dem Decknamen *Joglar* oder *Bel Joglar* bezeichnet.

Der gedankliche Zusammenhang der Strophen dieses Lieds erscheint eher locker. Der Klage über den Winter in Str. 1 folgt in Str. 2 die Klage über ein Ereignis in Orange, das nicht näher bezeichnet wird. Dieser Klage schließt sich in Str. 3 eine Polemik gegen Frauen an, die ihre Liebe hochgestellten Männern zuwenden statt einfachen Vasallen, womit Azalaïs Stellung zu einer unter den zeitgenössischen Trobadors (u. a. Raimbaut d'Orange, Alfons II. von Aragon, Giraut de Bornelh) diskutierten Streitfrage nimmt. In Str. 4 folgt ein Bekenntnis der Sprecherin zur Liebe, das mit dem Preis des geliebten Mannes verbunden wird. Str. 5 spricht den Mann unmittelbar an, dem die Frau eine ›Liebesprobe‹ in Aussicht stellt (vgl. dazu Lied LVI: *Estat ai en greu cossirier*, der Comtessa de Dia). Str. 6 schließlich enthält neben Segenswünschen für die Stadt Orange und den Herrn von Provence eine Klage über den Verlust eines Mannes.

Aufgrund der offenkundigen Inkohärenz ist diese Str. 6 von SAKARI als eine spätere Zutat deklariert worden, obwohl sie in allen Hss. überliefert ist. SAKARI deutet sie als *planh*, als Totenklage auf Raimbaut d'Orange, der am 10. Mai 1173 starb. Demnach ist das Lied der Azalaïs um 1173 zu datieren. Sie kann daher als die älteste, historisch fixierbare provenzalische Dichterin angesehen werden.

Literatur

A. SAKARI: Azalaïs de Porcairagues. Le Joglar de Raimbaut d'Orange. In: NM 50 (1949) S. 23–43. 56–87. 174–198.

M. DE RIQUER: Los trovadores. Bd. 1. Barcelona 1975. S. 459–562.

K. STÄDTLER: Altprovenzalische Frauendichtung (1150–1250). Diss. Augsburg 1986. S. 174–184. [Erscheint demnächst als Beih. zu GRM.]

U. MÖLK (Hrsg.): Romanische Frauenlieder. München 1989. (KTRM 28.) S. 52–55, 193–195.

LIII

Comtessa de Dia

Fin ioi me don' alegranssa

Text: Kussler-Ratye, Nr. V.

Metrik: Strophen mit gleichen Reimen (*coblas unissonans*) und eine
Tornada von vier Versen (Schema: a7' b7 a7' b7 c7 c7 d7' d7').

Erläuterungen: 1,6 *lauzengier* ›Schmeichler, Übelredner, Verleumder, Lügner‹, in der altprovenzalischen Lyrik der Inbegriff des
Feindes der Liebenden. 3,1 *gelos* ›eifersüchtig‹, ›der Eifersüch-
tige‹. Häufig bezeichnet der *gelos* auch den ›eifersüchtigen Ehemann‹. 4 *deschaia*, Inf. *deschaier* (*decazer, decaire*) ›fallen, zu Fall
bringen, verkümmern (lassen), vernichten, zerstören‹.

Unter den provenzalischen Dichterinnen ist die Comtessa de Dia,
der die Überlieferung vier Lieder zuschreibt, die bekannteste und
die bedeutendste. Anhaltspunkte für eine historische Fixierung der
Dichterin enthalten ihre Lieder jedoch nicht. So nehmen die entsprechenden Versuche ihren Ausgang von dem Namen der Dichterin
und den Angaben in der ihr gewidmeten *Vida*. Darin heißt es: »Die
Comtessa de Dia war die Ehefrau von Guillaume de Poitiers; sie war
eine hübsche und edle Dame. Und sie verliebte sich in Raimbaut
d'Orange und komponierte viele gute Lieder über ihn.«
Die historischen Nachforschungen haben jedoch zu keinen schlüssi-
gen Ergebnissen geführt. Denn einerseits waren die urkundlich
nachweisbaren Träger des Namens Guillaume de Poitiers weder
Grafen von Dia noch gibt es Indizien dafür, daß ihre Ehefrauen
einen entsprechenden Titel führten. Dies gilt auch für den vornehmlich in Frage kommenden Guillaume I. de Poitiers, Graf von Valen-
tinois, der Besitzungen in der Nähe von Dia (heute Die im Département Drôme) hatte, von etwa 1163–89 regierte und mit einer Beatrix
verheiratet war, einer Tochter von Guigues IV. von Viennois.
Obwohl es keine Zeugnisse dafür gibt, daß dieser Guillaume Graf
oder seine Frau Beatrix Gräfin von Die waren, ist die Comtessa de
Dia häufig mit der genannten Beatrix gleichgesetzt worden. Die
Identifikation ist aber keineswegs sicher.
Andererseits lassen sich die Versuche, der historischen Comtessa de
Dia über die Träger des Titels der Grafen von Dia auf die Spur zu
kommen, mit den verfügbaren Daten ebenfalls nur partiell in Ein-

klang bringen. So hatte der zur fraglichen Zeit urkundlich nachweisbare Graf von Dia, der den Namen Isoard trug, zwar eine Tochter namens Isoarda, aber diese Tochter war nicht mit einem Grafen von Poitiers, sondern mit Raimbaut d'Agout verheiratet, der seinen Sitz unweit von Orange hatte. Wenn man dennoch bereit ist, die Identifizierung der Comtessa de Dia mit jener Isoarda zu akzeptieren, so ergeben sich daraus weitere Konsequenzen. Die Angabe der *Vida*, daß die Comtessa de Dia in Raimbaut d'Orange verliebt war, gewinnt zwar an Wahrscheinlichkeit, weil Raimon d'Agout enge Verbindungen zu der Familie der Herren von Orange hatte. Aus zeitlichen Gründen kommt dann jedoch nicht der Trobador Raimbaut d'Orange als der in der *Vida* erwähnte ›Liebhaber‹ der Comtessa de Dia in Frage, sondern ›nur‹ der Cousin des Trobadors, Raimbaut IV. von Orange (PATTISON).

Da die historischen Daten jeweils nur teilweise mit den Angaben der *Vida* übereinstimmen, bleibt die Frage nach der historischen Identität der Comtessa de Dia letztlich offen. Entsprechend umstritten ist die Datierung ihrer Lieder. Sie schwankt zwischen der Mitte des 12. Jh.s, um 1170 und um 1200. Ob eine eingehende Stil- und Motivanalyse hier größere Klarheit schaffen kann, ist abzuwarten. Zu berücksichtigen sind in Zukunft jedenfalls die von BEC konstatierten Anklänge an die Lieder Bernhards von Ventadorn. Sie legen eine Datierung um 1170 nahe.

Die ältere Forschung hat der Poesie der provenzalischen *trobairitz* generell und insbesondere den Liedern der Comtessa de Dia eher ablehnend gegenübergestanden. Die Kompositionen der Dichterinnen wurden für unbedeutend gehalten und als ungeschickte Nachahmungen der trobadoresken (Männer-)Kunst abqualifiziert. In der neueren Forschung zeigen sich dagegen Ansätze zu einer anderen Wertung. Vor allem der Comtessa de Dia wird ein besonderer Kunstanspruch und eine spezifische Intention zugesprochen: Im bewußten Rückgriff auf das ›popularisierende‹ Register des Frauenlieds, das in ihrem Wirkungsbereich nur in mündlicher Überlieferung existiert hat, nimmt sie kritisch Stellung zum Frauendienst der Trobadors, indem sie für die Frau eine dem Mann gleichwertige Rolle in der Liebe fordert. Wie bei Reinmar erscheint die Frau in ihren Liedern als Liebende und zugleich als ›Minnedame‹; allerdings wird der Konflikt zwischen Liebe und Ehre, zwischen dem individuellen Glücksverlangen und den Normen der Gesellschaft, anders gesehen und anders ›gelöst‹ als bei Reinmar.

Das vorliegende Lied verherrlicht – aus der Perspektive der Frau –

die freudige Hochstimmung, welche die Liebe hervorruft, und es thematisiert die Gefährdung dieses Glücksgefühls durch Neider und Verleumder. Ihnen weiß sich das lyrische Ich durch das Bewußtsein, mit der Liebe einem höheren Wertprinzip verpflichtet zu sein, überlegen. Das Lied unterscheidet sich in seiner Anlage nicht in signifikanter Weise von den Männerliedern der provenzalischen Lyrik, so daß es auch als Männerlied gelesen werden könnte.

Literatur

O. SCHULTZ-GORA: Die provenzalischen Dichterinnen. Leipzig 1888. Bes. S. 8 f. 17–19.

W. T. PATTISON: The Life and Works of the Troubadour Raimbaut d'Orange. Minneapolis/London 1952. S. 27–30.

D. RIEGER: Die ›trobairitz‹ in Italien. Zu den altprovenzalischen Dichterinnen. In: Cultura Neolatina 31 (1971) S. 205–223.

M. BOGIN: The Women Troubadours. London 1976.

P. BEC: ›Trobairitz‹ et chansons de femme. Contribution à la connaissance du lyrisme féminin au moyen âge. In: CCM 22 (1979) S. 235–262.

I. KASTEN: Weibliches Rollenverständnis in den Frauenliedern Reinmars und der Comtessa de Dia. In: GRM 37 (1987) S. 131–146.

K. STÄDTLER: Altprovenzalische Frauendichtung (1150–1250). Diss. Augsburg 1986. S. 216–220. [Erscheint demnächst als Beih. zu GRM.]

LIV

COMTESSA DE DIA

Ab ioi et ab ioven m'apais

Text: KUSSLER-RATYE, Nr. I.

Metrik: vier *coblas doblas* und eine Tornada von vier Versen mit besonders schwieriger Reimtechnik (*rims derivatius* = grammatische Reime; Schema: a8 b7′ a8 b7′ b7′ a8 a8 b7′).

Erläuterungen: 1,1 *ioi* et *ioven*, Alliteration, die in der Trobadorlyrik sehr häufig begegnet. *apais*, Inf. *apaisar* ›ernähren, weiden‹. 2,7 f. Sprichwörtliche Wendung, vgl. Bernhard von Ventadorn,

Lied 23, V. 25 ff. (Ausgabe C. APPEL, Halle 1915).   **3,7** *avinen* ›freundlich, angemessen, passend, schicklich, anmutig, gefällig‹. **5,1** *Floris* (hs. Variante: *amics* ›Freund‹), Name einer Romanfigur; *Floire* und *Blanchefleur* sind die Helden einer mittelalterlichen Liebeserzählung, auf welche die Trobadors häufiger anspielen (vgl. auch Lied LVI 2,6). Hier ist *Floris* der Deckname des Adressaten des Liedes.   **4** *mantenensa* ›Unterstützung, Hilfe, Schutz‹.

In diesem Lied wird die Liebe uneingeschränkt als positive Erfahrung gefeiert. Dabei beschwört die Sprecherin eine Beziehung, die vom Grundsatz der Gleichheit geprägt ist (Str. 1,5 f.; 4,7 f.) und fordert für die Frau nicht nur als Recht, sondern geradezu als Pflicht, daß sie ihre Liebe dem Mann offen zeigt, sobald sie sich von seinem Wert überzeugt hat (Str. 3). Da in der Poesie der Trobadors programmatische Aussagen über die Liebe häufiger eine poetologische Dimension haben, ist nicht auszuschließen, daß die hier erhobene Forderung auch als Plädoyer für die literarische Aktivität von Frauen verstanden werden soll. Mit dem selbstbewußten Bekenntnis der Frau zur Liebe stellt sich das Lied in Gegensatz zu dem trobadoresken Ideal der *dompna*, die der Liebe gegenüber gleichgültig ist. Der Männerpreis in Str. 4 ist in Analogie zum traditionellen Frauenpreis gebildet, ohne daß er eine einfache Kopie darstellt. Der Preis hat eine wohlbegründete Funktion: Voraussetzung für die Liebe der Frau und für ihre Legitimation sind die herausragenden Qualitäten des Mannes.

Literatur

P. DRONKE: Women Writers of the Middle Ages. Cambridge 1984. S. 97–106.

I. KASTEN: Weibliches Rollenverständnis in den Frauenliedern Reinmars und der Comtessa de Dia. In: GRM 37 (1987) S. 131–146.

K. STÄDTLER: Altprovenzalische Frauendichtung (1150–1250). Diss. Augsburg 1986. S. 184–192. [Erscheint demnächst als Beih. zu GRM.]

LV

Comtessa de Dia

A chantar m'er de so q'ieu no volria

Text: Russler-Katye, Nr. II.

Metrik: coblars singulars (die Reime wechseln in jeder Strophe, aber
das Reimschema bleibt) und eine Tornada von zwei Versen (Schema:
a10′ a10′ a10′ a10′ b10 a10′ b10, wobei b in allen Strophen den
gleichen Reim hat).

Erläuterungen: 1,7 *desavinens*, vgl. Anm. zu *avinen*, Lied LIV,
3,7. Hss. Varianten des Verses sind *cum sieu agues uas luy fag
falhimens* C, *queusse fait vers lui desauinence* W ›als ob ich mir
etwas ihm gegenüber zuschulden hätte kommen lassen, etwas
Unschickliches getan hätte‹.   2,3 *Seguis* und *Valensa* sind die
Helden einer verlorenen Liebeserzählung, auf die auch einige Trobadors anspielen.   4 f. Da die Fähigkeit, vorbildlich (und treu) lieben
zu können, in den Liedern der Comtessa de Dia als der entscheidende Wertmaßstab erscheint, implizieren diese Verse den
Anspruch der Frau auf Überlegenheit über den – im übrigen – in
jeder Hinsicht herausragenden Mann.   6 *orguoill* (orgolh, orgulh)
›Hochmut, Stolz, Arroganz, verletzende Distanzhaltung, Kälte,
Grausamkeit‹.   3,3 *autr'amors* ›eine andere Liebe, eine andere
Frau‹.   4,2 *atainar* ›hindern, irritieren, beunruhigen, aufhalten‹.
7 *covinens* (convinen, convenensa) ›Vereinbarung, Übereinkommen,
Vertrag‹ (auch als Rechtsterminus).   5, 1 *paratge* ›adlige Herkunft,
adliges Geschlecht‹ (im Sinne der mittelalterlichen Vorstellung vom
Geburts- bzw. Geblütsadel, von der *nobilitas carnis*, die als angebo-
ren und erblich galt).

Die Comtessa de Dia greift hier das in der Trobadorlyrik zentrale
Thema der unerwiderten Liebe auf, gestaltet es aber aus der Sicht der
Frau, wobei sie expressis verbis auf den Frauendienst Bezug nimmt.
Nach dessen Regeln verbürgen die Qualitäten der Frau die Liebe
und die Treue des Mannes, was in diesem Lied nicht der Fall ist (Str.
1,4 ff.), aber dennoch eingefordert wird (Str. 5,1 ff.). Die Fiktion
des unverbrüchlich treuen Mannes der trobadoresken Lieder wird in
diesem Lied mit Nachdruck in Frage gestellt. Bemerkenswert ist die
Behauptung der ›Superiorität‹ der Frau gegenüber dem Mann in dem
Augenblick, in dem die Liebe (an der Untreue des Mannes) zu
scheitern droht.

Literatur

P. DRONKE: Women Writers of the Middle Ages. Cambridge 1984.
S. 97–106.

I. KASTEN: Weibliches Rollenverständnis in den Frauenliedern Reinmars und der· Comtessa de Dia. In: GRM 37 (1987) S. 131–146.

K. STÄDTLER: Altprovenzalische Frauendichtung (1150–1250). Diss. Augsburg 1986. S. 192–200. [Erscheint demnächst als Beih. zu GRM.]

LVI

COMTESSA DE DIA

Estat ai en greu cossirier

Text: KUSSLER-RATYE, Nr. IV.

Metrik: Bei den ersten beiden Strophen handelt es sich um *coblas doblas* (Schema: a8 b8 b8 a8 c7′ d8 d8 c7′).

Erläuterungen: **1,1** *cossirier* (*consirier*), eine adäquate semantische Entsprechung für dieses Wort bietet mhd. *verdâht sîn*, womit die gedankliche Fixation des Verliebten auf den Geliebten gemeint ist. **6** *donar s'amor*, euphemistische Umschreibung für die sexuelle Hingabe der Frau. **2,6** *Floris* und *Blanchaflor* sind die Helden einer mittelalterlichen Liebeserzählung. Charakteristisch für das Denken der Comtessa de Dia ist, daß die Sprecherin sich hier, auf das berühmte Liebespaar Bezug nehmend, nicht mit Blanchefleur, der Frau, sondern mit dem Mann vergleicht. Die Comtessa de Dia benutzt den Namen *Floris* auch als Decknamen für den Adressaten eines ihrer Lieder, vgl. Lied LIV, 5,1. **3,2** Mit dieser Formulierung (wörtl.: ›Wann werde ich Euch in meiner Macht, in meiner Gewalt haben?‹) wird die Verfügungsgewalt beschworen, welche der *dompna* in Analogie zu einer wirklichen Lehnsherrin im literarischen Frauendienst über den Mann zugesprochen wird.

Das Lied gilt als eines der schönsten Liebesgedichte, das von Frauen verfaßt wurde. Für die ältere Forschung war es jedoch ein Ärgernis, daß eine Frau so offen über ihre sinnlichen Wünsche und über ihre Liebe zu einem Mann spricht, der nicht ihr Ehemann ist. Heute wird das historische und literarische Bezugsfeld, in dem dieses Lied steht, stärker berücksichtigt. Unter diesem Blickwinkel läßt es sich als eine kritische Stellungnahme zum Frauendienst der Trobadors lesen. Die ›Sinnlichkeit‹ der Frau ist im übrigen keineswegs so grenzenlos, wie es die Äußerungen einiger Interpreten nahelegen, denn schließlich hat sie sich geweigert, mit ihrem Freund zu schlafen (1,5 ff.), und diese Weigerung war für ihn der Anlaß, sich von ihr zu trennen. Die Comtessa de Dia macht damit deutlich, daß der Mann keineswegs dem idealtypischen Bild entspricht, das die Trobadors in ihren Liedern von ihm zeichnen, dem Bild eines unbeirrbar treuen, der Sublimierung seiner Sexualität in hohem Maße fähigen und der Frau vollkommen ergebenen Mannes. Andererseits zeigt gerade dieses Lied, wie die provenzalische Dichterin sich bei der Stilisierung der Frau an dem Modell der *dompna*, der ›Dame‹, orientiert, die darauf beharrt, daß der Mann ihren Willen zu respektieren hat (3,5 ff.). – NELLI sieht in der von der Sprecherin ersehnten Liebesnacht einen Beleg für die Praxis des *asai* (oder *asag*; vgl. Komm. zu Lied LII).

Literatur

R. NELLI: L'érotique des troubadours. Toulouse 1963. S. 202–206.
P. DRONKE: Women Writers of the Middle Ages. Cambridge 1984. S. 97–106.
I. KASTEN: Weibliches Rollenverständnis in den Frauenliedern Reinmars und der Comtessa de Dia. In: GRM 37 (1987) S. 131–146.
K. STÄDTLER: Altprovenzalische Frauendichtung (1150–1250). Diss. Augsburg 1986. S. 200–207. [Erscheint demnächst als Beih. zu GRM.]

LVII

RAIMBAUT D'ORANGE

Amics, en gran cossirier

Text: W. T. PATTISON: The Life and Works of the Troubadour Raimbaut d'Orange. Minneapolis/London 1952. Nr. XXV.

Metrik: acht Strophen mit identischem Reimschema: *coblas unissonans* (a7 x7′ a7 b7′ b7′ c8 c8, die ›Waisen‹ in V. 2 reimen untereinander, es handelt sich um ›Körner‹) und 2 Tornadas, die aus jeweils zwei Versen bestehen.

Erläuterungen: **2,**1 Wörtl. ›... die Liebe ist von solcher Art‹.
2 *encadenar* ›in Ketten (Fesseln) legen‹, eine in der mittelalterlichen Literatur häufige bildhafte Vorstellung von der Wirkung der Liebe. **4,**2 *alena,* eigtl. ›Atem‹; die Übelredner haben dem Sprecher das Leben in der Nähe der geliebten Frau unmöglich gemacht. 4 *vaire* ›unbeständig, wechselnd, flatterhaft‹. 5 Wörtl. ›ein so tödliches (gefährliches) Spiel für Euch organisiert haben‹. 7 *jauzem jauzen,* Figura etymologica, als Anspielung auf die Kunst des Trobadors Jaufre Rudel zu verstehen. Jaufre Rudel (urkundlich 1125–48 bezeugt) bildet in seinen Liedern bevorzugt Figurae etymologicae aus dem Wortstamm *jauz*-, die geradezu als sein ›Markenzeichen‹ gelten können. – Hier wird über die Alliteration auch *jornal* in das Klangspiel einbezogen. **5,**7 *silh de l'Espital* ›die vom Hospital (vom Orden der Hospitaliter)‹. Zum Ritterorden der Hospitaliter hatte Raimbaut d'Orange eine besondere Beziehung (vgl. PATTISON, S. 25). **6,**5 Das sonst nicht belegte *tener en guaire* ist in seiner Deutung umstritten, vgl. PATTISON, S. 158, Komm. zur Stelle. 6 St-Martial war der erste Bischof von Limoges (3. Jh.).
7,2 PATTISON liest statt *En E* und übersetzt (V. 1 f.): »Friend, I know you are so frivolous and given to the ways of love ...« Der Text folgt hier KUSSLER-RATYE, Nr. III. 4 Wortspiel mit der Doppelbedeutung von *camjayre* ›unbeständiger, unzuverlässiger Mensch‹ und ›Geldwechsler‹. **8,**1 f. Wie die Jagd im Mittelalter ein Privileg des Adels war, so waren die edlen Jagdvögel, der Sperber und der Falke, Attribute der Angehörigen der höfischen Gesellschaft. Der Mann beruft sich also bei der Beteuerung, daß er stets treu war, auf seine Standesehre. 3 *dar joi entier,* in der Lyrik Raimbaut d'Orange häufigere Umschreibung für die sexuelle Hingabe der Frau. **9,**1 f. Wird auch als Frage aufgefaßt, vgl. KUSSLER-RATYE: »Ami, dois-je avoir en vous une telle confiance, que je puisse croire vous avoir toujours loyal envers moi?« – Die vorliegende Übersetzung folgt PATTISON.
Obwohl dieses Lied in allen (insgesamt drei) Hss. unter dem Namen des Trobadors Raimbaut d'Orange (vor 1147–73) überliefert ist, hat man es früher vielfach der Comtessa de Dia (vgl. Lied LIII–LVI) zuschreiben wollen. Begründet wurde diese Zuschreibung unter Hinweis auf die *Vida* der Comtessa de Dia, nach der die Dichterin in Raimbaut d'Orange verliebt gewesen sein und »viele gute Lieder« über ihn gedichtet haben soll; außerdem schien der Anfang der Komposition *Amics, en gran cossirier Suy per vos* ... unmittelbar auf das *Estat ai en greu cossirier* (vgl. Lied LVI) Bezug zu nehmen.

Inzwischen sind jedoch vor allem von PATTISON gewichtige Gründe dafür beigebracht worden, daß dieses Lied von Raimbaut d'Orange stammt. Auch der Auffassung, daß es – als Dialoggedicht mit dem Wechsel von Männer- und Frauenstrophen – von zwei Verfassern gedichtet worden sei, wie es für andere Beispiele dieses Genres in der französischen Literatur angenommen werden darf, ist PATTISON mit überzeugenden Argumenten entgegengetreten. Demnach handelt es sich bei dem vorliegenden Lied um ein fingiertes Streitgedicht, das einem besonderen Typus dieser Gattung, der *Tenzone*, zuzurechnen ist. Im Unterschied zum ›dilemmatischen Streitgedicht‹ (dem *Partimen* oder auch *joc partit* bzw. *jeu-parti*), in dem die Positionen von Anfang an festgelegt sind, zeichnet sich die *Tenzone* durch die ›Offenheit‹ der Fragestellung, des zur Debatte stehenden ›Kasus‹, aus (hier: Ist der Mann seiner ›Dame‹ treu oder ist er es nicht?). Streitgedichte waren vor allem in Frankreich eine literarische Institution; sie gehörten zu den Unterhaltungsformen, in denen die höfische Gesellschaft ihre Wertvorstellungen in spielerischer Form und meist auf hohem intellektuellen Niveau zur Diskussion stellen ließ.

Streitpunkt in der vorliegenden Tenzone ist die Treue des Mannes, wobei der Gegensatz zwischen der normativen Erwartung der Frau und dem tatsächlichen Verhalten des Mannes mit offener und versteckter Ironie behandelt wird. Das Gedicht ist ein exemplarisches Beispiel für die Kunst des ›umwundenen‹ Sprechens, dem etwa die Dialoggedichte Walthers von der Vogelweide zu vergleichen sind (Lied XXXIV und XXXV). Zum Autor und zur Autorschaft dieses Lieds vgl. Näheres bei PATTISON.

Literatur

W. T. PATTISON: The Life and Works of the Troubadour Raimbaut d'Orange. Minneapolis/London 1952.

Maria von Ventadorn und Gui d'Ussel

Gui d'Ussel, be.m pesa de vos

Text: J. Audiau: Les poésies des quatre troubadours d'Ussel. Paris 1922. Nr. XV.

Metrik: sechs Strophen mit identischem Reimschema: *coblas unissonans* (a8 b8 b8 a8 c10 c10 d10 d10).

Erläuterungen: **5,4** Die Werbung des Mannes ist hier ganz im Sinne des literarischen Frauendienst-Konzepts in Analogie zum Lehnrecht als förmlicher Rechtsakt stilisiert: Beim Abschluß eines Lehnsvertrages kniete der Vasall nieder und legte seine Hände gefaltet in die des Lehnsherrn, symbolisches Zeichen für die Übertragung seiner Person in dessen Gewalt und Schutz.

Das Lied ist nicht wie Lied LVII eine fingierte, sondern vermutlich eine ›echte‹ Tenzone, die von zwei verschiedenen Personen gedichtet wurde. Für diese Form des Streitgedichts gibt es in Frankreich viele Beispiele; selten ist es allerdings, daß dabei eine Frau als Partnerin auftritt.

Die Verfasser dieser Tenzone, Maria von Ventadorn und Gui d'Ussel, sind historisch nachweisbar. Gui d'Ussel stammte aus einer Familie, deren Sitz die Burg Ussel im Limousin (heute: Département de la Corrèze) war. Neben Gui haben auch seine Brüder Eble und Peire sowie sein Cousin Elias d'Ussel als Trobadors gewirkt. Gui, der literarisch bedeutsamste von ihnen, ist nur in einer Urkunde aus dem Jahr 1195 bezeugt. Nach seiner *Vida* war er Domherr in Brioude (Haute-Loire) und Montferrand (Puy-de-Dôme). Er soll verschiedenen Frauen des Adels mit seinen Liedern den Hof gemacht haben, bis ihm dies von einem Legaten des Papstes untersagt wurde. Maria von Ventadorn, seine Dialogpartnerin, war die Ehefrau des Vizegrafen Eble (V.) von Ventadorn, den sie vor 1183 geheiratet hatte. Der Hof von Ventadorn gehörte seit den Anfängen zu den bedeutendsten Zentren der Trobadorlyrik. Diese Tradition setzte Maria durch die Förderung verschiedener Dichter fort. Sie war eine der »drei Schwestern von Turenne«, die zu den von den Trobadors am meisten gerühmten Frauen zählen. Maria von Ventadorn ist vermutlich 1221 gestorben.

Die Tenzone zwischen Gui d'Ussel und Maria von Ventadorn ist eine besonders reizvolle Variation über das Thema ›Herrschaft und Liebe‹, wobei zwei verschiedene Partnerschaftsmodelle zur Diskussion gestellt werden: das Modell des Frauendienstes, das die Superiorität der *dompna* postuliert, und das ›Egalitätsmodell‹, für das Gui d'Ussel eintritt.

Literatur

K. Städtler: Altprovenzalische Frauendichtung (1150–1250). Diss. Augsburg 1986. S. 262–269. [Erscheint demnächst als Beih. zu GRM.]

LIX

Raimbaut de Vaqueiras

Altas undas que venez suz la mar

Text: J. Linskill: The Poems of the Troubadour Raimbaut de Vaqueiras. La Haye 1964. Nr. XXIV.

Metrik: drei Strophen mit jeweils nur einem Reim (*coblas singulars*) und einem Refrain (a10 a10 a10 a10, B5 B12).

Erläuterungen: Das Lied ist eines der wenigen Frauenlieder, die in altprovenzalischer Sprache überliefert sind und die dem *registre popularisant* angehören. Die einzige Hs., die es bewahrt hat, schreibt es dem vielseitigen Trobador Raimbaut de Vaqueiras zu, dessen literarisches Wirken etwa von 1180 bis 1205 anzusetzen ist. Die Autorschaft Raimbauts ist jedoch verschiedentlich angezweifelt worden.

Literatur

J.-M. d'Heur: Le Motif du Vent Venu du Pays de L'Etre Aimé, L'Invocation au Vent, L'Invocation aux Vagues. In: ZfrPh. 88 (1972) S. 69–104.

J. Horent: Altas undas que venez suz la mer. In: Mélanges de philologie romane. Dédiés à J. Boutière. Lüttich 1971. S. 305–316.

ANONYM

Lasse, por quoi refusai

Text: BEC II; Nr. 1.

Metrik: a7 b7' b7 b7' a7 a3 b3' b5' a5, c3 c5 c5 (Refrain).

Erläuterungen: **2,3** *amer* ›bitter‹, im religiösen Sinn auch ›sün-
dig‹.   **4,1** ff. Vermutlich eine Variation des Motivs ›Abwehr der
Liebesfeinde‹.   **9** Bezieht sich wohl auf den Selbstvorwurf in Str.
1,5 ff.; die Sprecherin will ihren Fehler wiedergutmachen.

Das Sprechen der Frau setzt hier die für den Frauendienst charakteristische Grundsituation voraus, in der die ›Minnedame‹ sich dem
beharrlichen Werben des Mannes ebenso beharrlich verweigert. Den
Vorwurf der Hartherzigkeit, der ihr deshalb vom Mann oft gemacht
wird, erhebt die Frau in diesem Lied gegen sich selbst. Sie ist alles
andere als gleichgültig gegenüber dem Mann, sie bereut, daß sie
nicht auf seine Werbung eingegangen ist, und verwünscht diejeni-
gen, die sie daran gehindert haben, ihrer Liebe nachzugeben. Das
Lied, das als ›Botschaft‹ an den Mann konzipiert ist, perspektiviert
im Rückgriff auf traditionelle Motive des Frauenlieds den höfischen
Frauendienst aus der Sicht der Frau (vgl. dazu die deutschen und
provenzalischen Lieder mit gleicher Thematik, besonders Lied
XXVIII–XXXI, LV und LVI).

ANONYM

Jherusalem, grant damage me fais

Text: BEC II; Nr. 2.

Metrik: a10 b10' a10 b10' a10 a10 b10

Erläuterungen: **1,1** *damage*, auch ›Schaden, Verlust, Nachteil‹.
2 Der Wechsel der Anrede vom Sg. zum Pl. soll vermutlich den
Akt der Distanznahme besonders unterstreichen.   **3,3** f. Dem Ge-

danken, daß der Liebestod den Weg zu Gott verkürzt, liegt der Glaube an die sündentilgende Wirkung der Liebe zugrunde. Auch in der deutschen Lyrik der Zeit ist diese Vorstellung nachweisbar (vgl. z. B. MF 88,33 ff.). *7 esgaree* ›hilflos, verloren‹, Inf. *esgarer* ›irregehen, in Verlegenheit geraten‹.

Die Frauenklage erscheint hier mit der Kreuzzugsthematik verbunden und richtet sich gegen Jerusalem, dessen Eroberung zu einem der Hauptziele der Kreuzzüge erklärt worden war. Die Frauenrede dient der Formulierung indirekter Kritik am Kreuzzug, bleibt aber sonst im Rahmen dessen, was auch in anderen Frauenliedern dieser Art (die in der mittelalterlichen Lyrik nicht häufig sind) an Vorstellungen und Motiven entwickelt wird: Klage über den Verlust des Geliebten, Bekundungen des Schmerzes und der Liebe.

So selten die Verbindung von Frauenklage und Kreuzzugsthematik ist, so findet sie sich doch schon sehr früh ausgebildet. Das älteste Beispiel dafür liefert ein Lied des Trobadors Marcabru (vgl. F. Pirot, »A la fontana del vergier du troubadour Marcabru«, edit., trad. et notes, in: *Mélanges*, offerts à P. Imbs, Straßburg 1973, S. 641–642), dessen literarisches Wirken zwischen 1130 und 1149 angesetzt wird. Schon Marcabru kombiniert die Klage mit dem Schema der Pastourelle.

Im deutschen Minnesang des 12. und 13. Jh.s ist eine eindeutige Verbindung von Frauenklage und Kreuzzugsthematik nur in dem *Wechsel* Ottos von Botenlauben (Lied XXXIX) vollzogen. Verwandt mit diesem Typus des Frauenlieds sind außerdem die Frauenklagen Hartmanns und Reinmars (Lied XXIV und XXVII), obwohl in ihnen nicht das Kreuzzugsthema angeschlagen wird, sondern die Klage über den Tod des geliebten Mannes im Mittelpunkt steht.

LXII

Anonym

Entre moi et mon amin

Text: Bec II; Nr. 22.

Metrik: zwei Strophen mit identischem Reimschema, *coblas doblas* (a7 b7' a7 b7' c5 c7 d7 d7) und einem Refrain von vier Versen (e4 d6 e4 d6).

Erläuterungen: Das Lied weist eine Reihe von durch den Dialekt Lothringens geprägten Sonderformen auf: *boix = bois, alainmes = alames, mairdi = mardi, juwant = joant, alowe = aloe, baixait = baisait, vocexiens = vosissiens.* In 1,7 ist *dit* eigentlich die Form der 3. Pers. Sg. Präs. (seltener auch: Imperfekt).

Das Lied ist ein Tagelied (aprov. *alba,* afrz. *aube*). Sujet dieser Gattung ist nach der klassischen Definition der ›Abschied zweier Liebender beim anbrechenden Tag nach gemeinsam verbrachter Nacht‹. Diese Situation wird häufig in Dialogform vergegenwärtigt, wobei die Frauenrede meist eine besondere Rolle spielt. Bec begreift das Tagelied deshalb geradezu als eine Untergattung des Frauenlieds.

Das Besondere am vorliegenden Text ist, daß er mit verschiedenen literarischen Versatzstücken spielt. Er setzt mit einem typischen Pastourellen-Eingang ein, erweist sich dann aber als Tagelied; das Ich in der narrativen Einleitung ist nicht, wie die formelhafte Wendung erwarten läßt, ein Mann, sondern eine Frau. Nach Bec handelt es sich um zwei Strophen eines ursprünglich längeren Liedes, dessen Refrain der *tradition popularisante* entlehnt ist.

Literatur

P. Bec: La lyrique française au moyen âge (XIIe–XIIIe siècles). Bd. 1. Paris 1977. S. 104 f.

LXIII

ANONYM

Bele Yolanz

Text: K. Bartsch: Romances et pastourelles françaises du XIIe et XIIIe siècles / Altfranzösische Romanzen und Pastourellen. Leipzig 1870. Unveränd. Nachdr. Darmstadt 1967. Nr. I,7.

Metrik: sechs Strophen aus vier Achtsilblern mit gleichem Reim und einem aus einem Vers bestehenden Refrain.

Erläuterungen: Das Lied gehört der Gattung der *chansons de toile* an (*toile* = Tuch, Stoff, Leinen), die ein Spezifikum der Literatur

Nordfrankreichs sind. Diese Gattung zeichnet sich durch einen lyrisch-epischen Mischcharakter aus; in ihr stehen stets Frauen im Vordergrund. Die stereotype Einleitung mit dem Namen einer Frau und dem Adjektiv *bele* (*Bele Aiglentine, Bele Doette, Bele Arembor* etc.) ist ebenso Gattungssignal wie der Umstand, daß die Frau am Beginn häufig bei der Arbeit (Nähen, Spinnen) gezeigt wird. Da die Frau überdies oft selbst als Sprecherin auftritt, werden die *chansons de toile* den *chansons de femme* zugeordnet. Andererseits können jedoch auch die erzählenden Elemente und ein balladenhafter Ton stark hervortreten. Nach Bec erklärt sich der Mischcharakter der *chansons de toile* aus der Verbindung von Elementen des Frauen- und des Erzähllieds (*chanson d'histoire*).

Da in den *chansons de toile* die Arbeit an Stoffen, deren Produktion bis zur Mitte des 12. Jh.s ausschließlich in den Händen von Frauen lag, ein wesentliches situatives Moment bildet, wird angenommen, daß die Lieder bei der Arbeit gesungen wurden, wobei eine Vorsängerin wohl die Rezitation der Strophen übernahm und alle anderen Frauen mit dem Refrain im Chor einstimmten. Dies schließt jedoch nicht aus, daß auch Spielleute *chansons de toile* in ihrem Repertoire hatten und verbreiteten. Es ist im übrigen zu beachten, daß von den insgesamt etwa zwanzig erhaltenen *chansons de toile* acht in epischen Zusammenhängen überliefert sind. Die Datierung der *chansons de toile* ist umstritten. Sie tragen Züge einer höfischen Stilisierung, verweisen in Inhalt und Form jedoch auf eine ältere ›popularisierende‹ Grundschicht. Ob sie noch ins 12. Jh. oder schon ins 13. gehören, läßt sich kaum entscheiden. Fest steht lediglich, daß sich das Interesse an der Gattung am Ende des 13. Jh.s erschöpft hat.

Im Mittelpunkt des vorliegenden Beispiels steht mit dem Dialog zwischen Mutter und Tochter ein in der Gattung häufiger verwendetes Darstellungsmittel, das dazu dient, ein ersehntes oder versäumtes Liebesverhältnis zu perspektivieren (zu den Dialogen zwischen Mutter und Tochter in der deutschen Lyrik vgl. die Lieder Neidharts, z. B. Lied XLI und XLII in vorliegender Ausgabe). In dem Gespräch klingt das Motiv der *malmariée* an, das in Nordfrankreich einen besonderen Gattungstypus des Frauenliedes geprägt hat (vgl. Lied LXIV).

Literatur

P. Bec: La lyrique française au moyen âge (XIIe–XIIIe siècles). Bd. 1. Paris 1978. S. 107–119.

LXIV

ANONYM

Por coi me bait mes maris, laisette

Text: BEC II; Nr. 144.

Metrik: drei Strophen mit Refrain in der Form einer *Ballette*: a7 a7 a7 b2', c7 b2' (Refrain).

Erläuterungen: Das Lied gehört als *chanson de malmariée* einem Gattungstypus an, der im Mittelalter vor allem im Norden Frankreichs verbreitet war (etwa fünfzig erhaltene Texte aus Nordfrankreich stehen nur fünf aus dem Süden des Landes gegenüber). Sein Sujet ist die Situation der unglücklich verheirateten Frau, deren Kummer meist durch das Motiv der ›Mißheirat‹ (der Ehemann ist entweder nicht ›standesgemäß‹, nur reich, oder er ist alt, häßlich, grob, impotent, während die Frau jung und attraktiv ist) und durch das Motiv der erzwungenen Heirat (die Frau wurde gegen ihren Willen zur Ehe gezwungen) begründet wird. Das vielfältig variierte Thema wird in der Regel aus zwei Grundsituationen heraus entfaltet. Entweder hat die Frau bereits einen Liebhaber, mit dem sie den Ehemann betrügt, oder sie hat noch keinen und sehnt ihn sich herbei. Dabei spielt der Kontrast zwischen dem Typus des häßlichen (alten) Ehemanns und dem Liebhaber, der in allem als dessen Gegenbild erscheint, eine wesentliche Rolle.

In der Forschung sind die *chansons de malmariée* in Zusammenhang mit den Maifeiern gebracht worden, bei denen Frauen in brauchtümlicher Symbolik erotische Freizügigkeit zugebilligt wurde. Andererseits ist vermutet worden, daß sich in den *chansons de malmariée* die soziale Spannung zwischen Adel und dem sich allmählich formierenden ›Bürgertum‹ spiegelt (Motiv der Mesalliance), wobei die Lieder zur Unterhaltung für die höfische Gesellschaft bestimmt waren.

In Anbetracht der mittelalterlichen Eheschließungspraxis ist davon auszugehen, daß das Thema der unglücklich verheirateten Frau breite Anschlußmöglichkeiten an reale Gegebenheiten bot. Dieses Thema ist im übrigen, wenn auch in modifizierter Form, noch in der gegenwärtigen Chanson-Kultur Frankreichs lebendig (vgl. z. B. die Komposition »La maumariée« von Anne Sylvestre, die durch die Interpretation von Serge Reggiani bekannt geworden ist).

Literatur

R. Dähne: Die Lieder der Maumariée seit dem Mittelalter. Halle 1933.
P. Bec: La lyrique française au moyen âge (XIIᵉ–XIIIᵉ siècles). Bd. 1. Paris 1978. S. 67–90.

LXV

Anonym

L'autrier tout seus chevauchoie

Text: Bec II; Nr. 13.

Metrik: sechs Strophen mit Refrain in der Form einer *Rotrouenge*; sie bestehen aus drei Langversen mit Zäsur und einem Kurzvers, der Strophe und Refrain verbindet: a7+4 a7+4 a7+4 b6, c7 c4 b6 (Refrain).

Erläuterungen: 3,1 *vilain*, afrz. Bezeichnung für den einfachen Mann, der nicht adligen Standes ist.   4 *joer*, eigtl. ›spielen‹, häufig euphemistisch für den sexuellen Akt, vgl. auch 6,2.
Das Lied ist ein weiteres Beispiel für die mittelalterliche Kunst der Variation und für die Technik des Ineinanderblendens verschiedener poetischer Schemata, hier der Pastourelle (gattungstypischer Eingang, Motiv der Begegnung, Dialog, Versuch der Verführung durch das erzählende Autor-Ich) und der *chanson de malmariée* (Str. 3 und Refrain).

Verzeichnis der Siglen und der
abgekürzt zitierten Ausgaben

AG	Acta Germanica
ATB	Altdeutsche Textbibliothek
Bec	P. Bec: La lyrique française au moyen âge (XIIe–XIIIe siècles). Bd. 2: Text. Paris 1978.
Beitr.	Beiträge zur Geschichte der deutschen Sprache und Literatur. Halle (Saale) und Tübingen
CB	Carmina Burana. Mit Benutzung der kritischen Vorarbeiten W. Meyers krit. hrsg. von A. Hilka und O. Schumann. Bd. 1: Text. Bd. 2: Liebeslieder. Heidelberg 1941.
CCM	Cahiers de Civilisation médiévale. X^e–XIIe siècles
CFMA	Les Classiques français du moyen âge
DA	Deutsches Archiv für Geschichte des Mittelalters. Ab Jg. 8 (1951) u. d. T.: Deutsches Archiv für Erforschung des Mittelalters
DU	Der Deutschunterricht
DVjs.	Deutsche Vierteljahrsschrift für Literaturwissenschaft und Geistesgeschichte
Euph.	Euphorion. Zeitschrift für Literaturgeschichte
GAG	Göppinger Arbeiten zur Germanistik
GLL	German Life and Letters
GLLM	German Language and Literature Monographs
GRM	Germanisch-Romanische Monatsschrift
KLD I	Deutsche Liederdichter des 13. Jahrhunderts. Hrsg. von C. v. Kraus. Bd. 1: Text. 2. Aufl. durchges. von G. Kornrumpf. Tübingen 1978.
KLD II	Bd. 2: Kommentar. Bes. von H. Kuhn. 2 Aufl. durchges. von G. Kornrumpf. Tübingen 1978.
KTRM	Klassische Texte des Romanischen Mittelalters.
Kussler-Ratye	Les chansons de la Comtesse Béatrix de Dia. In: Archivum Romanicum 1 (1917) S. 161–182.
L	Die Gedichte Walthers von der Vogelweide
Lachmann / v. Kraus / Kuhn	Die Gedichte Walthers von der Vogelweide. Hrsg. von K. Lachmann. 13., aufgrund der 10. von C. v. Kraus bearb. Ausg. neu hrsg. von H. Kuhn. Berlin 1965.

LV	Bibliothek des Literarischen Vereins in Stuttgart
MF	Des Minnesangs Frühling
MF I	*siehe* MOSER/TERVOOREN
MF II	Des Minnesangs Frühling. Bd. 2: Editionsprinzipien, Melodien, Handschriften, Erläuterungen. Unter Benutzung der Ausgaben von K. Lachmann und M. Haupt, F. Vogt und C. v. Kraus bearb. von H. Moser und H. Tervooren. 36., rev. und erw. Aufl. Stuttgart 1977.
MF III,1	C. v. Kraus: Des Minnesangs Frühling. Untersuchungen. Leipzig 1939. 36. Aufl. Hrsg. von H. Tervooren und H. Moser. Stuttgart 1977.
MF III,2	Des Minnesangs Frühling. Nach K. Lachmann, M. Haupt und F. Vogt neu bearb. von C. v. Kraus. Anmerkungen. Zürich ³⁰1950. 36. Aufl. Hrsg. von H. Tervooren und H. Moser. Stuttgart 1981.
MLR	The Modern Language Review
MOSER/TERVOOREN	Des Minnesangs Frühling. Unter Benutzung der Ausgaben von K. Lachmann und M. Haupt, F. Vogt und C. v. Kraus. bearb. von H. Moser und H. Tervooren. 36., neugest. und erw. Aufl. Bd. 1: Texte. Stuttgart 1977.
MTU	Münchener Texte und Untersuchungen zur deutschen Literatur des Mittelalters
Neoph.	Neophilologicus
NM	Neuphilologische Mitteilungen
PAUL/WIEHL/GROSSE	H. Paul: Mittelhochdeutsche Grammatik. 23. Aufl. Neu bearb. von P. Wiehl und S. Grosse. Tübingen 1989.
Phil. Germ.	Philologia Germania
PhStQ	Philological Studies Quarterly
RU	Die Lieder Reinmars des Alten. Hrsg. von C. v. Kraus. München 1919.
SMS	Die Schweizer Minnesänger. Hrsg. von K. Bartsch. Frauenfeld 1886. Nachdr. Darmstadt 1964.
VL¹	Die deutsche Literatur des Mittelalters. Verfasserlexikon. Hrsg. von W. Stammler und K. Langosch. 5 Bde. Berlin 1933–55.
VL²	2. Aufl. Hrsg. von K. Ruh. [u. a.]. Bd. 1 ff. Berlin / New York 1978 ff.
WdF	Wege der Forschung

WIESSNER/FISCHER Die Lieder Neidharts. Hrsg. von E. Wiessner. 2., rev. Ausg. von H. Fischer. Tübingen 1963. (ATB 44.)

ZfdA   Zeitschrift für deutsches Altertum und deutsche Literatur

ZfdPh.   Zeitschrift für deutsche Philologie

ZfrPh.   Zeitschrift für romanische Philologie

ZFSL   Zeitschrift für Französische Sprache und Literatur

Literaturhinweise

ANGERMANN, Adolar: Der Wechsel in der mittelhochdeutschen Lyrik. Diss. Marburg 1910.

ASHLEY, Kathleen: Voice and Audience: The Emotional World of the *cantigas de amigo*. In: Vox feminae [s. u. PLUMMER]. S. 35–45.

BEC, Pierre: La lyrique française au moyen âge (XIIᵉ–XIIIᵉ siècles). Contribution à une typologie des genres poétiques médiévaux. Bd. 1. Paris 1977. Bd. 2. Ebd. 1978.

BEC, Pierre: ›Trobairitz‹ et chansons de femme. Contribution à la connaissance du lyrisme féminin au moyen âge. In: Cahiers de Civilisation Médiévale 22 (1979) S. 235–262.

BRINKMANN, Hennig: Entstehungsgeschichte des Minnesangs. Halle 1926. (DVjs. 8. Buchreihe.) Nachdr. Darmstadt 1971.

DAVIDSON, Clifford: Erotic ›Woman's Songs‹ in Anglo-Saxon England. In: Neophilologus 59 (1975) S. 451–462.

DRONKE, Peter: Die Lyrik des Mittelalters. München 1973.

DRONKE, Peter: Medieval Latin and the Rise of European Love Lyric. 2 Bde. Oxford ²1968.

DRONKE, Peter: Women Writers of the Middle Ages. A Critical Study of Texts from Perpetua († 203) to Marguerite Porete († 1310). Cambridge 1984.

FISCHER, Heinz: Die Frauenmonologe der deutschen höfischen Lyrik. Diss. Marburg 1934.

FRENK ALATORRE, Margit: Las Jarchas mozarabes y los comienzos de la lyrica romanica. Guanajuato 1975.

FRINGS, Theodor: Altspanische Mädchenlieder aus ›Des Minnesangs Frühling‹. Anläßlich eines Aufsatzes von Dámaso Alonso. In: Beitr. (Halle) 73 (1951) S. 176–196.

FRINGS, Theodor: Die Anfänge der europäischen Liebesdichtung im 11. und 12. Jahrhundert. München 1960 (Sitzungsberichte der Bayerischen Akademie der Wissenschaften. Philol.-hist. Kl. H. 2).

FRINGS, Theodor: Frauenstrophe und Frauenlied in der frühen deutschen Lyrik. In: Gestaltung – Umgestaltung. Fs. H. A. Korff. Leipzig 1957. S. 13–28.

GANZ, Peter F.: The ›Cancionerillo Mozarabe‹ and the Origin of the Middle High German ›Frauenlied‹. In: MLR 48 (1953) S. 301–309.

GRIMMINGER, Rolf: Poetik des frühen Minnesangs. München 1969. (MTU 27.)

HEGER, Klaus: Die bisher veröffentlichten Ḫarǧas und ihre Deutungen. Tübingen 1960. (ZfrPh. 101 Beih.)

JACKSON, William E.: Reinmar's Women. A Study of the Woman's Song (»Frauenlied« and »Frauenstrophe«) of Reinmar der Alte. Amsterdam 1981. (GLLM 9.)

JACKSON, William E.: The Woman's Song in Medieval German Poetry. In: Vox feminae [s. PLUMMER]. S. 47–94.

JEANROY, Alfred: La Poésie lyrique des Troubadours. Vol. I. Toulouse/Paris 1934. Nachdr. Genf 1973. S. 311–317.

KASTEN, Ingrid: Weibliches Rollenverständnis in den Frauenliedern Reinmars und der Comtessa de Dia. In: GRM 37 (1987) S. 131–146.

LESSER, Ernst: Das Verhältnis der Frauenmonologe in den lyrischen und epischen deutschen Dichtungen des 12. und angehenden 13. Jahrhunderts. In: Beitr. 24 (1899) S. 361–383.

MERGELL, Erika: Die Frauenrede im deutschen Minnesang. Diss. Frankfurt a. M. 1940.

MÖLK, Ulrich: Die frühen romanischen Frauenlieder. Überlegungen und Anregungen. In: Idee, Gestalt, Geschichte. Fs. K. v. See. Odense 1988. S. 63–88.

MÖLK, Ulrich (Hrsg.): Romanische Frauenlieder. München 1989. (KTRM 28.)

PETERS, Ursula: Frauenliteratur im Mittelalter? Überlegungen zur Trobairitzpoesie, zur Frauenmystik und zur feministischen Literaturbetrachtung. In: GRM 38 (1988) S. 35–56.

PLUMMER, John (Hrsg.): Vox feminae. Studies in Medieval Woman's Songs. Kalamazoo (Mich.) 1981. (Studies in Medieval Culture. 15.)

POMASSL, Gerhard: Die Reaktion der Frau auf Minnesang und Minnedienst in der deutschen Lyrik des 12. und 13. Jahrhunderts. Diss. Jena 1958.

PRALLE, Georg: Die Frauenstrophen im ältesten deutschen Minnesang. Diss. Halle 1892.

RONCAGLIA, Aurelio: Di una tradizione lirica pretrovadoresca in lingua volgare. In: Cultura Neolatina 11 (1951) S. 213–249.

SCHOTTER, Anne Howland: Woman's Song in Medieval Latin. In: Vox feminae [s. PLUMMER]. S. 19–33.

SPITZER, Leo: Die mozarabische Lyrik und die Theorien von Theodor Frings. In: Der provenzalische Minnesang. Hrsg. von R.

Baehr, Darmstadt 1967. (WdF 6.) S. 198–230. [Zuerst 1952 in englischer Sprache.]

STÄDTLER, Katharina: Altprovenzalische Frauendichtung (1150 bis 1250). Historisch-soziologische Untersuchungen und Interpretationen. Diss. Augsburg 1986. [Masch.] [Erscheint als Beih. zu GRM.]

Verzeichnis der Liedanfänge

Mittelhochdeutsche Texte

Mittellateinische Texte

Altprovenzalische Texte

Altfranzösische Texte

Deutsche Literatur des Mittelalters

IN RECLAMS UNIVERSAL-BIBLIOTHEK

Reineke Fuchs. Das niederdt. Epos »Reynke de Vos« von 1498. 295 S. 40 Holzschn. d. Originals. UB 8768

Reinmar: Lieder. Nach der Weingartner Liederhandschrift (B). Mhd./Nhd. 405 S. UB 8318

Das Rolandslied des Pfaffen Konrad. Mhd./Nhd. 823 S. UB 2745

Sachsenspiegel. Landrecht und Lehnrecht. 267 S. UB 3355

Der Stricker: Erzählungen, Fabeln, Reden. Mhd./Nhd. 279 S. UB 8797 – Der Pfaffe Amis. Mhd./Nhd. 206 S. UB 658

Tagelieder des deutschen Mittelalters. Mhd./Nhd. 308 S. UB 8831

Tristan und Isolde im europäischen Mittelalter. 367 S. UB 8702 – auch geb.

Walther von der Vogelweide: Werke. Mhd./Nhd. Bd. 1: Spruchlyrik. 526 S. UB 819 – Bd. 2: Liedlyrik. 832 S. UB 820

Wernher der Gärtner. Helmbrecht. Mhd./Nhd. 216 S. UB 9498 – Meier Helmbrecht. Versnovelle. 64 S. UB 1188

Heinrich Wittenwiler: Der Ring. Fnhd./Nhd. 696 S. UB 8749

Wolfram von Eschenbach: Parzival. Mhd./Nhd. Bd. 1: Bücher 1–8. 736 S. UB 3681 – Bd. 2: Bücher 9–16. 704 S. UB 3682 – Parzival. Auswahl. 80 S. UB 7451

Oswald von Wolkenstein: Lieder. Auswahl. Mhd./Nhd. 128 S. UB 2839

Philipp Reclam jun. Stuttgart